建设工程施工合同纠纷

规则体系·典型案例·实务指引

龙华江 ◎ 主编

北京

图书在版编目（CIP）数据

建设工程施工合同纠纷：规则体系·典型案例·实务指引／龙华江主编. -- 北京：法律出版社，2025.
ISBN 978 - 7 - 5244 - 0017 - 2

Ⅰ. D923.65

中国国家版本馆CIP数据核字第2025FZ5349号

建设工程施工合同纠纷
——规则体系·典型案例·实务指引
JIANSHE GONGCHENG SHIGONG HETONG JIUFEN
—GUIZE TIXI · DIANXING ANLI · SHIWU ZHIYIN

龙华江　主编

策划编辑　孙　慧　余群化
责任编辑　孙　慧　余群化
装帧设计　李　瞻

出版发行　法律出版社	开本　710 毫米×1000 毫米　1/16
编辑统筹　司法实务出版分社	印张　16.25　字数　247 千
责任校对　李慧艳	版本　2025 年 7 月第 1 版
责任印制　胡晓雅	印次　2025 年 7 月第 1 次印刷
经　　销　新华书店	印刷　固安华明印业有限公司

地址：北京市丰台区莲花池西里7号(100073)
网址：www.lawpress.com.cn　　　　　　销售电话：010 - 83938349
投稿邮箱：info@lawpress.com.cn　　　　客服电话：010 - 83938350
举报盗版邮箱：jbwq@lawpress.com.cn　　咨询电话：010 - 63939796
版权所有·侵权必究

书号：ISBN 978 - 7 - 5244 - 0017 - 2　　　　定价：65.00 元
凡购买本社图书，如有印装错误，我社负责退换。电话：010 - 83938349

前言 FOREWORD

建设工程施工合同法律关系同时受到多部法律、行政法规和部门规章的调整，加之工程建设的特殊性、周期性以及参与主体多等特点，案件的结果不仅关乎当事人的利益，还涉及他人利益、社会公共利益，因此案件的办理难度较大。

最高人民法院及地方各级法院，相继就建设工程施工合同纠纷出台或者发布了诸多的规则、案例，力求做到"类案类判、同案同判"。部分规则已经达成了共识，例如，合同效力规则。部分规则存在一些分歧，例如，建设工程价款优先受偿权，是否随工程债权一并转让；再如，约定了以审计结论作为结算依据，如何平衡发包方、承包方的利益及公共利益。有的规则发生了变迁，例如，"背靠背条款"、商品房消费者的"超级优先权"。司法实践中，还存在"××高级人民法院解释""最高人民法院纪要"等诸多表达观点的载体、形式，但散落于各个渠道，难觅经纬。

鉴于此，作为一种知识管理的方法，如何体系化、系统化、层次化地将"最权威"的裁判规则串联起来，以达到"便于更新、利于查找"的目的，是本书的初衷。于是，我们以《最高人民法院关于审理建设工程施工合同纠纷案件适用法律问题的解释（一）》为主线，然后逐一拆解新近几年的省、自治区、直辖市①高级人民法院意见，以及最高人民法院的部分会议纪要、解答②、

---

① 浙江、河北、河南、湖南、江苏、山东、陕西、天津、重庆、四川、福建、广西等地高级人民法院。

② 最高人民法院民事审判第一庭专业法官会议纪要、最高人民法院第六巡回法庭民商事审判实践疑难问题解答等。

案例①，将近似的主旨条文归类至主线之下，囊括了合同效力、开工竣工、工程质量、工程价款与优先受偿权、鉴定、实际施工人等重要板块的 192 条规则，以脚注的形式注明出处，以便按图索骥，是为指引。最后由团队伙伴②审校。

但囿于学力有限、驽马铅刀，在条文要旨的把握、划分和归类等层面，存在诸多谬误、断编残简，望同行和读者在使用的过程中，加以甄别，索引原文。

龙军江

2025 年 1 月 10 日

---

① 本书收录了部分具有参考意义的指导性案例、公报案例，以及重庆、河南、贵州、福建等地高级人民法院发布的典型案例。
② 任施颖、殷家春、肖开杰、张奇、高艺洋、路媛媛、叶倩、叶剑梅、刘依婷、曹婷、郭铮、冷晟伟等。

目录

第一章 建设工程施工合同与效力 … 1

第一节 施工合同的内容与成立 … 1

1. 施工合同的内容 … 1
2. 建设工程施工合同的判断 … 4
3. 如何认定建设工程 … 7
4. 中标后未签订合同 … 7
5. 委托代建的发包人 … 8
6. 工程转包与专业承包的区别 … 8
7. 劳务分包和专业承包的区别 … 10
8. 合作开发房地产情形下的发包人主体 … 11

第二节 施工合同的效力 … 12

9. 合同效力的一般规则 … 12
10. 挂靠的基本情形 … 12
11. 以分公司名义挂靠 … 13
12. 挂靠关系中的效力区分 … 14
13. 承包人转包、违法分包的情形 … 20
14. 转包、违法分包情形中的事实合同关系 … 21
15. 借用资质与违法转包、分包的区分情形 … 22
16. 超越资质等级的合同效力及例外 … 22
17. 劳务分包合同的效力 … 22
18. 内部承包的效力与区分 … 23
19. 承建农村自建房屋的资质效力 … 24
20. 装饰装修合同的承包人资质 … 26

21. 招投标之前已签合同的效力 …………………………………… 26
22. 必须进行招标而未招标或中标无效的含义 …………………… 28
23. 非必须进行招标合同的效力 …………………………………… 31
24. 拦标价低于成本价的效力 ……………………………………… 32
25. "黑白合同"的效力 …………………………………………… 34
26. 设计变更引起的另行订立协议不属于背离中标情形 ………… 34
27. 未取得建设工程规划许可证的合同效力及例外 ……………… 35
28. 上游合同无效对分包合同的影响 ……………………………… 35

第三节 无效合同的后果 …………………………………………… 35

29. 合同无效时的损失确定方法及举证 …………………………… 35
30. 合同无效时的付款时间、质量标准、工期 …………………… 36
31. 合同无效时的逾期付款违约金、利息、支付条件 …………… 39
32. 借用资质情形下对外的主体责任 ……………………………… 41
33. 转包、违法分包情形下对外的主体责任 ……………………… 44

第四节 人章代理与项目部的行为效力 …………………………… 46

34. "技术资料专用章""项目部印章"的效力 ………………… 46
35. 盖材料收讫章、资料专用章的效力 …………………………… 51
36. 项目部负责人行为后果的归属 ………………………………… 53
37. 项目部担保的效力 ……………………………………………… 58
38. 挂靠关系中私刻印章的后果 …………………………………… 58
39. 防范虚假诉讼 …………………………………………………… 58

第五节 合同解除 …………………………………………………… 59

40. 发包人解除权 …………………………………………………… 59

第二章 开工、工期与竣工 ………………………………………… 61

第一节 开 工 ……………………………………………………… 61

41. 开工日期的认定 ………………………………………………… 61

第二节 工 期 ……………………………………………………… 62

42. 发包人的原因致使工期顺延的责任 …………………………… 62
43. 由发包人原因致使工程停建、缓建的责任 …………………… 62

44. 未取得工期顺延签证的处理 …………………………………… 62
45. 压缩工期 ……………………………………………………… 63
46. 工程质量鉴定期间为顺延工期期间 …………………………… 63
47. 工期延误损失的证明方式 ……………………………………… 64
48. 发包人工期索赔 ………………………………………………… 65

第三节　竣　工 …………………………………………………… 66

49. 工程交付时间的认定 …………………………………………… 66
50. 竣工验收的标准及后果 ………………………………………… 67
51. 竣工日期存疑时的认定 ………………………………………… 67

第三章　工程质量 ………………………………………………… 69

52. 工程质量的证据审查 …………………………………………… 69
53. 由承包人原因导致工程质量不合格的责任 …………………… 69
54. 发包人原因致工程质量不合格的责任 ………………………… 70
55. 发包人指定分包工程的质量责任 ……………………………… 71
56. 验收后的工程质量异议 ………………………………………… 71
57. 发包人擅自使用未验收工程的法律责任 ……………………… 73
58. 承包人对擅自使用的工程承担质量责任的情形 ……………… 75
59. 完工但未验收未使用工程的处理 ……………………………… 76
60. 工程质量纠纷的诉讼主体地位 ………………………………… 76
61. 发包人就工程质量的反诉 ……………………………………… 76
62. 发包人就工程质量的抗辩 ……………………………………… 77
63. 建设工程质量保证金比例高于规章 …………………………… 78
64. 返还建设工程质量保证金的情形 ……………………………… 78
65. 缺陷责任期与工程保修期的区分 ……………………………… 80
66. 合同解除后的工程保修期 ……………………………………… 82
67. 合同无效的工程质量保证金返还期限 ………………………… 83
68. 发包人与承包人的质量瑕疵修复分歧 ………………………… 83
69. 中途撤场的工程质量责任与建设工程质量保证金 …………… 83
70. 工程质量保修义务 ……………………………………………… 84
71. 合同有效时工程质量问题的处理 ……………………………… 85

第四章　工程价款

第一节　工程结算

72. 结算工程价款的依据 …… 86
73. 固定总价结算 …… 89
74. 固定价与情势变更 …… 92
75. 以审计结论作为结算依据 …… 94
76. 工程量的计算依据 …… 106
77. 以欠条形式作出的结算 …… 108
78. 中途撤场的结算 …… 108
79. 部分完工结算 …… 109
80. 诉前结算协议的效力与审查 …… 109
81. 发包人违约逾期不答复视为认可价款 …… 110
82. 结算协议的相对性 …… 114
83. 实际施工人与发包人结算 …… 115
84. 签证实际履行与合同约定不符 …… 119
85. 超出结算协议索赔 …… 121
86. 合同与招标文件不一致时的结算依据 …… 122
87. 非必须招标的工程项目合同不一致时的结算依据 …… 123
88. 数份无效合同共存时的结算依据 …… 124
89. 合同无效时工程价款的处理 …… 126
90. 合同无效不影响结算协议的效力 …… 126
91. 折价补偿款的计算标准 …… 127
92. 定额价与市场价的取舍 …… 128

第二节　垫资和利息

93. 垫资和垫资利息的标准 …… 128
94. 工程价款利息的标准 …… 129
95. 工程价款利息的起算时间 …… 130

第三节　管理费

96. 无效合同的管理费 …… 130

第四节 借 款 ·· 134
97. 借款并入结算 ·· 134

第五节 抵 债 ·· 134
98. 以房抵债并入结算 ·· 134

第六节 罚 款 ·· 135
99. 罚款的性质 ·· 135

第七节 奖 励 ·· 136
100. 工程未获奖则不退还保证金的约定无效 ·· 136

第八节 款项支付 ·· 137
101. 进度款的支付 ·· 137
102. 委托代建关系的付款责任主体 ·· 138
103. "背靠背"支付条款 ·· 139
104. "先票后款"支付条款 ·· 142
105. 商业汇票支付未果时的处理 ·· 146
106. 逾期付款与停（窝）工损失的因果关系 ·· 147
107. 逾期付款与拒付工程 ·· 147
108. 逾期完工与发包人承担的购房人违约金 ·· 147

第九节 债权转让 ·· 148
109. 建设工程价款债权转让 ·· 148

第十节 居间费 ·· 149
110. 居间费 ·· 149

第五章 工程鉴定 ·· 150
第一节 鉴定的启动和审查 ·· 150
111. 鉴定的启动 ·· 150
112. 鉴定申请审查判断规则 ·· 153
113. 二审程序中申请鉴定 ·· 154
114. 再审程序中申请鉴定 ·· 154
115. 鉴定申请不予准许的情形 ·· 154
116. 鉴定申请可予准许的情形 ·· 156

117. 单方委托出具的咨询意见的采信规则 ……………………………… 157
118. 确定鉴定事项与鉴定材料质证 ………………………………………… 157
119. 委托鉴定范围、鉴定期限的确定 …………………………………… 159
120. 争议事实的鉴定范围 …………………………………………………… 160
121. 委托鉴定书须列明的事项 ……………………………………………… 162

第二节 鉴定过程和方法 ……………………………………………………… 162

122. 鉴定的方式方法 ………………………………………………………… 162
123. 鉴定方法异议的处理 …………………………………………………… 164
124. 鉴定勘验 ………………………………………………………………… 164
125. 鉴定机构的义务 ………………………………………………………… 165
126. 鉴定材料的提交范围和主体及异议 ………………………………… 165
127. 鉴定材料的提交方法 …………………………………………………… 166
128. 提交鉴定材料的期限 …………………………………………………… 167
129. 补充鉴定材料 …………………………………………………………… 168
130. 瑕疵鉴材的排除 ………………………………………………………… 169
131. 鉴定事项无法鉴定 ……………………………………………………… 169
132. 鉴定人对合同效力证据采信的意见 ………………………………… 170
133. 鉴定依据补充确定 ……………………………………………………… 170
134. 鉴定机构可要求人民法院明确的事项 ……………………………… 171

第三节 鉴定意见及其他辅助事项 …………………………………………… 171

135. 初步鉴定意见 …………………………………………………………… 171
136. 分别作出鉴定意见 ……………………………………………………… 172
137. 鉴定意见质证和审查的方法 …………………………………………… 172
138. 鉴定人出庭 ……………………………………………………………… 174
139. 鉴定意见的审查 ………………………………………………………… 175
140. 鉴定意见确定性要求 …………………………………………………… 176
141. 鉴定报告规范性要求 …………………………………………………… 178
142. 鉴定报告完整性要求 …………………………………………………… 179
143. 当事人异议规范要求 …………………………………………………… 179
144. 鉴定意见存在问题的处理 ……………………………………………… 179

145. 鉴定未完成的认定与处理 …………………………………… 181
146. 鉴定事项辅助确定机制 …………………………………… 181
147. 鉴定终止辅助费用的负担 ………………………………… 182

第六章 建设工程价款优先受偿权 …………………………… 183

第一节 建设工程价款优先受偿权的主体和客体 …………… 183

148. 建设工程价款优先受偿权的主体 ………………………… 183
149. 建设工程债权受让人与优先受偿权 ……………………… 183
150. 合同效力与建设工程价款优先受偿权 …………………… 185
151. 违章建筑不具有建设工程价款优先受偿权 ……………… 189
152. 实际施工人与建设工程价款优先受偿权 ………………… 190
153. 发包人明知情形下的挂靠人建设工程价款优先受偿权 … 193
154. 消防工程价款的优先受偿权 ……………………………… 193
155. 不宜折价、拍卖的工程范围 ……………………………… 194
156. 装饰装修工程价款的优先受偿权 ………………………… 194
157. 未竣工建设工程但质量合格时价款的优先受偿权 ……… 195
158. 房屋网签状态下的建设工程价款优先受偿权 …………… 195
159. 建设用地使用权不是建设工程价款优先受偿权的客体 … 195
160. 基坑工程的建设工程价款优先受偿权 …………………… 196

第二节 建设工程价款优先受偿权的内容 …………………… 197

161. 建设工程价款优先受偿权与其他权利的顺位关系 ……… 197
162. 建设工程价款优先受偿的范围 …………………………… 198

第三节 实现建设工程价款优先受偿权的方式 ……………… 201

163. 建设工程价款优先受偿权的行使期限和起算时间 ……… 201
164. "合理期限"的性质与审查 ……………………………… 202
165. 建设工程价款优先受偿权的行使方式 …………………… 203
166. 执行程序中主张建设工程价款优先受偿权 ……………… 209
167. 调解确认建设工程价款优先受偿权 ……………………… 211
168. 放弃或者限制建设工程价款优先受偿权的效力 ………… 212
169. 银行对建设工程价款优先受偿权的第三人撤销之诉 …… 213

第七章 实际施工人 ················· 214

第一节 实际施工人的界定 ············· 214
170. 实际施工人的类型 ················ 214
171. 如何认定实际施工人 ·············· 214

第二节 实际施工人主张权利 ············ 219
172. 实际施工人突破合同相对性向发包人主张权利 ······ 219
173. 实际施工人突破合同相对性的主体限制 ········· 219
174. 实际施工人代位诉讼 ·············· 220
175. 多层转包中实际施工人的起诉对象 ·········· 222
176. 挂靠人向发包人主张权利（发包人知情） ······· 224
177. 挂靠人向发包人主张权利（发包人不知情） ······ 227
178. 发包人明知挂靠事实的认定 ············ 227
179. 挂靠人向被挂靠单位主张权利 ··········· 228
180. 内部承包人主张权利 ··············· 228
181. 被挂靠单位向发包人主张权利及挂靠人的介入权 ···· 228
182. 承包人对合同无效的责任 ············· 229
183. 实际施工人内部合伙人的起诉资格 ········· 229
184. 发包人承担欠付责任的性质 ············ 229
185. 欠付工程价款的范围 ··············· 230
186. 欠付工程价款数额的举证责任 ··········· 230
187. 承包人加入实际施工人的在先诉讼 ········· 231
188. 实际施工人加入承包人的在先诉讼 ········· 232
189. 无合同或合同约定不明时实际施工人的计价标准 ···· 233
190. 规费等费用不区分实际施工人是自然人还是企业 ···· 233

第八章 管 辖 ······················ 234
191. 管辖原则 ··················· 234
192. 实际施工人与仲裁条款 ·············· 239

附：最高人民法院关于审理建设工程施工合同纠纷案件适用法律问题的解释（一） ················· 241

第一章

建设工程施工合同与效力

第一节 施工合同的内容与成立

1. 施工合同的内容

施工合同的内容一般包括工程范围、建设工期、中间交工工程的开工和竣工时间、工程质量、工程造价、技术资料交付时间、材料和设备供应责任、拨款和结算、竣工验收、质量保修范围和质量保证期、相互协作等条款。[①]

案例1：某劳务有限公司与某建筑公司建设工程施工合同纠纷案——发包人过错导致双方就合同内容有分歧时应对发包人作不利解释[②]

【裁判要旨】

本案涉及发包人在比选文件中的过错导致双方对发/承包合同内容发生分歧应如何解释的问题。依据《民法典》第473条的规定，比选文件作为一种要约邀请，发包方有义务对相关事项进行详细说明，以便让参选人据此作出商业判断。在参选人依据比选文件作出的要约中未就错误部分明确更改的，而发包人亦对前述要约作出承诺并签订书面合同的，发包人要求合同应按修改后的比选文件内容执行，人民法院应不予支持。同时，建设工程纠纷中应注意维护承包方的合理利润。《建筑法》第34条、《招标投标法》第33条、

[①] 参见《民法典》第795条。
[②] 参见《重庆市第三中级人民法院建设工程典型案例》，载微信公众号"重庆市第三中级人民法院"2023年12月21日，https://mp.weixin.qq.com/s/4rRFWduyos9purArqZ1F_w。

《建设工程质量管理条例》第10条，均强调承包方不得以低于成本的价格承包工程，避免施工方毁约、中途退场或偷工减料导致工程质量降低，人民法院须综合合同其他约定、建筑市场习惯以及诚信原则，审慎认定工程结算争议条款具体含义，依法保障建筑领域企业权益，增强企业投资建筑市场的信心，保障地方重点项目顺利建设，助推经济高质量发展。

【基本案情】

2020年9月29日，某建筑公司发出《中标通知书》，确认某劳务公司以1211210.85元的价格中标某混凝土搅拌站建设项目搅拌楼劳务分包项目。某劳务公司中标时仅提供了报价函，没有提交案涉工程分部分项清单计价标准。某建筑公司亦根据某劳务公司提交的报价函直接确认某劳务公司总价中标。某建筑公司用于招标的比选文件中的《单位工程招标控制价汇总表》载明的分部分项工程费、措施项目费、其他项目费、规费、税金金额均系按内部预算价分别核算，仅在汇总金额中写明招标控制价等于前述各项金额之和为1653033.21元（但实际相加合计为2146796.38元）。该比选文件中的《分部分项工程项目清单计价表》载明的综合单价亦系根据内部预算价2146796.38元分别组价。该比选文件中的《参选人须知》第10条载明"结算方式：工程按实结算，清单价格以比选人预算价按总价下浮（按投标总价与限价的下浮比例）等比例下浮后作为结算清单价"。

2020年10月上旬，双方签订《搅拌楼劳务分包施工合同》，并约定"工程量按实结算，清单计价；清单单价以招标公布的3号楼土建工程项目中分部分项工程项目清单计价表中'综合单价'为基数按投标总价（1211210.85元）与限价（1653033.21元）的下浮比例（26.7%），等比下浮后作为结算清单计价"。后某劳务公司组织劳务人员进场施工，案涉工程现已验收合格。2021年8月，某劳务公司向某建筑公司提交案涉工程的结算总价。但双方在工程价款结算中就综合单价是否需按照招标控制价重新组价发生争议。某建筑公司已向某劳务公司支付工程价款1029529.2元。后某劳务公司诉至法院要求支付剩余工程价款。诉讼中，双方均认可《搅拌楼劳务分包施工合同》中结算条款的真实性，并认为前述条款系双方真实意思表示。一审法院判决驳回某劳务公司的诉讼请求。宣判后，某劳务公司提出上诉。

重庆市第三中级人民法院判决：（1）撤销一审法院作出的民事判决；（2）某建筑公司于判决生效之日起十日内支付某劳务公司工程价款260382.37元及利息（以260382.37元为基数自2022年1月10日起至付清之日止按全国银行间同业拆借中心公布的1年期贷款市场报价利率计算）；（3）驳回某建筑公司的其他诉讼请求。

【裁判理由】

法院生效裁判认为：本案的争议主要是对比选文件中的分部分项清单价是否需要按控制价重新组价的问题。法院认为本案中，在计算案涉工程价款时无须对比选文件中的分部分项清单价按控制价进行重新组价。理由如下：案涉《搅拌楼劳务分包施工合同》中约定了"工程量按实结算，清单计价；清单单价以招标公布的3号楼土建工程项目中分部分项工程清单计价表中'综合单价'为基数按投标总价（1211210.85元）与限价（1653033.21元）的下浮比例，等比下浮后作为结算清单计价"，双方在二审中亦认可该条款系双方真实意思表示。再结合比选人某建筑公司制作的比选文件中《参选人须知》第10条"结算方式：工程按实结算，清单价格以比选人预算价按总价下浮（按投标总价与限价的下浮比例）等比例下浮后作为结算清单价"，以及某建筑公司在《3号楼土建工程项目中分部分项工程清单计价表》中明确载明了案涉工程预算价的各项分项工程综合单价等事实，可见双方之间就案涉工程分项工程单价按预算价计算的约定是明确的，作为合同当事人的双方均应如实遵守并履行。虽然某建筑公司辩称，认为案涉工程的分项工程单价应按招标控制价据实组价核算，但某建筑公司未举示证据证明双方另行约定以招标控制价的分部分项单价计算案涉工程价款的事实，故某劳务公司现主张按照《3号楼土建工程项目中分部分项工程清单计价表》计算案涉工程价款，符合双方承包合同约定，应予支持。一审判决错误，认定计算案涉工程价款时需对比选文件中的分部分项清单价按控制价进行重新组价，对此予以纠正。

2. 建设工程施工合同的判断

建设工程施工合同在适用法律上与承揽合同有明显不同。建设工程施工合同可以从承包人的资质和项目的规模两个方面加以认定。法律规定建设工程施工合同的承包人必须是具有一定资质的法人。法律和行政法规对建设工程施工合同的订立有严格的程序要求，国家通过工程项目立项、用地规划许可、工程规划许可等一系列行政许可制度，对建设工程全程进行一定的计划干预。对于承包人主体资格没有特殊要求的项目，不应认定为建设工程施工合同，宜按照承揽合同处理。建设工程还可以根据投资数额、技术难度、工程用途、发包人情况等因素综合判断，建设工程项目一般耗资巨大、有严格的质量要求，所以对于一些投资小、技术简单的项目，不宜认定为建设工程。①

案例 2：谢某某、伍某某与某劳务公司、某工程公司、某生态文旅公司建设工程施工合同纠纷案——建设工程性质认定与鉴定意见采信裁判规则②

【裁判要旨】

当事人对案涉工程性质产生争议导致工程造价鉴定应依据的计价标准不明的，人民法院应当结合建设行政主管部门出具的工程性质认定意见，实质审查鉴定人作出的鉴定结论，避免"以鉴代审"，以准确认定工程性质，依法合理确定工程造价的计价依据。

【基本案情】

2019 年，某生态文旅公司作为发包人，以招投标方式与承包人某工程公司签订《××湖项目湖面应急工程施工合同》，约定工程价款以合同附件《工程量清单》载明的项目单价或合价为计价依据。合同还约定"本合同《工程量清单》中无类似项目的单价或合价可参考的，采用《水利工程工程量清单计价规范》（GB 50501—2007）、《贵州省水利水电建筑工程预算定额》

---

① 参见《福建省高级人民法院关于建设工程施工合同纠纷疑难问题解答》第 1 条。
② 参见《贵州高院发布建设工程合同纠纷典型案例》，载微信公众号"贵州高院"2023 年 5 月 30 日，https://mp.weixin.qq.com/s/T-V_uYkNfP8GG5s-cgSsxw。

(2011 版）和《贵州省水利水电工程施工机械台班费定额》（2011 版）进行计算"。嗣后，承包人某工程公司将该湖面应急工程以划分标段的形式，向某劳务公司分包了部分标段的土石方、驳岸混凝土浇筑等工程。某劳务公司又将其中驳岸挡墙土石方开挖工程再次分包给自然人谢某某、伍某某。某工程公司与某劳务公司之间，某劳务公司与谢某某、伍某某之间，均未就谢某某、伍某某施工的驳岸挡墙土石方开挖工程订立书面合同，且未约定工程价款金额及工程价款计价方式。

谢某某、伍某某实施了部分土石方开挖工程后，案涉××湖项目湖面应急工程停工，谢某某、伍某某退场，某劳务公司未与谢某某、伍某某进行结算。谢某某、伍某某遂以分包人某劳务公司、承包人某工程公司、发包人某生态文旅公司为被告向法院提起诉讼，请求支付其已施工完成的土石方工程价款。同时，谢某某、伍某某向法院申请就其施工范围进行工程造价鉴定，并主张以《贵州省建筑与装饰工程计价定额》（2016 版）作为工程价款计价依据。被告某劳务公司、某工程公司、某生态文旅公司主张案涉××湖项目湖面应急工程系水利工程，应以《贵州省水利水电建筑工程预算定额》（2011 版）作为工程价款计价依据。鉴定人鉴定结论表示案涉××湖项目湖面应急工程位于市区内，系公园类公共基础配套设施，建议法院参照《贵州省市政工程计价定额》（2016 版）进行计价。本案核心焦点在于因当事人对案涉工程性质产生争议导致工程造价鉴定计价标准不明。

【裁判结果】

一审判决以《贵州省市政工程计价定额》（2016 版）作为案涉工程造价鉴定的计价依据。二审判决改判以《贵州省水利水电建筑工程预算定额》（2011 版）作为案涉工程造价鉴定的计价依据。

【裁判理由】

贵阳市中级人民法院经审理认为，本案径直采信鉴定人的建议认定案涉工程性质为市政工程，不符合实际情况。一方面，某市某区水务管理局即案涉××湖项目湖面应急工程的行政监督管理部门已出具工程性质说明，认定案涉工程性质为水利工程。另一方面，××湖项目湖面应急工程的发包人与承包人亦约定以《贵州省水利水电建筑工程预算定额》（2011版）作为该工程变更估价的计算标准。故在谢某某、伍某某与其相对方某劳务公司之间既未约定工程价款金额又未约定工程价款计价方法的情况下，应根据案涉工程行政主管部门对工程性质的认定意见，结合发包人与总承包人之间约定的计价依据，依照《最高人民法院关于审理建设工程施工合同纠纷案件适用法律问题的解释（一）》[以下简称《建工司法解释（一）》]第19条的规定，参照签订合同时当地建设行政主管部门发布的计价方法或者计价标准，合理确定工程造价鉴定的计价依据。

【典型意义】

当事人申请司法鉴定确定工程造价的案件中，鉴定人对工程性质及计价依据出具的意见或建议，仅系查明案件事实的证据手段之一，并不直接等同于案件客观事实，人民法院不应径行采信，否则可能造成"以鉴代审"，损害司法公信力。该案二审判决注重划分审判权与鉴定权的边界，未直接将鉴定人对工程性质的建议作为定案依据，而是根据建设行政主管部门出具的工程性质认定意见，全面结合已查明的案件事实，充分发挥人民法院审判职能，对鉴定人的建议进行实质审查，准确认定工程性质，依法合理确定了工程造价鉴定的计价依据，实现了当事人之间的利益平衡。该案有效避免了建设工程施工合同纠纷中易发生的"以鉴代审"现象，保障了司法鉴定程序正义，维护了司法裁判权威。

> 建议指引

建设工程施工合同与承揽合同是特殊合同和一般合同的关系，建设工程施工合同是特殊的承揽合同，在区分这两类合同的时候主要从承包人和承揽人的主体资格上判断，建设工程承包人实行市场准入制度，承包人必须是具备相应资质的法人。而对承揽人一般没有资质要求，承揽人既可以是具有资质的法人，也可以是其他单位或者个人。因而，对于承包人主体资格没有特殊要求的项目，一般不宜主张为建设工程合同，宜按照承揽合同相关规定处理。[1]

---

[1] 参见《四川省律师协会、重庆市律师协会关于律师办理建设工程合同纠纷疑难业务指引》第3.1.1条。

3. 如何认定建设工程

建设工程，是指土木工程、建筑工程、线路管道和设备安装工程及装修工程。

以下情形属于建设工程：（1）矿山、铁路、公路、隧道、桥梁、堤坝、电站、码头、飞机场、运动场、营造林、海洋平台等土木工程；（2）建筑工程是指房屋建筑工程，即有顶盖、梁柱、墙壁、基础以及能够形成内部空间，满足人们生产、生活、公共活动的工程实体，包括厂房、剧院、旅馆、商店、学校、医院和住宅等工程；（3）包括电力、通信线路、石油、燃气、给水、排水、供热等管道系统和各类机械设备装置等线路、管道和设备安装工程；（4）对建筑物内、外实施以美化、舒适化、增加使用功能为目的的装修工程。

以下几种情形属于承揽事项，不属于建设工程：（1）国家已取消对城市园林绿化企业的资质要求，园林绿化工程一般情况下不应认定为建设工程；（2）农民自建低层（三层及三层以下）住宅（《福建省农村村民住宅建设管理办法》第28条）；（3）房屋修缮活动、家庭的装修装饰及小型工装活动（根据《住宅室内装饰装修管理办法》第44条的规定，工程投资额在30万元以下或建筑面积在300平方米以下，可以不申请办理施工许可证的非住宅装饰装修活动）；（4）企业建设临时简易房屋建筑；（5）老旧小区加装电梯、更换电梯的安装工程；（6）农业温室大棚建设（一定规模以上有资质要求的除外）。[①]

4. 中标后未签订合同

招投标过程中承包人与发包人签订中标通知书，承包人或发包人拒绝与对方签订正式建设工程施工合同文本的，此时应视为双方签订的建设工程施

---

① 参见《福建省高级人民法院关于建设工程施工合同纠纷疑难问题解答》第2条。

工合同本约合同成立。①

中标通知书发出后，中标人拒绝签约，其主张退还投标保证金的，人民法院不予支持。招标人无正当理由拒绝签约时构成违约，没有约定招标人违约责任时，中标人请求招标人返还投标保证金并参照投标保证金数额赔偿损失的，人民法院予以支持。中标通知书发出后，一方无正当理由不与对方订立合同，或者在签订合同时提出背离招投标文件实质性内容的附加条件，视为拒绝签约。②

5. 委托代建的发包人

委托代建是委托方与受托方之间的委托合同关系。受托方与承包人是建设工程施工合同关系。一般情况下承包人无权向委托人主张建设工程价款，同样，委托人无权向承包人主张修复或赔偿其损失。但有证据证明具有《民法典》第 925 条③规定的情形的，承包人有权向委托人主张建设工程价款，委托人有权向承包人主张修复或赔偿其损失。④

6. 工程转包与专业承包的区别

两者存在以下区别。

一是承包合同的主体不同。工程转包后，转让人即转包人退出承包关系，受让人即转承包人成为承包合同的另一方当事人，转让人对受让人的履行行为不承担责任。转包在理论上称为合同的转让，是合同权利义务的概括转移。依据《民法典》第 791 条第 2 款的规定："总承包人或者勘察、设计、施工承包人经发包人同意，可以将自己承包的部分工作交由第三人完成。第三人

---

① 参见《湖南省高级人民法院关于审理建设工程施工合同纠纷案件若干问题的解答》第 4 条。
② 参见《重庆市高级人民法院、四川省高级人民法院关于审理建设工程施工合同纠纷案件若干问题的解答》第 11 条。
③ 《民法典》第 925 条规定："受托人以自己的名义，在委托人的授权范围内与第三人订立的合同，第三人在订立合同时知道受托人与委托人之间的代理关系的，该合同直接约束委托人和第三人；但是，有确切证据证明该合同只约束受托人和第三人的除外。"
④ 参见《福建省高级人民法院关于建设工程施工合同纠纷疑难问题解答》第 10 条。

就其完成的工作成果与总承包人或者勘察、设计、施工承包人向发包人承担连带责任……"由此可知，专业承包合同是指发包人或承包人和第三人订立协议，原承包人并不脱离合同关系，由第三人加入合同关系，与承包人连带承担合同义务的债务承担方式。建设工程合同的主体没有改变，仍是发包人与承包人，专业承包合同依附于总包合同。

二是法律限制程度不同。工程转包是违法行为，《民法典》第791条第2款第3句明确规定，"承包人不得将其承包的全部建设工程转包给第三人或者将其承包的全部建设工程支解以后以分包的名义分别转包给第三人"。依法成立的专业承包合同具有法律效力。依据《民法典》第791条第2款的规定，经发包人同意，承包人可将部分工作交由第三人完成；同时第3款规定"建设工程主体结构的施工必须由承包人自行完成"。与之相符，根据《招标投标法》第48条第2款的规定，中标人按照合同约定或者经招标人同意，可以将中标项目的部分非主体、非关键性工作分包给他人完成。《建筑法》第29条第1款规定："……施工总承包的，建筑工程主体结构的施工必须由总承包单位自行完成。"因此，专业承包是依法有效的行为，并且有以下几种相应的条件限制：（1）承包人分包工程必须按照工程施工合同约定或经过发包人同意；（2）分包人应具有相应的资质条件；（3）分包工程限于非主体、非关键性部分；（4）分包单位不得将其承包的工程再分包。违反其中一条即构成违法分包。

三是工程项目中承包人（转包人）所处地位不同。专业承包中，总承包人独立完成主体工程，并对分包工程进行管理。关于转包，通常转包人只收取管理费，对工程建设不提供任何技术和管理。[①]

> **建议指引**

1. 建设工程合同项下的转包

转包，是指承包人承包工程后，不履行合同约定的责任和义务，将其承

---

① 参见最高人民法院民事审判第一庭编：《民事审判实务问答》，法律出版社2021年版，第69~70页。

包的全部工程或者将其承包的全部工程支解后以分包的名义分别转让给第三人的行为。①

2. 建设工程合同项下的分包

应区分建设工程的分包是合法分包还是违法分包。合法分包，是指承包人经发包人同意或者合同约定，将自己承包的非主体结构部分工作交由具备相应资质条件的第三人完成。违法分包，是指承包人承包工程后，没有合同约定或者没有经发包人同意，违反法律法规的规定将工程分包给第三人的行为。建议明确违法分包包括承包人将工程分包给不具备相应资质条件的单位或个人、分包单位将其承包的工程再分包、专业作业承包人将其承包的劳务再分包等情形。②

3. 建设工程合同项下的挂靠

挂靠，是指单位或个人借用其他有资质的单位的名义承揽工程的行为。建议分清挂靠的不同情形，既包括没有资质的单位或个人借用其他有资质的单位的名义承揽工程的情形，也包括有资质的单位相互借用名义承揽工程的情形。

4. 建设工程合同项下的内部承包

内部承包作为建筑施工企业常用的一种经营方式，应注意内部承包的合法性。合法的内部承包，是指建筑施工企业将其自身承包的工程交由与其建立了劳动关系的企业职工或者下属分支机构经营管理，利用建筑施工企业特定的生产资料完成工程施工，对相关经营管理权以及利润分配、风险承担等事项达成合意，并签订内部承包合同的行为。

7. 劳务分包和专业承包的区别

两者存在以下区别。

---

① 参见《四川省律师协会、重庆市律师协会关于律师办理建设工程合同纠纷疑难业务指引》第3.1.2条。
② 参见《四川省律师协会、重庆市律师协会关于律师办理建设工程合同纠纷疑难业务指引》第3.1.3条。

一是合同标的不同。依照《建筑业企业资质等级标准》[①] 的规定，专业承包的种类包括地基与基础设施、土石方工程、建筑装修装饰工程、消防设施工程、建筑防水工程等60种。《建筑业企业资质等级标准》[②] 对劳务作业分包的种类做了规定，包括木工、砌筑、抹灰、石制、油漆、钢筋、混凝土、脚手架、模板、焊接、水暖电安装、钣金、架线作业13种。从上述具体的项目罗列可以看出，专业承包合同的标的是建设工程中非主体、非关键性部分的工程。劳务分包合同的标的是劳务作业，技术含量低，与工程成果无关。

二是施工内容不同。专业承包中，第三人以自己的设备、材料、劳动力、技术等独立完成工程。劳务分包中第三人提供的仅是劳动力，由分包人提供技术和管理，两者结合才能完成建设工程。例如，甲施工单位承揽工程后，自己买材料，然后请乙劳务单位负责找工人进行施工，但还是由甲单位组织施工管理。

三是责任承担不同。依据《民法典》第791条第2款的规定，专业承包中的第三人就完成的工作成果与分包人向发包人承担连带责任。劳务分包中的第三人对工程承担合格责任，一般以监理工程师验收为准。

四是程序要件不同。依据《民法典》第791条第2款的规定，承包人分包工程必须按照约定或经发包人同意。而劳务法律关系限于劳务分包合同双方当事人，无须经发包人或总包人的同意。

五是结算性质不同。专业承包的对象是部分工程，第三人向分包人结算的是工程价款，由直接费、间接费、税金和利润组成。劳务分包对象是劳务作业，第三人向分包人结算的是直接费中的人工费以及相应的管理费。[③]

8. 合作开发房地产情形下的发包人主体

合作开发房地产合同中的一方当事人作为发包人与承包人签订建设工程

---

① 该部门规范性文件现已废止。
② 该部门规范性文件现已废止。
③ 参见最高人民法院民事审判第一庭编：《民事审判实务问答》，法律出版社2021年版，第70～71页。

施工合同，承包人要求合作开发的各方当事人对欠付的工程价款承担连带责任的，人民法院应予支持。①

第二节 施工合同的效力

9. 合同效力的一般规则

建设工程施工合同具有下列情形之一的，应当依据《民法典》第153条第1款的规定，认定无效：

（1）承包人未取得建筑业企业资质或者超越资质等级的。

（2）没有资质的实际施工人借用有资质的建筑施工企业名义的。

（3）建设工程必须进行招标而未招标或者中标无效的。

承包人因转包、违法分包建设工程与他人签订的建设工程施工合同，应当依据《民法典》第153条第1款及第791条第2款、第3款的规定，认定无效。②

10. 挂靠的基本情形

住房和城乡建设部公布的《建筑工程施工发包与承包违法行为认定查处管理办法》第9条规定："本办法所称挂靠，是指单位或个人以其他有资质的施工单位的名义承揽工程的行为。前款所称承揽工程，包括参与投标、订立合同、办理有关施工手续、从事施工等活动。"第10条规定："存在下列情形之一的，属于挂靠：（一）没有资质的单位或个人借用其他施工单位的资质承揽工程的；（二）有资质的施工单位相互借用资质承揽工程的，包括资质等级低的借用资质等级高的，资质等级高的借用资质等级低的，相同资

---

① 参见《河北省高级人民法院关于印发〈建设工程施工合同案件审理指南〉的通知》第12条。
② 参见《建工司法解释（一）》第1条第1款。

质等级相互借用的；（三）本办法第八条第一款第（三）至（九）项规定的情形，有证据证明属于挂靠的。"

实务中，认定是否成立挂靠法律关系应重点审查以下几点：（1）投标保证金的缴纳主体和资金来源；（2）实际施工人是否以承包人的委托代理人身份签订合同；（3）实际施工人是否与发包人就合同事宜直接磋商；（4）实际施工人是否全程参与投标、保证金的支付、合同的订立、实际施工等；（5）是否以劳务分包形式来掩盖挂靠行为等。以此来确定法律关系的性质是否为挂靠。

以下情况一般认定为挂靠：（1）假借内部承包名义，但没有人员聘用合同、没有缴纳社保、没有工资发放记录，办公场所是各自独立的。（2）挂靠协议签订后，挂靠人再以被挂靠人的名义与发包人签订建设工程施工合同的；在没有挂靠协议的情况下，挂靠人以被挂靠人代理人的身份签订合同的。（3）工程价款直接流向挂靠人，被挂靠人仅收取管理费，未实质参与工程管理，各自财务独立的。（4）从履行合同看，现场管理人员由挂靠人聘请、发放工资，挂靠人实际出资，以自己的名义或以被挂靠人的名义对外聘用人员、购买机械、材料或租赁设备的。[1]

11. 以分公司名义挂靠

实践中，施工企业与挂靠人约定，专门设立施工企业的分公司，交由挂靠人负责经营，并由该挂靠人对外通过该分公司以施工企业的名义承揽工程项目。这种情形与挂靠人直接和施工企业签订挂靠协议，而后在具体的项目中通过项目部这一载体实施具体的挂靠经营活动无异。只不过采取了设立分公司这一更为隐蔽的形式，同样属于"没有资质的单位或个人借用其他施工单位的资质承揽工程的"挂靠情形。认定标准参照《福建省高级人民法院关于建设工程施工合同纠纷疑难问题解答》第3条。该分公司和施工企业之间因挂靠而引起的纠纷，实际上仍是挂靠人与施工企业之间的纠纷，属于人民

---

[1] 参见《福建省高级人民法院关于建设工程施工合同纠纷疑难问题解答》第3条。

法院受理案件的范围。①

12. 挂靠关系中的效力区分

在挂靠施工的场景中，存在发包方与施工方施工合同的外部法律关系以及被挂靠方与挂靠方借用资质的内部法律关系。在认定相关合同的效力时，应当根据内部关系、外部关系以及发包人是否善意，以此来认定相关合同的效力。

对于挂靠人与被挂靠人之间的内部关系，如果挂靠行为属于借用资质行为，因为违反《建筑法》第 26 条②的规定，所以应当认定为无效行为。

对于挂靠人、被挂靠人与发包人的外部关系，应当根据发包人在签订建设工程施工合同时是否知道挂靠事实作出认定。

如果发包人不知道挂靠的事实，有合理理由相信履行施工合同义务的就是被挂靠人，此种情况下，被挂靠人以自己的名义与发包人签订施工合同的行为属于真意保留，被挂靠人的表示行为与真实意思不一致，但发包人的表示行为与真实意思是一致的。这种情况下，应当优先保护发包人的利益，该合同属于可撤销合同，并不仅因存在挂靠关系就当然无效。被挂靠人将所承包工程交由挂靠人施工的行为属于转包行为，根据《建工司法解释（一）》第 1 条第 2 款的规定，该转包合同属于无效合同。

如果发包人知道挂靠事实，根据《民法典》第 146 条的规定，该发包人与被挂靠人之间的施工合同属于以虚假的意思表示实施的民事法律行为，应当认定无效。

发包人、被挂靠人、挂靠人之间的工程欠款纠纷，除法律和司法解释另有规定外，应按照合同相对性原则，分别按照各自之间的合同关系处理。出现工程质量问题的，发包人依据《建工司法解释（一）》第 7 条规定主张权

---

① 参见《福建省高级人民法院关于建设工程施工合同纠纷疑难问题解答》第 7 条。
② 《建筑法》第 26 条规定："承包建筑工程的单位应当持有依法取得的资质证书，并在其资质等级许可的业务范围内承揽工程。禁止建筑施工企业超越本企业资质等级许可的业务范围或者以任何形式用其他建筑施工企业的名义承揽工程。禁止建筑施工企业以任何形式允许其他单位或者个人使用本企业的资质证书、营业执照，以本企业的名义承揽工程。"

利的，人民法院应予支持。如果发包人与挂靠人之间在工程施工中建立了事实上的施工合同关系，发包人或挂靠人直接请求对方承担相应民事责任，人民法院应予支持。①

案例1：白某与A局、B公司、B公司某分公司建设工程施工合同纠纷案——发包人、挂靠人、被挂靠人之间法律关系和合同效力及付款义务主体认定②

【裁判要旨】

在挂靠施工情形下，涉及发包方与施工方施工合同的外部法律关系以及被挂靠方与挂靠方借用资质的内部法律关系。对于相关合同效力的认定，应当区分内部关系、外部关系以及发包人是否善意，以此来认定相关合同的效力。在挂靠人与被挂靠人之间的内部关系上，挂靠行为属于借用资质行为，因违反《建筑法》第26条的规定，应当认定为无效行为。在挂靠人、被挂靠人与发包人外部关系的认定上，应当根据发包人在签订建设工程施工合同时是否知道挂靠人的事实作出认定。如果发包人知道或应当知道挂靠事实，根据《民法典》第146条的规定，该发包人与被挂靠人之间的施工合同属于以虚假意思表示实施的民事法律行为，应当认定无效。该发包人与挂靠人之间形成了事实上的建设工程施工合同关系，是以虚假的意思表示隐藏的民事法律行为，因违反法律法规的强制性规定，亦属无效。虽然无效，但在建设工程经验收合格的情形下，实际施工人可直接向发包人请求支付工程价款。

【基本案情】

A局在明知白某挂靠B公司承揽工程的情况下与B公司签订《施工合

---

① 参见最高人民法院第六巡回法庭编：《最高人民法院第六巡回法庭裁判规则》，人民法院出版社2022年版，第3~4页。《福建省高级人民法院关于建设工程施工合同纠纷疑难问题解答》第4条规定："……实际施工人以被挂靠人的名义与发包人签订的建设工程施工合同，在发包人明知挂靠的情况下，发包人与承包人签订的建设工程施工合同无效。发包人对借用资质的事实不知情，即使在施工过程中发现挂靠的，亦应当认定建设工程施工合同有效。"《广西壮族自治区高级人民法院关于建设工程的十二则问答》（2023年6月19日）问题2。典型案例层面，《民事审判指导与参考》第80辑所载"再审申请人许昌信诺置业有限公司与被申请人牛长贵、河南林九建设工程有限公司建设工程施工合同纠纷一案"的裁判规则说理逻辑和顺序基本一致。

② 参见《贵州高院发布建设工程合同纠纷典型案例》，载微信公众号"贵州高院"2023年5月30日，https://mp.weixin.qq.com/s/T-V_uYkNfP8GG5s-cgSsxw。

同》，约定将案涉村通硬化路工程发包给B公司承建。其后，B公司某分公司与白某签订《企业内部管理协议》，约定上述村通硬化路工程由白某组织施工，并由白某向B公司某分公司交纳企业管理费。协议签订后，白某组织人员对案涉工程进行施工并交付验收和审定。后因工程价款支付引发纠纷，白某将A局、B公司、B公司某分公司诉至法院。

【裁判结果】

一审判决A局向白某支付工程价款并驳回白某的其他诉讼请求。一审判决后双方未上诉。

【裁判理由】

贵州省赤水市人民法院经审理认为，根据《民法典》第146条的规定，A局在明知白某系案涉工程实际承包人的情况下与B公司签订《施工合同》，两者之间没有基于案涉工程签订施工合同的真实意思表示，所签订的《施工合同》系无效合同。而A局与白某之间具有基于案涉工程建设的合意，两者形成了事实上的建设工程施工合同关系，白某有权向A局主张权利。虽白某无资质，但案涉工程验收合格，根据相关法律规定，判决A局向白某支付工程价款。

【典型意义】

实践中存在个人或建筑企业因欠缺建筑资质或资质不足，以其他有资质的建筑企业或资质等级较高的建筑企业名义，与发包人订立建设工程施工合同承揽工程的情形，通常称为"挂靠"。我国法律对"挂靠"持否定态度，本案从各方签订合同时的意思表示、合同目的和权利义务的履行情况出发，厘清各方当事人之间的法律关系，精准认定发包人与挂靠人之间形成事实上的建设工程施工合同关系及效力，确定发包人为付款义务主体，继而判决发包人向挂靠人直接支付工程价款。该案明确了"挂靠"法律关系，对于统一裁判尺度、减少衍生诉讼、进一步规范建筑行业发承包行为具有良好示范意义。

案例2：张某明与协胜公司、恒兴公司建设工程施工合同纠纷案——挂靠人、被挂靠人及发包人之间的法律关系认定及付款义务承担问题①

【裁判要旨】

挂靠施工中涉及"施工"和"挂靠"两个不同性质、不同内容的法律关系。因挂靠合同的合同目的是"借用资质"而非"承揽工程"，被挂靠人不承担向挂靠人支付工程折价款的义务。在发包人对挂靠行为不知情的情况下，施工合同的相对人仍然是被挂靠人，因发包人与挂靠人之间无合同关系，根据合同相对性原则，发包人对挂靠人无约定付款义务；又因挂靠人不是《建工司法解释（一）》第43条规定的实际施工人，故发包人对挂靠人也没有法定的付款义务。挂靠人仅有权请求被挂靠人参照挂靠协议约定向其转付从发包人处收取的工程价款。若发包人的特定行为使得层层转付工程价款的流程受阻，在被挂靠人同意的情况下，为避免讼累，可判令发包人径行向挂靠人支付工程价款。

【基本案情】

2015年7月，张某生（受张某明委托）代表协胜公司（承包人）与恒兴公司（发包人）签订《建设工程施工合同》，由协胜公司承揽恒兴公司案涉工程。

2015年11月，张某生（受张某明委托）与协胜公司签订合同，约定：协胜公司从恒兴公司处承揽的工程，由张某明组织施工，并授权张某明以协胜公司名义就工程量、工程价款等各类问题与恒兴公司交涉，由张某明承担该承揽行为的最终盈亏；协胜公司需配合张某明以协胜公司名义对外进行交涉，并进行相应管理；恒兴公司拨付的工程价款，在到达协胜公司账户之日起，张某明可向协胜公司申请转付，除协胜公司1%的管理费及约定提留的税费外，其余款项在协胜公司监管下均拨付给张某明用于工程项目。

2017年11月，在监理单位要求下协胜公司解除张某明项目负责人职务，

---

① 参见《权威发布！建设工程施工合同纠纷十大典型案例来了》，载微信公众号"福建高院"2022年9月22日，https://mp.weixin.qq.com/s/CPFEc4AuZzEaISaDjGheBw。

张某明施工班组退场，协胜公司与恒兴公司《建设工程施工合同》亦终止履行。

2018年1月，张某明诉至法院，请求协胜公司、恒兴公司向其支付尚欠的工程价款及利息。

【裁判结果】

一审法院判令协胜公司向张某明支付工程折价款，恒兴公司在对协胜公司欠付工程价款范围内对张某明承担付款义务。二审法院改判协胜公司向张某明支付其从恒兴公司已收取但尚未转付张某明的工程价款，恒兴公司向张某明支付其应向协胜公司支付的工程价款中应最终归属张某明的款项。

【裁判理由】

第一，关于张某明与协胜公司之间是"转包"还是"挂靠"法律关系的问题。"挂靠"和"转包"外观相似，但其合同目的不同、内容不同、相应的法律后果亦不相同，应当依法区分处理。具体可从发生时间、合同目的以及内部权利义务安排等不同角度加以区分。该案中张某明委托张某生"代表"协胜公司与恒兴公司签订施工合同；张某明与协胜公司约定由张某明实际组织施工、负担盈亏，而协胜公司仅收取固定比例管理费；张某明并非协胜公司职工。综合上述三点，应认定两者之间系"借用资质"的挂靠关系，该挂靠合同无效。因无证据证明恒兴公司对该"挂靠关系"明知，故恒兴公司的施工合同的相对人仍是协胜公司，该施工合同有效。

第二，关于张某明是否有权向协胜公司主张工程折价款的问题。挂靠合同的合同目的是"借用资质"，而非"承揽工程"。被挂靠人对挂靠人的合同义务是"出借资质"，而非支付"工程价款"或者"工程折价款"。在挂靠合同内部，被挂靠人仅收取固定比例挂靠费，从发包人处承揽工程的最终风险、收益均归属挂靠人。此种收益，包括以被挂靠人名义从发包人处取得的工程价款，故挂靠人有权要求被挂靠人将其从发包人处收到的工程价款转付挂靠人；此种风险，亦包括无法从发包人处取得工程价款的风险，故在发包人未支付工程价款的情况下，挂靠人无权依据挂靠合同，向被挂靠人主张工程折价款。本案中，协胜公司从恒兴公司处取得的案涉工程价款尚有部分未转付给张某明，考虑到协胜公司对案涉工程提供了部分施工管理，故判令协胜公司在扣除1%的管理费及约定代缴的税费后，将剩余工程价款转付张某明。协胜公司不是转包人，不负有向张某明支付建设工程折价款的义务。但张某明有权参照两者之间的挂靠协议约定，要求协胜公司将其从恒兴公司处收到的工程价款转付给张某明。

第三，关于张某明是否有权向恒兴公司主张工程价款的问题。张某明与恒兴公司无合同关系，张某明亦不属于《建工司法解释（一）》第43条规定的实际施工人，故张某明无权直接向发包人恒兴公司主张工程价款。但本案中，恒兴公司的不当行为使施工合同未能履行完毕，进而使施工合同约定的付款条件不能成就，考虑到工程施工终止已四年有余，协胜公司、张某明的施工成果实际被恒兴公司接收，协胜公司又在诉讼中明确表示同意在扣减管理费后由恒兴公司直接向张某明支付未付的工程价款。在此情况下，为避免各方讼累，法院判令恒兴公司就未向协胜公司支付的工程价款中应归属张某明的部分，直接向张某明支付。

【法官点评】

我国法律对建筑行业中的"挂靠"持否定态度，但该现象在建筑行业中普遍存在，且各地法院对于被挂靠方应如何承担民事责任，认定标准不一，不利于市场主体就此形成稳定预期。

本案从挂靠合同"借用资质"的合同目的入手，区分"挂靠"与"转包"的法律关系，认定挂靠人与被挂靠人之间仅有"借用资质"的合意而无"缔结施工合同"的合意，故挂靠人无权向被挂靠人主张工程折价款。挂靠人亦不属于《建工司法解释（一）》第43条规定的"实际施工人"，亦无权据此向发包人主张"发包人欠付工程款责任"，仅有权参照挂靠合同约定，向被挂靠人主张转付其从发包人处收到的工程价款。该案判决在厘清各方法律关系的前提下，尊重各方基于商事成本收益而形成的利益安排，避免在合同无效的情况下，司法过度介入商事主体之间的利益调整，避免出现各方预期落空、利益失衡的情况，亦可避免不诚信当事人因合同无效而获益，对于统一该地区裁判尺度、稳定市场预期、保护交易安全，进一步规范建筑行业具有示范意义。

> **建议指引**

1. 在挂靠人与被挂靠人之间的内部关系上，由于挂靠行为属于借用资质的行为，该行为违反《建筑法》第 26 条的规定，当事人可主张该内部关系为无效行为。①

2. 在挂靠人、被挂靠人与发包人之间的外部关系上，基于挂靠人、被挂靠人的角度而言，因挂靠行为违反《建筑法》第 26 条的规定，依据《建工司法解释（一）》第 1 条的规定，所签订的施工合同属于无效合同。对于发包人而言，如果签订施工合同时明知挂靠的事实，则所签订的施工合同亦属于无效合同。②

13. 承包人转包、违法分包的情形

关于转包、违法分包的认定，可以参照住房和城乡建设部印发的《建筑工程施工发包与承包违法行为认定查处管理办法》第 7 条、第 8 条以及第 11 条、第 12 条规定的具体情形进行认定。承包人从发包人处取得建设工程后再与他人签订的转包合同、违法分包合同无效，但不影响发包人与承包人之间签订的建设工程施工合同的效力。司法实践中，要注意区分合同性质，并对合同效力作出相应的认定。③

> **建议指引**

支解发包对合同效力的影响

支解发包，是指建设单位将应当由一个承包单位完成的建设工程分解成若干部分发包给不同的承包单位的行为，支解发包违反《建筑法》第 24 条、《民法典》第 791 条的规定，为法律所禁止。参照《建筑工程施工发包与承

---

① 参见《四川省律师协会、重庆市律师协会关于律师办理建设工程合同纠纷疑难业务指引》第 3.2.2.1 条。
② 参见《四川省律师协会、重庆市律师协会关于律师办理建设工程合同纠纷疑难业务指引》第 3.2.2.2 条。
③ 参见最高人民法院第六巡回法庭编：《最高人民法院第六巡回法庭裁判规则》，人民法院出版社 2022 年版，第 3 页；《广西壮族自治区高级人民法院关于建设工程的十二则问答》（2023 年 6 月 19 日）问题 1。

包违法行为认定查处管理办法》第6条的规定，建设单位将一个单位工程的施工分解成若干部分发包给不同的施工总承包或专业承包单位的，属于违法发包。参照《建设工程分类标准》（GB/T 50841—2013）第2.0.6条的规定，单位工程是指具备独立施工条件并能形成独立使用功能的建筑物及构筑物。

发包人将给排水、电气、门窗、内外墙涂料等工程另外发包给他人承建的，多数观点认为属于支解发包，另行发包的建设工程施工合同无效。但是也有少数观点认为，禁止支解发包属于一种管理性规范，并不否认该行为的效力，支解发包并不必然导致另行发包的建设工程施工合同无效。①

14. 转包、违法分包情形中的事实合同关系

在工程转包、违法分包的情形下，转承包人、违法分承包人与发包人形成了事实上的施工合同关系，且建设工程质量合格的，转承包人、违法分承包人可以直接依据《建工司法解释（一）》第24条的规定，请求折价补偿。判断是否形成了前述事实上的施工合同关系，重点是看发包人是否认可实际施工人的地位，具体可以考量发包人是否直接支付工程进度款、是否在工程施工过程中进行联系或检查、是否直接进行工程价款结算、是否指定转（分）承包人等因素。

转承包人、违法分承包人就其具体施工范围内的工程价款与发包人结算以后，转包人、违法分包人不能再就转承包人、违法分承包人具体施工范围内的工程价款向发包人主张权利。存在转包、违法分包情形，发生工程质量争议的，发包人可以依据《建工司法解释（一）》第15条主张权利。如果无法认定实际施工人与发包人是否建立了事实上的施工合同关系，应当依据各方当事人各自的合同关系确定发包人欠付转包人、违法分包人的工程价款数额，以及转包人、违法分包人欠付转承包人、违法分承包人的工程价款数额。②

---

① 参见《四川省律师协会、重庆市律师协会关于律师办理建设工程合同纠纷疑难业务指引》第3.2.8.2条。

② 参见最高人民法院第六巡回法庭编：《最高人民法院第六巡回法庭裁判规则》，人民法院出版社2022年版，第3页；《广西壮族自治区高级人民法院关于建设工程的十二则问答》（2023年6月19日）问题1。

15. 借用资质与违法转包、分包的区分情形

实践中，对两者的区分主要是看实际施工人有没有参与前期的磋商、投标和合同订立。借用资质的实际施工人一般都会参与前期的磋商、投标和施工合同订立等，而工程转包中的实际施工人一般不参与前期的磋商、投标和施工合同订立等，往往是由承包单位承接到工程后将工程的权利义务概括转移给实际施工人。①

16. 超越资质等级的合同效力及例外

承包人超越资质等级许可的业务范围签订建设工程施工合同，在建设工程竣工前取得相应资质等级，当事人请求按照无效合同处理的，人民法院不予支持。②

> ➤ 建议指引

对于承包人未取得建筑业企业资质或者超越资质等级的合同，可依据《建筑法》第26条和《建工司法解释（一）》第1条及第4条的规定，主张承包人未取得建筑业企业资质或者超越资质等级签订的施工合同无效，但是承包人在建设工程竣工前取得相应资质等级的，可主张合同有效。③

17. 劳务分包合同的效力

具有劳务作业法定资质的承包人与总承包人、分包人签订的劳务分包合同，当事人请求确认无效的，人民法院依法不予支持。④

以下情形可以认定为非法劳务分包。

（1）总承包人、专业分包企业将建筑工程的劳务作业分包给不具备相应

---

① 参见《河南省高级人民法院民四庭关于建设工程合同纠纷案件疑难问题的解答》第9条。
② 参见《建工司法解释（一）》第4条。
③ 参见《四川省律师协会、重庆市律师协会关于律师办理建设工程合同纠纷疑难业务指引》第3.2.1条。
④ 参见《建工司法解释（一）》第5条。

资质条件的企业和个人。

（2）总承包人、专业分包企业将建筑工程的劳务作业分包给具备相应资质条件的企业，但分包的内容包括提供大型机械、周转性材料租赁和主要材料、设备采购等。

（3）劳务作业承包人将承包的劳务作业再分包的。①

18. 内部承包的效力与区分

建筑施工企业将其自身承包的工程交由与其建立了劳动关系的企业职工或者下属分支机构经营管理，利用建筑施工企业特定的生产资料完成工程施工，就相关经营管理权以及利润分配、风险承担等事项达成合意的，属于内部承包。当事人以《建工司法解释（一）》第1条第1款第1~2项规定主张合同无效的，人民法院不予支持。

审判实践中，可以结合下列情形综合判断是否属于内部承包：（1）内部承包人为建筑施工企业下属分支机构的，其与建筑施工企业之间是否存在管理与被管理的隶属关系；（2）内部承包人为个人的，如本企业职工或在册项目经理等，其与建筑施工企业之间是否存在劳动关系；（3）内部承包人是否在建筑施工企业的管理和监督下进行项目施工，使用建筑施工企业的建筑资质、商标及企业名称等是否属于职务行为；（4）施工现场的项目经理或其他现场管理人员是否接受建筑施工企业的任免、调动和聘用；（5）承包人组织项目施工所需的资金、技术、设备和人力等是否由建筑施工企业予以支持；（6）承包人与建筑施工企业是否共享利润、共担风险。②

建筑施工企业与其下属分支机构或所属职工签订合同，将其承包的全部或者部分工程分包给其下属分支机构或所属职工施工，并在资金、技术、设备、人力等方面给予支持的，可以认定为企业内部承包合同。判断是否为企业的所属职工应以书面劳动合同、社保缴纳凭证、工资发放证明等证据

---

① 参见《河北省高级人民法院关于印发〈建设工程施工合同案件审理指南〉的通知》第4条。
② 参见《重庆市高级人民法院、四川省高级人民法院关于审理建设工程施工合同纠纷案件若干问题的解答》第8条。

综合予以认定。企业内部职工和下属分支机构不得以自己的名义主张工程价款。

建筑施工企业与无施工资质的承包人签订的合同名为企业内部承包实为借用资质，当事人主张合同有效的，人民法院不予支持。①

> 建议指引

对于名为内部承包实为转包或挂靠等情形的，该内部承包合同无效。②

19. 承建农村自建房屋的资质效力

根据《建筑法》第83条第3款③的规定，农村自建房屋中二层以下（含二层）住宅，属于"农民自建低层住宅"，不受《建筑法》调整。审判中，当事人仅以施工人缺乏相应资质为由主张施工合同无效的，不予支持。④

农民自建三层（含三层）以上的住宅或者自建非住宅建筑的，承包人应当具备相应的施工资质，不具备相应的施工资质或者超越资质等级所签订的施工合同应当认定无效。⑤

案例3：刘某诉罗某、冉某农村建房施工合同纠纷案——修建农村房屋所需施工资质的认定⑥

【裁判要旨】

在重庆地区，农民自建三层（不含三层）以下的住宅，属于《建筑法》

---

① 参见《河北省高级人民法院关于印发〈建设工程施工合同案件审理指南〉的通知》第3条。
② 参见《四川省律师协会、重庆市律师协会关于律师办理建设工程合同纠纷疑难业务指引》第3.2.6条。
③ 《建筑法》第83条第3款规定："抢险救灾及其他临时性房屋建筑和农民自建低层住宅的建筑活动，不适用本法。"
④ 参见《天津市高级人民法院关于审理建设工程施工合同纠纷案件相关问题的审判委员会纪要》（2020年12月9日）第9条；《重庆市高级人民法院、四川省高级人民法院关于审理建设工程施工合同纠纷案件若干问题的解答》第3条第1款。
⑤ 参见《重庆市高级人民法院、四川省高级人民法院关于审理建设工程施工合同纠纷案件若干问题的解答》第3条第2款；《山东高院民一庭关于审理建设工程施工合同纠纷案件若干问题的解答》（2020年8月15日）第13条。
⑥ 参见《重庆市高级人民法院发布建设工程合同纠纷典型案例》，载微信公众号"重庆市高级人民法院"2023年12月28日，https://mp.weixin.qq.com/s/XrEA8eUM5feeuK7–imEpYw。

第 83 条第 3 款规定的"农民自建低层住宅",承包人不具备施工资质的,不影响施工合同的效力。

【基本案情】

刘某诉称:刘某与罗某、冉某签订了《房屋修建承包合同》,约定罗某、冉某将自建房屋交由刘某修建。现刘某已按约将房屋修建完毕,但罗某、冉某未足额支付建房款。故请求判令罗某、冉某支付刘某建房款29500元。

罗某、冉某辩称:刘某修建房屋存在质量问题,需要进行整改,修复费用应当充抵建房款。

法院经审理查明:罗某与冉某系夫妻关系。2015年11月18日,刘某与罗某签订《房屋修建承包合同》,约定房屋做工和材料由刘某负责。三间正屋长11米,进深8米,一楼盖混凝土板(预制板),二楼为西式瓦屋面。合同签订后,刘某已按约将房屋修建完毕并交付罗某、冉某使用,罗某、冉某已支付建房款13万元。罗某、冉某出具《欠条》载明:今欠到刘某(帮罗某建房款)29500元。

一审法院判决:第一,罗某、冉某支付刘某建房款29500元;第二,驳回刘某的其他诉讼请求。该判决已发生法律效力。

【裁判理由】

法院生效裁判认为:《建筑法》第83条第3款规定,农民自建低层住宅的建筑活动,不适用该法。《重庆市村镇规划建设管理条例》第20条第1款规定,村镇建设工程的勘察、设计、施工等建筑活动,按照限额以上工程和限额以下工程的分类进行管理。该条例第52条规定,限额以上村镇建设工程,包括4层以上或者建筑面积500平方米以上住宅或者跨度在6米以上的单层民用建筑;限额以下村镇建设工程,是指限额以上工程范围之外的其他村镇建设项目。本案中,案涉房屋性质为农村住宅,房屋楼层低于4层,建筑面积小于500平方米,系限额以下村镇建设工程,因此,虽然刘某没有施工资质,但罗某与刘某签订的《房屋修建承包合同》仍应认定为有效,双方均应当按照合同约定履行各自的义务。现房屋已经修建完毕并交付罗某、冉某使用,且罗某、冉某还出具《欠条》认可欠付刘某建房款29500元,故罗某、冉某应当按照约定支付建房款。罗某、冉某主张房屋存在质量问题，应当扣除相应修复费用，但未举示房屋存在质量问题的证据，亦未举示已产生修复费用的证据，故对罗某、冉某的抗辩意见不予采纳。

20. 装饰装修合同的承包人资质

装饰装修工程可以分为工业装饰装修工程和家庭居室装饰装修工程。工业装饰装修工程的承包人应当具备相应的施工资质，不具备相应的施工资质或者超越资质等级所签订的装饰装修合同应当认定为无效。家庭居室装饰装修工程的承包人不具备相应的施工资质的，不影响装饰装修合同的效力，但装修活动涉及变动建筑主体和承重结构，或者法律、法规要求承包人应具备相应施工资质的除外。

通常情形下，家庭居室装饰装修工程的装修对象应为住宅用房，商服用房、办公用房等非住宅用房的装修不属于家庭居室装饰装修工程。家庭居室装饰装修工程的主体应为业主或者住宅使用人，建设单位为进行成品房销售而实施的批量住宅装修一般不属于家庭居室装饰装修工程。[1]

房屋修缮活动、家庭的装修装饰及小型工装活动（根据《住宅室内装饰装修管理办法》第44条的规定，工程投资额在30万元以下或建筑面积在300平方米以下，可以不申请办理施工许可证的非住宅装饰装修活动），属于承揽事项，不属于建设工程。[2]

21. 招投标之前已签合同的效力

《招标投标法》第43条规定："在确定中标人前，招标人不得与投标人就投标价格、投标方案等实质性内容进行谈判。"该规定对实现《招标投标法》的立法目的，即规范招标投标活动，保护国家利益、社会公共利益和招标投标活动当事人的合法权益，提高经济效益，保证项目质量具有重要意义。

---

[1] 参见《重庆市高级人民法院、四川省高级人民法院关于审理建设工程施工合同纠纷案件若干问题的解答》第2条。

[2] 参见《福建省高级人民法院关于建设工程施工合同纠纷疑难问题解答》第2条。

相比较"在确定中标人前，招标人不得与投标人就投标价格、投标方案等实质性内容进行谈判"，在进行招标投标之前就在实质上先行确定工程承包人的做法，是对《招标投标法》更为严重的违反。因此，在履行法定招标投标程序前，招标人与投标人签订的建设工程施工合同因违反法律、行政法规的强制性规定而无效。①

> 建议指引

1. 标前合同的效力

必须招标的项目，在招标前招标人和投标人签订的施工合同，因合同本身违反《招标投标法》第43条的强制性规定，可以主张该中标合同无效。

对于非必须招标的项目，可参照《重庆市高级人民法院、四川省高级人民法院关于审理建设工程施工合同纠纷案件若干问题的解答》第12条的规定，选择通过招标投标程序订立建设工程施工合同的，中标前进行实质性谈判并签订合同，属于"先定后招"的行为，可依据《招标投标法》第43条的强制性规定主张合同无效。②

2. 标后合同的效力

依据《建工司法解释（一）》第2条的规定，招标人和中标人另行签订的建设工程施工合同约定的工程范围、建设工期、工程质量、工程价款等实质性内容，与中标合同不一致的，标后合同无效。在中标合同有效的前提下，建议主张按照中标合同确定各方权利义务。招标人和中标人在中标合同之外就明显高于市场价格购买承建房产、无偿建设住房配套设施、让利、向建设单位捐赠财物等另行签订合同，变相降低工程价款的，建议主张该合同因背离中标合同实质性内容而无效。③

---

① 参见最高人民法院民事审判第一庭编：《民事审判实务问答》，法律出版社2021年版，第88~89页。
② 参见《四川省律师协会、重庆市律师协会关于律师办理建设工程合同纠纷疑难业务指引》第3.2.4.2条。
③ 参见《四川省律师协会、重庆市律师协会关于律师办理建设工程合同纠纷疑难业务指引》第3.2.4.3条。

22. 必须进行招标而未招标或中标无效的含义

根据《建工司法解释（一）》第1条第1款的规定，建设工程必须进行招标而未招标或中标无效的，建设工程施工合同应认定无效。

准确把握该条文含义，应当区分两种情况：一是必须进行招标而未招标；二是中标无效。关于必须进行招标的工程，相关国家部委曾经先后作出有关规范性规定，应当以有关规定为准来确定必须进行招标的工程范围。根据2018年6月1日起施行的《必须招标的工程项目规定》及2018年6月6日起施行的《必须招标的基础设施和公用事业项目范围规定》的规定，商品住宅项目已不属于必须招标工程项目范围，如果仍然以此为依据认定相关施工合同未经招投标程序而无效，就属于适用法律错误。如果签订施工合同时属于应当招标的工程项目，但诉讼中按照新的规定已不属于应当招标的工程项目，则不应以必须进行招标而未招标为由认定合同无效。

关于对中标无效的把握，即使诉争的建设工程并非必须进行招标，但如果发包人主动选择采取招标方式，那么就应当遵守《招标投标法》等法律规定。如果招标程序中出现先定后标、串标、围标、行贿，以及采取非法手段阻止、干预其他投标人参加投标活动等行为，那么该中标行为违反了《招标投标法》等法律的强制性规定，破坏了公平竞争的市场秩序这一社会公共秩序，因此也应当认定无效。[①]

案例4：某建筑公司与某教育局建设工程施工合同纠纷案——法院应主动审查合同效力，建设工程必须进行招标而未招标的应认定施工合同无效[②]

【裁判要旨】

法院应当依职权主动审查建设工程合同效力。当事人对合同是否有效作

[①] 参见最高人民法院第六巡回法庭编：《最高人民法院第六巡回法庭裁判规则》，人民法院出版社2022年版，第5~6页；《广西壮族自治区高级人民法院关于建设工程的十二则问答》（2023年6月19日）问题4。

[②] 参见《贵州高院发布建设工程合同纠纷典型案例》，载微信公众号"贵州高院"2023年5月30日，https://mp.weixin.qq.com/s/T－V_uYkNfP8GG5s－cgSsxw。

出的判断，不影响法院根据查明事实和相关法律规定对合同效力进行认定。建设工程必须进行招标而未招标的，应认定施工合同无效。

【基本案情】

某教育局为加快某小学建设进度，未履行招投标手续即与某建筑公司针对案涉工程建设项目签订了原则性、框架性的土木建筑及安装工程施工备忘录。某建筑公司组织工人进场施工并于2017年基本完工，但因各项手续不完善，双方当事人始终未能就案涉工程价款结算达成一致意见，遂引发纠纷诉至法院，某建筑公司请求某教育局支付欠付的工程价款及利息。

【裁判结果】

一审判决某教育局支付某建筑公司工程欠款及相应利息。一审判决后，双方未上诉。

【裁判理由】

黔东南州中级人民法院经审理认为，案涉工程系政府投资建设的公用事业项目，关乎社会公共利益及公众安全，属于必须进行招标的建设工程项目。发包人未经过招投标程序即与承包人签订施工合同，违反了《招标投标法》中的效力性强制性规定，合同应属无效。但建设工程已经实际投入使用，所以某建筑公司诉讼请求支付工程价款，依法应予支持。

【典型意义】

合同的效力是合同对当事人所具有的法律拘束力，是基于对国家利益、社会公共利益的保护而对当事人的合意进行法律上的评价。与一般的民商事合同相比，因施工安全和工程质量极大地关乎社会公共利益，建设工程施工合同须受《建筑法》《招标投标法》等法律规制，受建设行政主管部门规章制度的严格监管，对于合同效力的认定应当更为严格和谨慎。因此，无论当事人是否对施工合同的效力提出主张或者抗辩，是否产生争议，法院都应当主动审查施工合同的效力并在判决书中明确载明。本案系一起典型的必须进行招标而未招标导致合同无效的案件，法院依职权主动认定建设工程施工合同的效力，既划分了合同主体的权利义务，也平衡和维护了社会公共利益。

> **建议指引**

1. 建设工程必须招标而未招标的合同效力

依据《建工司法解释（一）》第 1 条的规定，可主张建设工程必须进行招标而未招标签订的施工合同无效。但是，根据《重庆市高级人民法院、四川省高级人民法院关于审理建设工程施工合同纠纷案件若干问题的解答》第 1 条的规定，对于订立合同时属于必须招标的工程项目而在起诉前属于非必须招标工程项目的，可主张该建设工程属于非必须招标工程项目，进而主张非必须招标工程项目所签订的合同虽然未招标但仍属于有效合同。①

2. 中标无效对合同效力的影响

依据《招标投标法》《招标投标法实施条例》的相关规定，中标无效主要存在九种情形：（1）招标代理机构违反《招标投标法》的规定，泄露应当保密的与招标投标活动有关的情况和资料，从而影响中标结果的；（2）招标代理机构与招标人、投标人串通损害国家利益、社会公共利益或者他人合法权益，从而影响中标结果的；（3）依法必须招标的项目的招标人向他人透露已获取招标文件的潜在投标人的名字、数量或者可能影响公平竞争的有关招标投标的其他情况，或者泄露标底，从而影响中标结果的；（4）投标人相互串通投标或者与招标人串通投标的；（5）投标人以向招标人或者评标委员会成员行贿的手段谋取中标的；（6）投标人以他人名义投标或者以其他方式弄虚作假，骗取中标的；（7）依法必须招标的项目，招标人违反《招标投标法》的规定，与投标人就投标价格、投标方案等实质性内容进行谈判，从而影响中标结果的；（8）招标人在评标委员会依法推荐的中标候选人以外确定中标人的；（9）依法必须招标的项目在所有投标人被评标委员会否决后自行确定中标人的。在实践中，在招投标过程中如果存在以上中标无效的情形，建议通过质疑、投诉等方式予以纠正和解决。如果仍然存在中标无效的情形，

---

① 参见《四川省律师协会、重庆市律师协会关于律师办理建设工程合同纠纷疑难业务指引》第 3.2.3.1 条。

招标人和中标人签订的建设工程施工合同无效。①

3. 应当公开招标但径行邀请招标的合同效力

在必须招标项目中,应当公开招标而招标人径行邀请招标的做法,违反了《招标投标法实施条例》第64条的规定而应当承担行政责任,包括责令改正、罚款和给予处分。但这种情况对中标合同效力的影响在实务中存在争议。多数观点认为,该行为并未违反法律的效力性强制性规定,公开招标和邀请招标只是不同的招标方式,采用不同方式招标不构成"建设工程必须招标而未招标"的情形,也不构成"中标无效"的情形,故不影响建设工程施工合同的效力。少数观点认为,未经政府或相关部门批准和认定,招标人擅自采取邀请招标的方式招标,事实上以邀请招标之名逃避公开招标视为没有进行招标,可主张中标合同为无效合同。②

23. 非必须进行招标合同的效力

当事人以建设工程未经招投标程序主张签订的建设工程施工合同无效的,除根据《招标投标法》第3条的规定及《必须招标的工程项目规定》(中华人民共和国国家发展和改革委员会令第16号)、《必须招标的基础设施和公用事业项目范围规定》(发改法规规〔2018〕843号)的相关规定必须招标的项目外,不予支持。③

订立合同时属于必须招标的工程项目,但在起诉前属于非必须招标工程项目的,可以认定建设工程属于非必须招标工程项目。④

在非必须招标项目中,当事人选择通过招标投标程序订立建设工程施工合同,应当受《招标投标法》的约束和调整,中标前进行实质性谈判并签订

---

① 参见《四川省律师协会、重庆市律师协会关于律师办理建设工程合同纠纷疑难业务指引》第3.2.3.2条。
② 参见《四川省律师协会、重庆市律师协会关于律师办理建设工程合同纠纷疑难业务指引》第3.2.4.1条。
③ 参见《湖南省高级人民法院关于审理建设工程施工合同纠纷案件若干问题的解答》第3条。
④ 参见《重庆市高级人民法院、四川省高级人民法院关于审理建设工程施工合同纠纷案件若干问题的解答》第1条。

合同，属于"先定后招"实质性谈判的行为，违反了《招标投标法》第43条的强制性规定，应属无效。①

> ➤ 建议指引

依据《建工司法解释（一）》第23条的规定，在非必须招标的项目中，建设工程进行招标后，发包人与承包人另行订立的建设工程施工合同背离中标合同的实质性内容的，当事人可请求以中标合同作为结算建设工程价款的依据。但是，发包人与承包人因客观情况发生了在招标投标时难以预见的变化而另行订立建设工程施工合同的除外。②

24. 拦标价低于成本价的效力

招标单位设置拦标价是合法的行为，承包方明知拦标价后仍然竞标签订建设工程合同的，即便竞标价格低于成本价，签订的建设工程合同也是合法有效的。③

案例5：某建设公司诉某土地中心建设工程合同纠纷案——中标人未按照约定缴纳低价风险担保金的责任承担④

【裁判要旨】

在重庆地区，招标人采用经评审的最低投标价法进行招标，并在招标文件中规定投标人的中标价低于最高限价85%时须提供低价风险担保金，否则有权取消中标资格并没收投标保证金的，该低价风险担保条款符合规定。中标人以低于最高限价85%的价格中标，但拒绝按照招标文件规定缴纳低价风险担保金的，招标人有权取消中标人的中标资格，并可以要求中标人承担相

---

① 参见《重庆市高级人民法院、四川省高级人民法院关于审理建设工程施工合同纠纷案件若干问题的解答》第12条。
② 参见《四川省律师协会、重庆市律师协会关于律师办理建设工程合同纠纷疑难业务指引》第3.2.4.3条。
③ 参见《浅析拦标价低于成本之建设工程合同的效力问题》，载杜万华主编：《最高人民法院民商事案件审判指导》（第2卷），人民法院出版社2015年版。
④ 参见《重庆市高级人民法院发布建设工程合同纠纷典型案例》，载微信公众号"重庆市高级人民法院"2023年12月28日，https://mp.weixin.qq.com/s/XrEA8eUM5feeuK7-imEpYw。

应的违约责任。

【基本案情】

某建设公司诉称：某建设公司参加由某土地中心组织的土地整治项目招投标活动，缴纳投标保证金80000元，经评审并公示，某建设公司为中标单位。但某土地中心以某建设公司未按时缴纳低价风险担保金为由拒不签订施工合同，某土地中心已构成违约。故请求判令某土地中心双倍返还投标保证金共计160000元。

某土地中心辩称：招标文件中设置了低价风险担保条款，某建设公司也作出了低价风险担保金缴纳承诺，但某建设公司中标后却拒绝缴纳低价风险担保金，某土地中心取消其中标资格并不予退还投标保证金符合规定。

法院经审理查明：2021年8月24日，某土地中心就案涉土地整治项目公开招标，《招标公告》载明：本工程最高限价为4482405元，中标价低于最高限价的85%时中标人须提供低价风险担保金，否则视为中标人放弃中标，招标人有权不退还投标保证金。2021年9月14日，某建设公司递交《投标函》，以3639766.28元进行投标报价，并提交《低价风险担保缴纳承诺书》。2021年9月26日，某土地中心确定某建设公司为中标人，并要求某建设公司按招标文件的规定缴纳低价风险担保金509915.91元。之后，某建设公司未在规定期限内缴纳低价风险担保金。某土地中心遂函告某建设公司，因某建设公司未缴纳低价风险担保金，取消某建设公司中标资格，投标保证金不予退还。

一审法院判决：驳回某建设公司的诉讼请求。一审宣判后，某建设公司提出上诉。二审法院判决：驳回上诉，维持原判。

【裁判理由】

法院生效裁判认为，本案的争议焦点为：某土地中心是否有权取消某建设公司中标资格并没收投标保证金。《重庆市招标投标条例》第37条规定："采用经评审的最低投标价法的，中标候选人的中标价格低于招标项目最高限价百分之八十五，且招标人认为该投标价格可能低于成本，可能影响项目工程进度和质量的，招标人在发出中标通知书前，可以要求中标候选人提供适当担保。中标人不能按照合同约定的标的、价款、质量、履行期限等主要条款完成工程建设内容的,应当依法承担相应的担保责任。"某土地中心发布的《招标公告》、某建设公司签署的《低价风险担保缴纳承诺书》均对低价风险担保进行了明确约定,现某建设公司中标价低于最高限价85%的标准,但其未在指定的期限内缴纳低价风险担保金,构成违约。现某建设公司以该低价风险担保不合理为由拒绝缴纳,有违民事活动中的诚信原则,某土地中心有权取消某建设公司的中标资格,并没收某建设公司交纳的投标保证金。

25. "黑白合同"的效力

招标人和中标人另行签订的建设工程施工合同约定的工程范围、建设工期、工程质量、工程价款等实质性内容,与中标合同不一致,一方当事人请求按照中标合同确定权利义务的,人民法院应予支持。

招标人和中标人在中标合同之外就明显高于市场价格购买承建房产、无偿建设住房配套设施、让利、向建设单位捐赠财物等另行签订合同,变相降低工程价款,一方当事人以该合同背离中标合同实质性内容为由请求确认无效的,人民法院应予支持。[①]

当事人就同一建设工程另行订立的建设工程施工合同与经过备案的中标合同实质性内容不一致的,应当以备案的中标合同作为结算工程价款的依据,其适用前提应为备案的中标合同合法有效,无效的备案合同并非当然具有比其他无效合同优先参照适用的效力。[②]

26. 设计变更引起的另行订立协议不属于背离中标情形

《招标投标法》第46条第1款规定:"……招标人和中标人不得再行订立背离合同实质性内容的其他协议。"但是,由于建设工程设计变更等原因

[①] 参见《建工司法解释(一)》第2条。
[②] 参见江苏省第一建筑安装集团股份有限公司与唐山市昌隆房地产开发有限公司建设工程施工合同纠纷案,载《最高人民法院公报》2018年第6期。

引起的工程量、工程价款等发生的变化,属于在施工过程中发生的招投标时难以预见的变化,应当允许双方当事人补充协商。故当事人只要不是为了故意规避招投标法律规定,就设计变更而另行订立的协议不属于背离中标合同的实质性内容。①

27. 未取得建设工程规划许可证的合同效力及例外

当事人以发包人未取得建设工程规划许可证等规划审批手续为由,请求确认建设工程施工合同无效的,人民法院应予支持,但发包人在起诉前取得建设工程规划许可证等规划审批手续的除外。

发包人能够办理审批手续而未办理,并以未办理审批手续为由请求确认建设工程施工合同无效的,人民法院不予支持。②

28. 上游合同无效对分包合同的影响

发包人与承包人之间的建设工程施工合同无效,不必然导致分包合同无效。若承包人将部分工程分包给有资质的施工方,则分包合同有效,除非案涉工程本身存在违法性,如未取得建设工程规划许可证、建设工程用地规划许可证、案涉工程被认定为违法建筑等情形。③

第三节 无效合同的后果

29. 合同无效时的损失确定方法及举证

建设工程施工合同无效,一方当事人请求对方赔偿损失的,应当就对方过错、损失大小、过错与损失之间的因果关系承担举证责任。

---

① 参见《河南省高级人民法院民四庭关于建设工程合同纠纷案件疑难问题的解答》第4条。
② 参见《建工司法解释(一)》第3条。
③ 参见《湖南省高级人民法院关于审理建设工程施工合同纠纷案件若干问题的解答》第6条。

损失大小无法确定，一方当事人请求参照合同约定的质量标准、建设工期、工程价款支付时间等内容确定损失大小的，人民法院可以结合双方过错程度、过错与损失之间的因果关系等因素作出裁判。①

30. 合同无效时的付款时间、质量标准、工期

在建设工程施工合同无效的情况下，施工合同中关于工程价款、付款时间、质量标准、建设工期等内容可以作为参照予以适用。②

在建设工程施工合同无效，但该建设工程经竣工验收合格，当事人无法举证证明实际损失的情况下，可参照合同关于质量、工期、进度款支付等索赔条款的约定计算损失。③

案例1：郭某发与林安公司、张某荣、协胜公司建设工程施工合同纠纷案——建设工程施工合同无效情形下付款条件有效与否的认定④

【裁判要旨】

在建设工程施工合同纠纷中，工程价款是否达到付款条件与当事人存在重大利害关系。在建设工程施工合同被认定为无效的情况下，案涉工程已完工并经竣工验收合格交付使用的，承包方有权依照《建工司法解释（一）》的相关规定，要求发包方参照合同约定的标准支付工程价款。但是，上述司法解释的规定实际上是针对合同无效后进行折价补偿的情形，对"参照合同约定"应作严格的限制解释处理，仅限于合同中对工程价款计算标准的约定。建设工程合同无效，则付款条件条款也应认定为无效。

【基本案情】

2016年8月17日，协胜公司作为发包方与林安公司作为承包方签订了一份《劳务合同》，合同约定：由林安公司承包泉州市江南新区高山安置区

---

① 参见《建工司法解释（一）》第6条。
② 参见《河南省高级人民法院民四庭关于建设工程合同纠纷案件疑难问题的解答》第1条。
③ 参见《湖南省高级人民法院关于审理建设工程施工合同纠纷案件若干问题的解答》第10条。
④ 参见《权威发布！建设工程施工合同纠纷十大典型案例来了》，载微信公众号"福建高院"2022年9月22日，https://mp.weixin.qq.com/s/CPFEc4AuZzEaISaDjGheBw。

项目第四标段的施工。2016年8月19日,林安公司作为发包方与郭某发作为承包方签订了一份《工程劳务合同》,合同约定:由郭某发承包泉州市江南新区高山安置区项目第四标段的模板(含内支撑架)制作安装工程。案涉工程于2019年5月竣工验收,高山安置区于2019年9月正式交房。在催讨工程价款的过程中,郭某发在《施工班组/分包单位工程结算单》上签署"承诺待业主方支付至工程价款的总额95%时,甲方给予结清款项。郭某发"的字样。并将该结算单交由林安公司持有。

双方因支付工程尾款等问题发生争议,郭某发向一审法院起诉,提出判令林安公司、张某荣向郭某发一次性支付尚欠的工程价款343023.36元及利息损失,并由协胜公司在欠付工程价款的范围内对上述债务承担连带责任等诉讼请求。一审法院经审理认为,郭某发不具有建筑业企业资质,故其与林安公司签订的《工程劳务合同》无效。本案中,经张某荣与郭某发结算确认其完成的工程量为7157153.36元(含签证部分33000元),而林安公司及张某荣仅向郭某发支付工程价款6814130元,尚欠其工程价款343023.36元。因郭某发在向林安公司催讨工程价款的过程中,在《施工班组/分包单位工程结算单》上签署"承诺待业主方支付至工程价款的总额95%时,甲方给予结清款项。郭某发"的字样。郭某发向林安公司承诺待业主方支付至工程价款的总额95%时,再与林安公司结清剩余工程价款。现郭某发亦未能提供证据证明业主方已向协胜公司支付合同总价款的95%以上。故郭某发承诺的新的付款条件尚未成就。因此,判决:驳回郭某发的诉讼请求。郭某发不服,认为案涉工程尾款的支付条件已经成就,向福建省泉州市中级人民法院上诉。

【裁判结果】

二审判决如下:第一,撤销一审判决;第二,林安公司应于判决生效之日起10日内向郭某发支付工程价款343023.36元及利息损失(以343023.36元为基数,自2020年9月21日起至实际清偿之日止,按全国银行间同业拆借中心公布的贷款市场报价利率计算)。

【裁判理由】

关于案涉工程价款支付条件是否成就的问题。郭某发虽在《施工班组/

分包单位工程结算单》上确认"承诺待业主方支付至工程价款的总额95%时,甲方给予结清款项"。但是,本案中,业主方是否向协胜公司支付至工程价款总额的95%,与郭某发、林安公司之间的权利义务关系并不存在必然联系。林安公司亦未抗辩称协胜公司未依约向其支付工程价款。林安公司与郭某发签订的案涉《工程劳务合同》,因违反法律禁止性规定,应认定为无效。根据法律规定,除争议解决条款外,其他条款也应无效。而付款条件不属于争议解决条款的范畴,故林安公司与郭某发关于付款条件的约定,亦属无效。《最高人民法院关于审理建设工程施工合同纠纷案件适用法律问题的解释》[1](法释〔2004〕14号)第2条规定,建设工程施工合同无效,但建设工程经竣工验收合格,承包人请求参照合同约定支付工程价款的,应予支持。因案涉工程已经竣工验收合格,现郭某发要求林安公司偿付尚欠的工程价款343023.36元并支付自起诉之日(2020年9月21日)起按全国银行间同业拆借中心公布的贷款市场报价利率计算至实际履行完毕之日止的利息损失,符合法律规定,应予支持。

【法官点评】

当事人往往在建设工程施工合同中约定工程价款的付款条件,但在诉讼中,对于付款条件的合同条款是否有效经常存在争议。此种情形下,首先,应当审查案涉建设工程施工合同是否有效。如果案涉建设工程施工合同因违反法律、行政法规强制性规定等而被认定无效,除争议解决条款外,其他合同条款也应无效。其次,从平衡双方当事人利益的角度出发,《建工司法解释(一)》第6条的规定,虽然建设工程施工合同无效,但建设工程已完工并经竣工验收合格交付使用的,承包方有权依照该规定要求参照合同约定的工程价款计算标准赔偿损失。发包方通常也会以上述规定为据,抗辩付款条件也应参照合同约定。我们认为,上述司法解释的规定实际上是针对合同无效后进行折价补偿的规定,在建设工程施工合同认定无效的情况下,"参照合同约定"是确定折价标准的一种方式而已,不等同于"按照合同约定",不是按

---

[1] 该司法解释现已废止。

有效合同处理。应对"参照合同约定"作严格的限制解释处理，即仅限于合同中对工程价款计算标准的约定，而付款条件、付款方式、付款时间以及工程价款减扣等，则不属于《建工司法解释（一）》第6条规定的适用范围。

> 建议指引

1. 合同无效时工程价款结算的依据

如果合同无效，合同自始对当事人没有法律约束力。建议当事人将取得的财产予以返还，不能返还或者没有必要返还的，可折价补偿。但如果建设工程施工合同已经履行，承包人已经将人力、物力、财力物化而不能返还的，依据《民法典》第793条的规定，建设工程施工合同无效，建设工程经验收合格的，可以参照施工合同关于工程价款的约定折价补偿承包人。在施工合同无效时，可以参照施工合同中工程价款的付款时间、付款条件、质量标准、建设工期、工程价款计价方法和计价标准等内容进行折价补偿。[①]

2. 合同无效时建设工程质量保证金的支付

建设工程施工合同无效，承包人的质量保修责任并不免除。但是，对于发包人依据合同约定预留建设工程质量保证金的权利的做法在实务中存在争议。多数观点认为，在建设工程施工合同无效的情形下，发包人可以参照合同的约定预留建设工程质量保证金，承包人不能因合同无效而提前获得建设工程质量保证金，不能因无效行为获得更多的利益。少数观点认为，建设工程质量保证金是建设工程价款的一部分，在建设工程施工合同无效的情形下，预留建设工程质量保证金不属于参照适用的内容，发包人无权预留建设工程质量保证金。[②]

31. 合同无效时的逾期付款违约金、利息、支付条件

在建设工程施工合同无效的情况下，如果当事人主张按照合同约定支付逾期付款违约金或者逾期付款利息的，法官应向其说明主张合同无效后的逾

[①] 参见《四川省律师协会、重庆市律师协会关于律师办理建设工程合同纠纷疑难业务指引》第3.3.1条。

[②] 参见《四川省律师协会、重庆市律师协会关于律师办理建设工程合同纠纷疑难业务指引》第3.3.3条。

期付款损失赔偿,并可以参照合同中约定的逾期付款违约金或者逾期付款利息等内容,结合双方过错程度确定逾期付款损失的大小。①

建设工程施工合同无效,因欠付工程价款产生的损失一般应认定为资金占用损失,资金占用费应以全国银行间同业拆借中心公布的贷款市场报价利率为计算依据,但当事人能够证明其资金占用损失高于全国银行间同业拆借中心公布的贷款市场报价利率的,可以结合过错程度、过错与损失之间的因果关系等因素予以适当调整。②

利息是工程价款的法定孳息,《建工司法解释(一)》第24条确定了建设工程施工合同无效时可参照合同约定折价补偿,该补偿应当包含无效合同中承包人被占用工程价款的利息损失,以同期同类贷款利率或者同期贷款市场报价利率计息。③

《民法典》第793条第1款规定,建设工程施工合同无效,但建设工程经验收合格的,可以参照合同关于建设工程价款的约定折价补偿承包人。《建工司法解释(一)》第6条第2款规定:"损失大小无法确定,一方当事人请求参照合同约定的质量标准、建设工期、工程价款支付时间等内容确定损失大小的,人民法院可以结合双方过错程度、过错与损失之间的因果关系等因素作出裁判。"除此之外,当事人主张参照合同约定的建设工程价款支付条件、违约金等确定支付条件、计算违约金的,没有法律依据,不予支持。④

> **建议指引**

需要注意建设工程施工合同无效时违约责任条款的适用。合同无效,违约责任的条款自然也没有法律约束力。一方当事人不能追究对方违约责任,但是可以要求对方赔偿自己遭受的损失。依据《建工司法解释(一)》第6条的规定,建设工程施工合同无效,一方当事人请求对方赔偿损失的,应当就对方过错、损失大小、过错与损失之间的因果关系承担举证责任。但如果

---

① 参见《河南省高级人民法院民四庭关于建设工程合同纠纷案件疑难问题的解答》第2条。
② 参见《湖南省高级人民法院关于审理建设工程施工合同纠纷案件若干问题的解答》第17条。
③ 参见《福建省高级人民法院关于建设工程施工合同纠纷疑难问题解答》第25条。
④ 参见《福建省高级人民法院关于建设工程施工合同纠纷疑难问题解答》第13条。

损失大小无法判断，建议一方当事人结合双方过错程度、过错与损失之间的因果关系等因素，请求参照合同约定的质量标准、建设工期、工程价款支付时间等内容计算损失大小。①

32. 借用资质情形下对外的主体责任

（1）赔偿责任。缺乏资质的单位或者个人借用有资质的建筑施工企业名义签订建设工程施工合同，发包人请求出借方与借用方对建设工程质量不合格等因出借资质造成的损失承担连带赔偿责任的，人民法院应予支持。②

（2）买卖、租赁关系中的责任。《最高人民法院关于适用〈中华人民共和国民事诉讼法〉的解释》（以下简称《民事诉讼法解释》）第54条规定："以挂靠形式从事民事活动，当事人请求由挂靠人和被挂靠人依法承担民事责任的，该挂靠人和被挂靠人为共同诉讼人。"该条系挂靠关系中如何确定共同诉讼当事人的程序性规定，并非判断挂靠关系当事人之间如何承担民事责任的实体法律规定。《民法典》第518条第2款规定，连带债权或连带债务，由法律规定或者当事人约定。相对人以行为人与建筑企业存在借用资质（挂靠）关系为由，要求行为人和建筑企业对货款、租赁费支付承担责任的，应依据相关实体法律规定确定责任承担问题，不能仅依据《民事诉讼法解释》第54条的程序法律规定，认定建筑企业应当承担款项支付责任。③

挂靠人以自己的名义与材料设备供应商签订买卖合同，材料设备供应商起诉要求被挂靠单位承担合同责任的，不予支持；挂靠人以被挂靠单位名义签订合同，一般应由被挂靠单位和挂靠人共同承担责任，但材料设备供应商签订合同时明知挂靠的事实，并起诉要求被挂靠人承担合同责任的，人民法院不予支持。④

---

① 参见《四川省律师协会、重庆市律师协会关于律师办理建设工程合同纠纷疑难业务指引》第3.3.2条。
② 参见《建工司法解释（一）》第7条。
③ 参见《河南省高级人民法院关于审理建设工程领域买卖、租赁合同纠纷案件若干疑难问题解答》第2条。
④ 参见《河北省高级人民法院关于印发〈建设工程施工合同案件审理指南〉的通知》第37条。

案例2：李某1诉李某2、赵某、某建工公司合同纠纷案——出借资质单位的责任承担[①]

【裁判要旨】

连带责任由法律规定或者当事人约定。当事人仅以单位出借资质给实际施工人，要求出借资质单位对实际施工人欠付的工程价款承担连带责任的，于法无据。

【基本案情】

李某2与赵某系合伙关系，二人以某建工公司名义承包某建筑安装工程，后二人将案涉工程中的混凝土、贴台阶砖等工程分包给李某1施工。案涉工程施工完毕后，李某2、赵某对李某1的工程量进行核对，对工程量、已付款以及下欠款予以确认。后李某1多次催要，李某2、赵某均拒绝支付。李某1遂诉至法院，请求判令李某2、赵某支付剩余工程价款，某建工公司承担连带责任。

二审法院郑州市中级人民法院认为，某建工公司出借资质给不具备劳务施工资质的李某2和赵某，其应对李某2、赵某欠付李某1的工程价款承担连带责任。判决作出后，某建工公司申请再审。河南省高级人民法院经审查认为，连带责任的产生要基于法律规定或者当事人约定，原审法院以某建工公司出借资质为由判令其承担连带责任，于法无据，遂裁定指令再审。

案例3：A建设工程公司与某防水公司、罗某某、龚某某等建设工程分包合同纠纷案——被挂靠人是否应对挂靠人对外欠付的工程价款承担责任的认定[②]

【裁判要旨】

无资质企业或个人挂靠有资质的建筑企业承揽工程时，对外往往会产生

[①] 参见《河南高院：建设工程合同纠纷案件典型案例》，载微信公众号"豫法阳光"2024年3月25日，https://mp.weixin.qq.com/s/GHxmZxs1wtx0irH2laUESg。

[②] 参见《贵州高院发布建设工程合同纠纷典型案例》，载微信公众号"贵州高院"2023年5月30日，https://mp.weixin.qq.com/s/T-V_uYkNfP8GG5s-cgSsxw。

签订合同、借贷、租赁等一系列民事法律行为。在审查是否构成表见代理时，不仅要严格审查代理人的无权代理行为在客观上是否形成具有代理权的表象，而且要审查相对人在主观上是否善意且无过失地相信行为人有代理权。如果代理行为在外观上存在使相对方相信其有代理权的理由，相对人善意无过失，则产生表见代理的法律后果，即行为人实施民事法律行为的法律后果由被代理人承担。

【基本案情】

罗某某、龚某某合伙挂靠A建设工程公司与某县教育局签订《幼儿园建设项目建设工程施工合同》。吴某某经罗某某、龚某某授权，以A建设工程公司名义同某防水公司签订《建筑防水施工工程合同》，约定A建设工程公司将幼儿园建设项目防水及保温工程以包工包料的形式发包给某防水公司施工。吴某某在合同尾部甲方负责人处签名并捺指印，但合同未加盖A建设工程公司公章。合同签订后，罗某某向某防水公司预付了部分材料款，某防水公司施工结束后，与罗某某进行了结算，双方对尚欠工程价款项进行了确认。因向罗某某、龚某某索要欠款无果，某防水公司遂诉至一审法院主张A建设工程公司、罗某某、龚某某支付工程价款。

【裁判结果】

一审判决罗某某、龚某某支付工程欠款，A建设工程公司承担连带清偿责任。二审判决改判A建设工程公司不承担案涉工程价款的支付义务。

【裁判理由】

黔西南州中级人民法院经审理认为，判断A建设工程公司在本案中是否应承担工程价款支付责任，主要在于审查罗某某、龚某某是否能够代表A建设工程公司签订《建筑防水施工工程合同》。首先，各方当事人提交的证据均不能证明罗某某、龚某某系A建设工程公司员工，二人签订《建筑防水施工工程合同》的行为不是履行职务，且该合同并无A建设工程公司盖章。其次，认定罗某某、龚某某是否构成表见代理，应衡量合同相对人某防水公司是否善意无过失。审理中，某防水公司自认其明知罗某某、龚某某与A建设工程公司系挂靠关系，故其主观上不属于善意且无过失的情形，则罗某某、龚某某与某防水公司订立施工合同的行为，不构成表见代理。

【典型意义】

《民法典》第172条规定："行为人没有代理权、超越代理权或者代理权终止后，仍然实施代理行为，相对人有理由相信行为人有代理权的，代理行为有效。"这就是法律规定的"表见代理"制度，行为人对内而言虽无代理权，但当相对人信赖代理人有代理权时，对外仍然会产生有权代理的效果。在建设工程施工合同领域，施工企业对分公司或项目部人员授权不明，印章管理不规范，引发大量表见代理纠纷。本案中，法院通过查明行为人与建筑单位的身份关系、相对人是否善意且无过失，最终判定建筑单位（被挂靠人）不承担案涉工程价款支付责任，对于稳定市场预期，维护交易安全，防范授权不明、印章管理不规范易产生的法律风险具有典型意义。

33. 转包、违法分包情形下对外的主体责任

转包人、违法分包人未经施工企业授权，以施工企业项目部名义对外签订买卖、租赁等合同，施工企业是否承担民事责任，应依据《民法典》第172条的规定来判断。有证据证实合同标的用于工程或施工合同履行过程中施工企业对项目部的行为进行过认可的，可以认定债权人有理由相信转包人、违法分包人有代理权。[①]

转包人、违法分包人未经施工企业授权，以施工企业项目部名义对外签订借款合同，应按照《最高人民法院关于审理民间借贷案件适用法律若干问题的规定》严格审查借贷的基础事实，包括借款的数额、利息等，并审查借款的用途。有证据证实借款实际发生且用于工程或施工合同履行过程中施工企业对项目部的行为进行过认可的，可以认定债权人有理由相信转包人、违法分包人有代理权。[②]

[①] 参见《河北省高级人民法院关于印发〈建设工程施工合同案件审理指南〉的通知》第38条。
[②] 参见《河北省高级人民法院关于印发〈建设工程施工合同案件审理指南〉的通知》第39条。

案例4：黄某与某劳务公司建设工程合同纠纷案——建设工程施工合同无效后按过错承担损害赔偿责任①

【裁判要旨】

承包人将工程分包给不具备相应资质条件的单位，分包合同无效。合同无效后，承包人和分包人均是明知分包人无相应承建资质且风险管控能力弱，该分包行为为不规范不安全施工埋下隐患，在产生安全事故赔偿后，双方应根据各自过错程度、过错与损失之间的因果关系等承担责任。

【基本案情】

2017年7月20日，某劳务公司与班长黄某签订《木工队（班组）经营责任书》，约定了工期、工程质量、工资及结算、安全要求等，并约定某劳务公司对黄某不文明施工、不遵守管理等事项可以进行处罚，罚款在工程价款中扣除；由黄某违章导致的任何事故伤害，所发生的损失和赔偿，某劳务公司均不负责任。同日，在双方签订的附件约定，黄某满足"1. 工程质量：优，满足总包合同要求。2. 工程进度满足项目要求。3. 无重大安全事故。4. 现场文明施工达到总包方要求。5. 必须服从甲方现场管理人员的管理、安排"要求后，某劳务公司给黄某在原有的单价上每平方米补1元，如黄某满足不了以上任何一项条款，或中途退场（无论任何原因），某劳务公司不予补偿。合同签订后，黄某组织人员进场施工。2018年3月15日下午5时左右，黄某班组的工人张某在1号楼25层楼拆模时发生安全事故并被认定为工伤，某劳务公司支付了赔偿费用95000元。2018年3月，某劳务公司向黄某出具了不文明施工的罚款单，共计6100元。2018年7月2日，黄某与某劳务公司对工程量及工程价款进行结算。后黄某诉至法院，要求某劳动公司支付工程价款，某劳务公司抗辩称应扣除安全事故赔偿的费用等。

重庆市武隆区人民法院判决如下：（1）某劳务公司在判决生效后五日内支付黄某工程价款66294.1元及利息（以66294.1元为基数，自2022年3月

---

① 参见《重庆市第三中级人民法院建设工程典型案例》，载微信公众号"重庆市第三中级人民法院"2023年12月21日，https://mp.weixin.qq.com/s/4rRFWduyos9purArqZ1F_w。

17 日起按全国银行间同业拆借中心发布的同期一年期贷款市场报价利率计算至履行完毕时止）；（2）驳回黄某的其他诉讼请求。判决后，双方未上诉，判决生效。

【裁判理由】

法院生效裁判认为，本案的主要争议焦点是因安全事故所产生的赔偿金由谁承担的问题。

《民法典》第791条第2款规定："总承包人或者勘察、设计、施工承包人经发包人同意，可以将自己承包的部分工作交由第三人完成。第三人就其完成的工作成果与总承包人或者勘察、设计、施工承包人向发包人承担连带责任。承包人不得将其承包的全部建设工程转包给第三人或者将其承包的全部建设工程支解以后以分包的名义分别转包给第三人。"第3款规定："禁止承包人将工程分包给不具备相应资质条件的单位。禁止分包单位将其承包的工程再分包。建设工程主体结构的施工必须由承包人自行完成。"某劳动公司虽然与黄某签订了《木工队（班组）经营责任书》，但实际是将模板工程分包给黄某，而黄某不具备相应的资质条件，该工程的分包违反了法律禁止性规定，该协议无效。《建工司法解释（一）》第6条第1款规定："建设工程施工合同无效，一方当事人请求对方赔偿损失的，应当就对方过错、损失大小、过错与损失之间的因果关系承担举证责任。"本案中，综合考虑案件事实及经过，根据双方当事人过错程度，酌定黄某承担赔偿金70%的责任，某劳动公司承担赔偿金30%的责任。

第四节　人章代理与项目部的行为效力

34. "技术资料专用章""项目部印章"的效力

首先，技术资料专用章具有特定用途，通常用于设计图纸、会审记录等有关工程资料上，一般不能用于对外签订合同、对账结算价款等。因此，对于加盖此章的工程量对账单，要坚持认人不认章，在不能确定盖章人的身份或者权限的情况下，一般不能作为确认工程量的依据，但如果双方在工程施工中曾经多次使用，符合双方交易习惯的，亦可认定加盖此章的文件资料的效力。

其次，对于合同中加盖的承包单位项目部印章以及承包单位印章的效力，也要坚持认人不认章，应当审查参与合同订立或者印章加盖的人员是否有承包单位的相应授权，在合同上加盖的印章是否属于承包单位的真实意思表示等，并根据代表或代理的相关规则来确定合同的效力，不能简单根据加盖印章的情况认定为承包单位的行为。如果签约人员或者加盖印章的人员为承包单位有代表权或代理权的人员，则对承包单位具有约束力。如果签约人员或者加盖印章的人员无承包单位代表权或代理权，则按照是否构成表见代表或表见代理处理。

最后，加盖项目部印章仅是表见代理的外观特征之一，并不是认定构成表见代理的充足条件。要审慎认定表见代理，除了要严格审查是否形成具有代理权的充足表象，还要符合相对人主观上善意且无过失的构成要件，不能仅以加盖有项目部印章就认定构成表见代理。[1]

项目部对外签订合同并加盖项目部印章，是施工企业分支机构的行为，其后果由施工企业承担。建设工程施工合同或相关文件加盖项目部印章，对印章有对外签订合同限制或真实性有争议的，须结合双方当事人订立合同的过程，盖章之人是否履行职务行为、是否有代理权限、是否构成表见代理及合同履行情况、交易习惯等因素进行判断。在举证责任分配上，需由合同相对方举证证明印章由谁加盖、盖章之人有权代表或构成表见代理，或由主张有效的一方举证证明项目部曾经在某些场合使用过上述印章或与备案印章相符。[2]

一般情况下，合同上加盖项目经理、实际施工人或其他人伪造或私刻的印章，并不代表建筑施工企业的真实意思表示，不对建筑施工企业发生法律效力。但是，如果综合全案其他证据，能够认定行为人的行为构成有权代理

---

[1] 参见《河南省高级人民法院民四庭关于建设工程合同纠纷案件疑难问题的解答》第26条。
[2] 参见《福建省高级人民法院关于建设工程施工合同纠纷疑难问题解答》第8条。

行为或表见代理行为的，仍应由建筑施工企业承担相应的合同责任。①

建筑企业仅以行为人加盖的印章系伪造、私刻或与其使用、备案的印章不一致，否定合同效力，主张不承担责任的，依据不充分。②

案例1：陈某文与宏峰公司建设工程施工合同纠纷案——内业资料章效力的认定③

【裁判要旨】

内业资料章具有特定的用途，通常用于开工报告、设计图纸、会审记录等有关项目的资料上。使用内业资料章对外签订合同之时，该合同效力须结合盖章之人是否有代理权限、是否构成表见代理，以及合同履行情况、交易习惯等因素进行判断。实践中，有些公司为避免内业资料章被滥用引起不必要的纠纷，会在内业资料章上备注"签订经济合同无效"，即以声明方式表明该内业资料章对外不具有签订经济合同的效力。在此情形下，如不审查盖章人的权限就签订合同，将可能导致合同中约定的权利义务对合同另一方当事人不具有法律拘束力。

【基本案情】

2014年2月18日，万星公司与宏峰公司签订《莆田市房屋建筑和市政基础设施工程合同条款》一份，约定：万星公司将枫亭万星城市广场8号楼、9号楼的建设工程发包给宏峰公司施工。2014年5月16日，陈某文与宏峰公司万星项目部（甲方）签订《钢管脚手架施工合同》[合同末页落款处甲方加盖的印章为宏峰集团（福建）有限公司枫亭万星城市广场——万星国际影院8号楼、9号楼工程内业资料章，且下方注明：签订经济合同无效]一份。该合同约定：宏峰公司万星项目部将枫亭万星城市广场8号楼、9号楼的钢管脚手架工程分包给陈某文施工。合同对承包方式、承包范围、工程量计算、

---

① 参见《浙江省高级人民法院民二庭关于审理涉建筑施工企业项目部纠纷的疑难问题解答》（2020年12月17日）第6条。

② 参见《河南省高级人民法院关于审理建设工程领域买卖、租赁合同纠纷案件若干疑难问题解答》第12条。

③ 参见《权威发布！建设工程施工合同纠纷十大典型案例来了》，载微信公众号"福建高院" 2022年9月22日，https://mp.weixin.qq.com/s/CPFEc4AuZzEaISaDjGheBw。

工期结算等作了约定。合同签订后,陈某文组织工人进行施工,8号楼钢管脚手架从2014年9月26日开始搭设,9号楼钢管脚手架从2014年6月1日开始搭设。同时,陈某文增加施工转料平台11个,9号楼通道1个。

2018年2月1日,陈某文诉至法院,请求宏峰公司支付工程价款。并申请对8号楼、9号楼钢管脚手架的工程租金、超期工程租金进行鉴定。法院依法委托鉴定,鉴定机构作出两种鉴定意见,第一种鉴定意见:在双方签订合同成立情况下,万星城市广场8号楼、9号楼脚手架工程造价鉴定为3842787.26元(其中未超期租金造价:727882.7元,超期租金造价:3114904.56元)。第二种鉴定意见:在双方签订的合同不成立的情况下,万星城市广场8号楼、9号楼脚手架工程造价鉴定为213652元+1355426元+22403元=1591481元(其中未超期租金造价566580元,超期租金造价1024901元)。

【裁判结果】

一审判决:(1)宏峰公司应在判决生效后十日内支付给陈某文未超期、超期工程租金1397321元;(2)驳回陈某文的其他诉讼请求。

二审法院调整了超期租金的计算期限,并委托一审作出鉴定意见的鉴定机构对该部分内容进行补充鉴定,作出二审判决:(1)维持一审判决第二项;(2)撤销一审判决第一项;(3)宏峰公司应在判决生效后十日内支付给陈某文未超期、超期工程租金661424.49元;(4)驳回宏峰公司的其他上诉请求;(5)驳回陈某文的上诉请求。

【裁判理由】

关于陈某文主张其与宏峰公司于2014年5月16日签订的《钢管脚手架施工合同》能否成立的问题,即合同落款处内业资料章的下方明确载明"签订经济合同无效"如何认定的问题。《合同法》① 第32条规定"当事人采用合同书形式订立合同的,自双方当事人签字或者盖章时合同成立"。本案中,陈某文提供的2014年5月16日《钢管脚手架施工合同》末页落款处甲方代

---

① 该法现已废止。

表虽签有"李某坤"的名字，但其自认系宏峰公司派驻涉案工地负责人欧某荣代签的，而宏峰公司认为欧某荣并非宏峰公司的员工或工地负责人。陈某文无法对合同书末页落款处甲方代表系宏峰公司授权的有关人员签名承担举证责任，故其应自行承担举证不能的不利后果。

虽合同书末页落款处还盖有宏峰集团（福建）有限公司枫亭万星城市广场——万星国际影院8号楼、9号楼工程内业资料章，但该内业资料章的下方明确载明"签订经济合同无效"，即以声明方式表明该内业资料章对外不具有签订经济合同的效力。陈某文不审查就签订合同，导致合同中约定的权利义务对宏峰公司不具有法律拘束力，责任在陈某文一方。故陈某文主张双方于2014年5月16日签订《钢管脚手架施工合同》的事实不能成立，其主张适用鉴定意见书的第一种意见即合同成立情况下作出的造价，缺乏依据，不予支持。故一审采纳合同不成立的意见，并无不当。

【法官点评】

因建筑市场不规范，所以在实践中，大量存在承包人违法分包、层层转包等情形。分包人或转包人在发包人或承包人未授权的情况下，往往以个人名义、项目部名义或以项目部资料章的形式对外签订合同。一旦发生纠纷，对于诉讼主体、责任承担主体及合同效力等问题争议较大。因此，当事人（实际施工人）在签订合同时，应当认真审查合同的相对方是否有权代表承包人签订合同，尤其是合同上盖有内业资料章上备注"签订经济合同无效"的情形。

在通常情况下，内业资料章在未经过施工单位明确授权时，只能用于单位内部的技术资料管理或报审施工资料等，并不能起到设立、变更、消灭债权债务的效力。内业资料章上明确备注"签订经济合同无效"，即表示不能用于对外签订合同，不能反映施工单位有订立合同的意思表示。如不审查盖章人的权限就签订合同，容易导致合同中约定的权利义务不对施工单位发生法律拘束力，致使合同相对人无法依据合同主张权利，实际施工人亦无法参照合同约定请求支持工程价款。因此，实际施工人在签订合同时应当注意审查盖章人的身份以及印章的用途，避免自身权益受到损害。

> **建议指引**

原则上印章的种类应当与文件的种类相匹配。技术资料专用章、特殊印章是公司基于特殊使用目的而使用的印章，一般不能用于对外签订合同、对账结算等，这类特殊印章不具有对外签订合同的效力。在缺乏当事人合意的情况下，合同上加盖技术资料专用章、特殊印章可视为合同未成立。合同未成立，对当事人自然也没有法律效力。之所以不认可超出公章特定用途的盖章行为的效力，本质上是因为持章之人一般缺乏代理权。相反，如果双方在合同履行过程中曾经多次使用相关印章，且该印章使用符合双方交易习惯，同时符合表见代理法定条件的，亦可主张加盖此章文件资料的效力。[①]

35. 盖材料收讫章、资料专用章的效力

原则上，公章的种类与文件的种类要相匹配。材料收讫章、资料专用章通常仅限所属企业内部的业务交流、请示报送等工作，之所以不认可超出公章特定用途的盖章行为的效力，本质上是因为持章之人一般缺乏代理权。反之，相对人举证证明其依一般交易习惯有理由相信该枚印章具有超出其表面记载的实际功能，或结合其他证据证明存在使其相信行为人与企业存在事实上或法律上关联的理由，如有证据证明行为人曾使用该枚印章进行过对账、结算等，足以让相对方相信具有对外签订合同或相应文件的效力。为此，即便超出印章的使用范围，亦不宜认定讼争合同对企业不发生效力。[②]

案例2：陈某诉某建设公司建设工程分包合同纠纷案——加盖资料专用章签订建设工程施工合同的认定[③]

【裁判要旨】

资料专用章具有特定用途，且印章上往往备注有"签订经济合同无效"

---

① 参见《四川省律师协会、重庆市律师协会关于律师办理建设工程合同纠纷疑难业务指引》第3.2.8.3条。
② 参见《福建省高级人民法院关于建设工程施工合同纠纷疑难问题解答》第9条。
③ 参见《重庆市高级人民法院发布建设工程合同纠纷典型案例》，载微信公众号"重庆市高级人民法院"2023年12月28日，https://mp.weixin.qq.com/s/XrEA8eUM5feeuK7-imEpYw。

等字样，未经施工单位明确授权，加盖资料专用章不能起到设立、变更、终止民事法律关系的效果。此种情况下，人民法院应当对加盖印章人员是否具有代表权或者代理权、是否构成表见代表或者表见代理进行审查，并据此认定合同主体。

【基本案情】

陈某诉称：某建设公司将其承建的某住宅楼木工工程分包给陈某，由陈某负责模板、消防水池建设。工程竣工验收合格后，某建设公司与陈某签订《结账单》，确定工程造价为4202859.34元，但某建设公司至今未向陈某支付完毕工程价款，故请求判令某建设公司向陈某支付尚欠工程价款637002.34元及相应利息。

某建设公司辩称：案涉工程已由某建设公司分包给某劳务公司，某建设公司付款系受某劳务公司委托支付。易某系某劳务公司员工，某建设公司从未授权易某与陈某签订《木工劳务合同》，因此，某建设公司与陈某并无法律关系。

法院经审理查明：陈某举示的《木工劳务合同》载明某建设公司将案涉木工工程分包给陈某施工。合同首部甲方处打印有"某建设公司"，乙方处签有"陈某"并捺印。合同尾部甲方（盖章）处手写有"某建设公司项目部"，签有"易某"，并加盖了"某建设公司项目部资料专用章（经济合同无效）"印章，乙方处签有"陈某"并捺印。另陈某举示《结账单》一份，该结算单的结算单位处加盖了"某建设公司项目部资料专用章（经济合同无效）"印章，结算人处签有"易某"，结算班组处签有"陈某"。另查明，某劳务公司为易某缴纳了个人工伤保险。

一审法院判决：驳回陈某的全部诉讼请求。一审宣判后，陈某提起上诉。二审法院判决：驳回上诉，维持原判。

【裁判理由】

法院生效裁判认为，本案的争议焦点是：陈某与某建设公司之间是否存在建设工程分包合同关系。首先，《木工劳务合同》上甲方的名义是"某建设公司项目部",加盖的是"某建设公司项目部资料专用章(经济合同无效)"印章。因该印章系资料专用章,且已明确注明"经济合同无效",故无论该印章是否为某建设公司所有,仅从其名称上即可看出用该印章签订合同已超出其使用范围,不能根据该印章而认定某建设公司系合同主体。其次,《木工劳务合同》上虽由易某在合同尾部签字,但易某的行为后果是否应当由某建设公司承担,尚需根据易某在签约时有无代表权或者代理权进行确定。但在本案中,并无充分证据证明易某在案涉合同签订时具有法定职权或者具有某建设公司的授权,也无充分证据证明陈某有充分理由相信易某有权代表或者代理某建设公司签订合同和办理结算,因此,易某签订合同、办理结算的行为后果均不应由某建设公司承担。

36. 项目部负责人行为后果的归属

(1)总则。建设工程承包人设立项目部并任命项目部负责人的,项目部负责人受承包人委托从事民事行为,应视为履行职务行为,承包人应为合同主体。建设工程承包人设立的项目部负责人在承包人授权范围外从事的行为,构成表见代理的,承包人应对外承担责任。承包人与其设立的项目部负责人签订的有关内部协议,约定免除承包人对外承担责任的条款,不具有对外效力,不能约束第三人。[①]

(2)职务行为的认定。要按照依法界定职务行为、准确认定表见代理、严厉打击虚假诉讼的思路处理有关案件。应从以下三个层次进行审查:一是审查该行为是否有建筑企业的明确授权,判断是否属于法律规定的委托代理行为;二是判断行为人与建筑企业之间是否存在劳动关系,行为人实施的行为是否在职责范围内、是否属于职务行为(职务代理行为);三是在不能认定构成委托代理或职务行为的情况下,进一步审查判断行为人的行为是否构成表见代理。构成委托代理、职务行为或表见代理的,相应的法律后果依法

---

① 参见《陕西省高级人民法院关于审理建设工程施工合同纠纷案件若干问题的解答》(陕高法〔2020〕113号)第12条。

应当由建筑企业承担。另外，在审理此类案件过程中，也要注意对相关合同和交易关系的真实性进行审查，防止部分当事人之间恶意串通，虚构债务，损害建筑企业的合法权益。①

由此可见，项目经理既不同于建筑施工企业的法定代表人，也不同于建筑施工企业普通的内设部门负责人，对工程项目施工活动具有较大的管理权限。②

认定项目经理、工地负责人等行为人的行为是否属于职务行为，通常应审查是否具备身份要素、名义要素、权限要素三个方面的要件。身份要素，是指项目经理等行为人与建筑企业存在劳动关系，系建筑企业的工作人员。判断行为人是否系建筑企业的工作人员，应当从行为人与建筑企业是否存在劳动关系，建筑企业是否向行为人发放工资、是否为其缴纳社会保险费用，以及采取何种管理模式等方面进行综合判断。权限要素，是指项目经理等行为人的行为在建筑企业的授权范围之内，即有权实施购买或租赁必备的办公用具、原材料、机器设备等行为。名义要素，是指项目经理等行为人是以建筑企业或项目部的名义对外签订合同，而不是以自己的名义对外签订合同。如果项目经理等行为人实施的行为满足上述三个方面的要件，即行为人系建筑企业的工作人员，且在职权范围内以建筑企业名义对外签订买卖、租赁合同，则构成职务代理，相对人有权要求建筑企业承担合同责任。如果行为人与建筑企业之间存在借用资质、分包转包等关系，以建筑企业名义对外签订合同，相对人以行为人签订合同时持有建筑企业的授权委托书、任命书等主张行为人的行为构成职务代理的，因行为人与建筑企业之间实质具有借用资质、分包等关系，行为人并非建筑企业的工作人员，不构成职务代理，这种

---

① 参见《河南省高级人民法院关于审理建设工程领域买卖、租赁合同纠纷案件若干疑难问题解答》第3条。该部分内容，与《浙江省高级人民法院民二庭关于审理涉建筑施工企业项目部纠纷的疑难问题解答》（2020年12月17日）第1条基本相同。
② 参见《浙江省高级人民法院民二庭关于审理涉建筑施工企业项目部纠纷的疑难问题解答》（2020年12月17日）第2条。

情况下，应考虑是否构成表见代理。①

（3）表见代理的认定。②

认定表见代理的条件。行为人没有代理权、超越代理权或者代理权终止后，仍然以建筑企业名义对外签订买卖合同、租赁合同，相对人请求该建筑企业承担责任的，应根据《民法典》第172条的规定认定行为人的行为是否构成表见代理。相对人有理由相信行为人有代理权的，代理行为有效。根据《最高人民法院关于适用〈中华人民共和国民法典〉总则编若干问题的解释》（以下简称《民法典总则编司法解释》）第28条第1款的规定，同时符合下列条件的，人民法院可以认定为《民法典》第172条规定的相对人有理由相信行为人有代理权：其一，存在代理权的外观；其二，相对人不知道行为人行为时没有代理权，且无过失。据此分析，认定是否构成表见代理，应依法审查行为人的无权代理行为客观上是否具有代理权的表象，而且要求相对人在主观上善意且无过失地相信行为人有代理权。需强调的是，表见代理的适用前提是行为人不具备代理权（自始无代理权、超越代理权及代理权终止三种情形），有证据证明行为人具备代理权的，则不适用表见代理。此外，因不同的相对人在主观认知和客观感知上存在差异，故个案审理中应当根据不同案件的具体事实进行表见代理的认定。

代理权外观的考量因素。在建设工程领域的买卖合同、租赁合同案件中，应当结合行为人的身份、权限、行为模式、交易惯例等因素，综合判断行为

---

① 参见《河南省高级人民法院关于审理建设工程领域买卖、租赁合同纠纷案件若干疑难问题解答》第7条。《浙江省高级人民法院民二庭关于审理涉建筑施工企业项目部纠纷的疑难问题解答》（2020年12月17日）第2条对此有相对简要的概述，即"认定项目经理的行为属于职务行为一般应满足身份要素、名义要素、权限要素三个方面的要件。身份要素，是指项目经理与建筑施工企业存在劳动关系，系建筑施工企业的员工；名义要素，是指项目经理是以建筑施工企业或项目部的名义对外签订合同；权限要素，是指项目经理的行为在建筑施工企业的授权范围之内，如与建设单位确定或变更施工内容、施工期限、施工质量、工程价款、违约责任，招聘必要的办公人员，购买或租赁必备的办公用具、原材料、机器设备等行为。项目经理实施的行为满足该三个要件的，可以认定为职务行为，由建筑施工企业承担相应的合同责任"。

② 参见《河南省高级人民法院关于审理建设工程领域买卖、租赁合同纠纷案件若干疑难问题解答》第8~11条，《浙江省高级人民法院民二庭关于审理涉建筑施工企业项目部纠纷的疑难问题解答》（2020年12月17日）第3条亦对此进行了相似的解答。

人是否具有代理权的表象。以下情形可以作为综合判断行为人具有代理权的表象因素：一是行为人持有建筑企业出具的授权委托书、任命书等文件；二是合同书加盖了建筑企业或分公司、项目部的印章；三是项目部对外公示的名示牌、张贴的项目部成员名单等明确行为人为项目部经理或负责人；四是行为人与相对人在建筑企业项目部的办公场所签订合同；五是虽未签订书面合同，但建筑企业知道或应当知道该民事行为而未作反对表示的，或者从事该民事行为属于项目部权限范围，项目部知道或应当知道而未作反对表示的；六是行为人的行为客观上形成具有代理权表象的其他情形。

相对人善意且无过失的认定。在判断合同相对人主观上是否属于善意且无过失时，应当结合合同缔结与履行过程中的各种因素综合判断合同相对人是否尽到合理注意义务，可以考量下列因素：合同的缔结时间、签订主体，合同是否加盖印章及印章真伪，标的物的用途、交付方式与地点，以及建筑企业是否参与合同履行等。有以下情形之一的，一般不认定相对人为善意且无过失：一是签订的合同损害建筑企业的利益；二是相对人明知行为人与建筑企业之间具有借用资质、非法转包、违法分包关系，仍然与其签订合同；三是交易金额与实际需求、规模等明显不相称；四是合同所涉建筑材料、建筑设备等并未实际向工程项目提供。

表见代理的举证责任。根据《民法典总则编司法解释》第 28 条第 2 款的规定，因是否构成表见代理发生争议的，相对人应当就无权代理存在代理权的外观承担举证责任；被代理人应当就相对人不符合相对人不知道行为人行为时没有代理权且无过失的条件承担举证责任。也就是说，行为人要对代理行为存在诸如行为人签订合同时持有建筑企业的授权委托书、任命书、公章、印鉴等有权代理的客观表象，承担举证责任；建筑企业要对行为人并不是善意且无过失地相信行为人具有代理权承担举证责任。

（4）个人行为。委托代理、职务代理、表见代理均适用于行为人以建筑企业的名义与相对方签订合同的情形，如果行为人以自己名义与相对人签订合同，一般应认定为行为人的个人行为，应由行为人承担责任，判令建筑企业承担责任明显违背合同相对性原则。此外，有一些合同中，虽然合同文本首部记载的签订主体为建筑企业或项目部，但尾部只有行为人个人签名而未加盖建筑企业或项目部印章，也没有其他证据证明行为人代表建筑企业的，也应认定为行为人的个人行为。①

（5）关于行为人购买或租赁的原材料、机器设备与建设项目的关系问题。对于签订买卖、租赁合同的行为，应当结合购买材料或租赁设备的品类、用途、交货地点，是否用于涉案工程以及施工合同履行习惯，相对方是否善意等情况，认定是否由承包人承担责任。② 不能仅以买卖的建筑材料、租赁的建筑设备被用于建设项目为由，即判决建筑企业、发包人承担责任；也不能随意突破合同相对性，不审查合同签订主体，而径行判令实际使用方承担责任。③

浙江省高级人民法院对此问题，进行了直接解答：行为人以建筑施工企业或项目部的名义，向第三人购买或租赁必备的原材料、机器设备时，未签订书面合同，或签订的书面合同中未加盖建筑施工企业或项目部印章，但原材料、机器设备事实上已用于该建设项目，且第三人不知道或不应当知道行为人没有代理权限的，应当由建筑施工企业承担相应的合同责任。人民法院在认定"原材料、机器设备事实上已用于该建设项目"时，应当根据原材料、机器设备是否已运至建设项目工地，并结合原材料、机器设备的数量、类型与建设项目的实际需求、规模是否相适应，予以综合判断。④

（6）行为人借款。对于对外借款行为效力的认定要从严掌握，应当对借款流向、用途以及出借人是否善意等事实进行实质性审查，出借人要求承包人承担还款责任的，一般不予支持；出借人举证证明项目部负责人获得了承包人授权，或具有款项进入承包人账户、实际用于工程等情形的，出借人要

---

① 参见《河南省高级人民法院关于审理建设工程领域买卖、租赁合同纠纷案件若干疑难问题解答》第5条。
② 参见《陕西省高级人民法院关于审理建设工程施工合同纠纷案件若干问题的解答》（陕高法〔2020〕113号）第12条。
③ 参见《河南省高级人民法院关于审理建设工程领域买卖、租赁合同纠纷案件若干疑难问题解答》第1条。
④ 参见《浙江省高级人民法院民二庭关于审理涉建筑施工企业项目部纠纷的疑难问题解答》（2020年12月17日）第7条。

求承包人承担还款责任的，可予支持。①

37. 项目部担保的效力

行为人与建筑企业存在借用资质、分包、转包等关系，行为人以自己的名义签订合同，合同书担保人处加盖了建筑企业项目部印章，相对人请求建筑企业承担担保责任的，依据《最高人民法院关于适用〈中华人民共和国民法典〉有关担保制度的解释》第11条、第17条的规定，在该类案件中，因项目部不具备对外提供担保的资格，相对人存在明显过错，对其主张一般不予支持；相对人能够举证证明建筑企业管理中存在明显过错的，可以根据过错程度，对债务人不能清偿的部分承担补充赔偿责任。②

38. 挂靠关系中私刻印章的后果

实际施工人与施工企业之间存在挂靠关系，行为人私刻施工企业印章的，施工企业不能证明合同相对人对私刻印章的情形是明知的，施工企业应承担相应的民事责任。③

39. 防范虚假诉讼

相对人依据项目经理、实际施工人出具的结算凭证，要求建筑施工企业承担合同责任的，人民法院应当就合同的具体履行情况一并进行审查。如建筑施工企业就合同标的物的使用工地、使用时间、价格、标准、数量、签约时间等内容提出合理性怀疑的，人民法院可以要求相对人提供除结算凭证外的其他证据予以佐证，也可以向有关部门和人员主动进行调查取证。相对人能够提供而拒不提供结算凭证以外的其他证据，人民法院也无法通过调查取

---

① 参见《陕西省高级人民法院关于审理建设工程施工合同纠纷案件若干问题的解答》（陕高法〔2020〕113号）第12条；《浙江省高级人民法院民二庭关于审理涉建筑施工企业项目部纠纷的疑难问题解答》（2020年12月17日）第8条。

② 参见《河南省高级人民法院关于审理建设工程领域买卖、租赁合同纠纷案件若干疑难问题解答》第15条。

③ 参见《河北省高级人民法院关于印发〈建设工程施工合同案件审理指南〉的通知》第43条。

证予以查明的，由相对人承担不利后果。

相对人与项目经理、实际施工人或其他人恶意串通，伪造签证单、结算单等结算资料或合同、借条、债权转让协议等文书，故意损害建筑施工企业合法权益的，人民法院应当按照《民事诉讼法》的有关规定，予以训诫、罚款或拘留；可能构成刑事犯罪的，依法移送公安机关查处。①

行为人与相对人恶意串通，虚构债权债务或者将另一工程的债权债务转移到建筑企业承包的工程，侵害建筑企业利益的，应着重审查债权的真实性。在相对人仅以行为人出具或者加盖项目部印章的欠条、结算单等凭证向建筑企业主张货款、租赁费的情况下，应对欠款凭证的来源、债权数额的依据、合同履行情况等基础情况进行审查，防止侵害建筑企业利益的虚假诉讼发生。②

第五节　合同解除

40. 发包人解除权

建设工程施工合同中发包人是否享有任意解除权，在司法实务中一直是颇有争议的问题。根据《合同法》③第268条的规定，承揽合同中的定作人可以随时解除承揽合同，同时该法第287条规定："本章没有规定的，适用承揽合同的有关规定。"④ 建设工程施工合同系特殊的承揽合同，《合同法》⑤对于建设工程施工合同中发包人的解除权又无特殊规定，沿此逻辑推理，根

---

① 参见《浙江省高级人民法院民二庭关于审理涉建筑施工企业项目部纠纷的疑难问题解答》（2020年12月17日）第9条。
② 参见《河南省高级人民法院关于审理建设工程领域买卖、租赁合同纠纷案件若干疑难问题解答》第16条。
③ 该法现已废止。
④ 《民法典》第787条、第808条，与原《合同法》第268条、第287条的规定类似。
⑤ 该法现已废止。

据《合同法》①的前述规定，建设工程施工合同中发包人享有任意解除权似乎是必然的结论。然而，一般承揽合同所指向的标的通常为价值相对较小的动产，而建设工程施工合同所指向的工作成果为工程项目，往往投资巨大，涉及主体众多，甚至事关国计民生。如果赋予发包人任意解除权，即使可以通过赔偿机制填补承包人的损失，也势必造成社会资源的极大浪费。定作人任意解除权制度能否当然适用于发包人，不无疑问。2005年1月1日起施行的《最高人民法院关于审理建设工程施工合同纠纷案件适用法律问题的解释》②第8条关于发包人解除权的规定，既是对《合同法》③第94条有关法定解除权的规定在建设工程施工合同中具体适用情形的解释，又是对发包人解除权的限制，实际上是对发包人任意解除权持否定态度。但关于该问题的争议并未因前述司法解释出台而平息，仍有观点认为发包人享有任意解除权，毕竟仅以司法解释对发包人可以行使解除权的情形进行了列举为由而排斥定作人任意解除权在建设工程施工合同领域的适用，在逻辑上并不周延。在《民法典》颁布施行后，该法第806条第1款规定，承包人将建设工程转包、违法分包的，发包人可以解除合同。故建设工程施工合同发包人不享有任意解除权，据此得到进一步明确。④

---

① 该法现已废止。
② 该司法解释现已废止。
③ 该法现已废止。
④ 参见贺小荣主编：《最高人民法院第二巡回法庭法官会议纪要》（第3辑），人民法院出版社2022年版，第239~257页。

第二章

开工、工期与竣工

第一节　开　工

41. 开工日期的认定

当事人对建设工程开工日期有争议的,人民法院应当分别按照以下情形予以认定:

(1) 开工日期为发包人或者监理人发出的开工通知载明的开工日期;开工通知发出后,尚不具备开工条件的,以开工条件成就的时间为开工日期;承包人原因导致开工时间推迟的,以开工通知载明的时间为开工日期。

(2) 承包人经发包人同意已经实际进场施工的,以实际进场施工时间为开工日期。

(3) 发包人或者监理人未发出开工通知,亦无相关证据证明实际开工日期的,应当综合考虑开工报告、合同、施工许可证、竣工验收报告或者竣工验收备案表等载明的时间,并结合是否具备开工条件的事实,认定开工日期。[1]

发包人未取得施工许可证,但承包人已实际开工的,应以实际开工之日为开工日期,合同另有约定的除外。[2]

---

[1] 参见《建工司法解释(一)》第8条。
[2] 参见《河北省高级人民法院关于印发〈建设工程施工合同案件审理指南〉的通知》第35条。

第二节 工　期

42. 发包人的原因致使工期顺延的责任

发包人未按照约定的时间和要求提供原材料、设备、场地、资金、技术资料的，承包人可以顺延工程日期，并有权请求赔偿停工、窝工等损失。①

因未取得施工许可证而被行政主管部门责令停止施工的，可作为工期顺延的事由。②

> ➢ 建议指引

部分建设工程存在无施工许可证便已经实际开工的情况，原则上办理施工许可证属于行政审批的范畴，民事诉讼中并不当然以施工许可证作为判断开工时间的前提条件，当事人可按照实际施工时间主张开工时间。③

43. 由发包人原因致使工程停建、缓建的责任

由发包人的原因致使工程中途停建、缓建的，发包人应当采取措施弥补或者减少损失，赔偿承包人因此造成的停工、窝工、倒运、机械设备调迁、材料和构件积压等损失和实际费用。④ 承包人未采取措施导致损失扩大的，对扩大部分的损失不予支持。⑤

44. 未取得工期顺延签证的处理

当事人约定顺延工期应当经发包人或者监理人签证等方式确认，承包人

---

① 参见《民法典》第803条。
② 参见《河北省高级人民法院关于印发〈建设工程施工合同案件审理指南〉的通知》第35条。
③ 参见《四川省律师协会、重庆市律师协会关于律师办理建设工程合同纠纷疑难业务指引》第5.3.1.2条。
④ 参见《民法典》第804条。
⑤ 参见《山东省高级人民法院关于审理建设工程施工合同纠纷案件若干问题的解答》（2020年11月4日）第12条。

虽未取得工期顺延的确认，但能够证明在合同约定的期限内向发包人或者监理人申请过工期顺延且顺延事由符合合同约定，承包人以此为由主张工期顺延的，人民法院应予支持。

当事人约定承包人未在约定期限内提出工期顺延申请视为工期不顺延的，按照约定处理，但发包人在约定期限后同意工期顺延或者承包人提出合理抗辩的除外。①

45. 压缩工期

当事人违反工程建设强制性标准，任意压缩合理工期的约定，应认定无效。合理工期的确定一般以各地建设行政主管部门制定的定额工期为基础。定额工期，是指在一定的生产条件和自然条件下，完成某个单位（或群体）工程平均所需的定额天数。定额工期对于确定相同或者相类似类型的建设工程的施工工期具有普遍指导意义，但是没有考虑不同施工企业的施工技术、管理水平和施工经验的差异，定额工期只能作为参考依据，合理工期一般短于定额工期。原则上，鉴定机构只能鉴定定额工期，在当事人对合理工期发生争议时，可以委托具有法定鉴定资质的工程造价咨询机构通过司法鉴定对定额工期进行鉴定。根据鉴定得出的定额工期，参照各地住建部门关于压缩工期幅度的规定，认定是否属于任意压缩合理工期。一般来说，压缩的工期幅度最多不超过定额工期的30%，超过30%的，视为任意压缩合理工期。②

46. 工程质量鉴定期间为顺延工期期间

建设工程竣工前，当事人对工程质量发生争议，工程质量经鉴定合格的，鉴定期间为顺延工期期间。③

---

① 参见《建工司法解释（一）》第10条。
② 参见《福建省高级人民法院关于建设工程施工合同纠纷疑难问题解答》第38条。
③ 参见《建工司法解释（一）》第11条。

47. 工期延误损失的证明方式

除通过鉴定确定工期延误损失外，对工期延误损失也可以通过其他方式举证予以证明。因工期延误造成人工、材料价格调差，可以根据造成工期延误的原因、工期延误与损失之间存在因果关系、当事人的过错等因素，由发包人和承包人按过错比例承担责任。①

> 建议指引

1. 工期延误相关的证据

发包方、承包方主张对方工期延误责任的，可考虑提出下列工期索赔证据，包括但不限于：建设工程施工合同、工程量清单及其清单单价分析表、施工图纸、反映施工现场条件现状的文件或视听资料、开工令或开工报告、发包人指令及确认文件、监理通知/函件、发包人逾期付款情况、非发包方/承包方原因的政府行为所形成的证明材料、不可抗力事件发生的事实及依据、工程价款支付文件、预验收会议纪要或竣工验收报告等。

另外，可根据不同工程所面对的不同施工情况，在上述常见的延误证据之外，进一步收集场地交付、图纸交付、施工许可证的办理情况，双方确认的变更工期的文件，监理会议纪要（周、月、专题会议纪要），施工日志，气象资料，有关发现化石与文物后情况上报和处理方式的文件等证据，全面梳理具体施工过程中工期延误的事件和原因。如果建设项目本身施工情况较为复杂且工期延误责任的判断本身需要借助造价专业知识，可考虑采用专家辅助人制度，帮助梳理和解释工期延误的归责原因、延误事实是否属于关键线路、工期延误期限等专业性问题。②

2. 工期延误责任承担

发包方、承包方在能区分各方过错所导致的具体工期延误天数的情形下，

---

① 参见《河南省高级人民法院民四庭关于建设工程合同纠纷案件疑难问题的解答》第25条。
② 参见《四川省律师协会、重庆市律师协会关于律师办理建设工程合同纠纷疑难业务指引》第5.3.2条。

建议守约方当事人结合合同违约约定向违约方当事人主张工期延误责任。在导致工程工期延误的原因是多方主体造成的且无法精确计算不同过错方导致的具体延误天数的情况下，建议当事人根据案件情况考虑公平原则、诚实信用原则、合同履行情况、当事人过错等因素综合主张工期延误责任。但作为违约方当事人即使确实对工期延误的事实存在过错，仍可通过主张守约方存在不当扩大延误损失、违约金比例过高等内容请求调减工期延误责任。①

48. 发包人工期索赔

建设工程施工合同有效，承包人原因导致工期延误的，承包人应当按照合同约定承担违约责任；承包人请求对违约金予以调整的，应根据合同约定，综合考虑承包人的过错、履行合同预期利益、发包人实际损失等，确定违约金的数额。建设工程施工合同无效，承包人原因导致工期延误，发包人主张赔偿损失的，由发包人举证证明由工期延误导致的实际损失。②

> 建议指引

1. 工程索赔和违约责任的选择适用问题

针对同一违法或违约事项，当事人基于法律规定或合同约定同时享有索赔和主张违约责任两种权利，而在实务中通常只能选择其一进行权利救济，即只能选择索赔路径救济或违约责任救济。

工程索赔和违约责任两种救济路径的选择需要综合项目建设整体情况进行考虑。对于发包方、承包方尚有协商和合作可能，存在能够便利地通过工程索赔程序来固定当事人损失和索赔事实、索赔金额能够覆盖当事人一方真实损失、提起索赔符合合同约定的索赔期限等事项的情况，工程索赔程序可以作为当事人救济自身权利的有力路径之一。而对于当事人选择违约责任救济路径的，应综合考虑是否明确约定违约责任以及违约金金额是否存在调减

---

① 参见《四川省律师协会、重庆市律师协会关于律师办理建设工程合同纠纷疑难业务指引》第5.3.3条。
② 参见《山东省高级人民法院关于审理建设工程施工合同纠纷案件若干问题的解答》（2020年11月4日）第11条。

风险等因素。①

2. 逾期索赔失权的适用问题

(1)"逾期索赔失权"条款的效力

通常而言,"逾期索赔失权"条款是合同双方通过合同约定创设的权利失效期间,当发包方、承包方在施工合同中均明确索赔期限并明确约定了索赔时限届满承包人未行使权利会导致索赔权的消灭,当事人可主张该条款符合《民法典》第140条规定的"默示条款",属于有效条款并约束发包方、承包方。

(2)"逾期索赔失权"条款的合理抗辩

依据《建工司法解释(一)》第10条的规定,承包人应当在约定期限内提出索赔,但如果超过约定期限,承包人可主张发包人存在约定期限后同意工期顺延或通过合理抗辩的方式否认"逾期索赔失权"条款的适用。当事人存在以下合理抗辩事由:第一,承包人系由客观原因导致未能在约定期限内提出索赔;第二,未能按照约定提出索赔,但索赔事件可通过其他证据佐证客观存在索赔事实;第三,考虑承包人在诉讼中主张工期顺延对发包人的影响,即如果发包人因承包人未进行索赔而相信承包人不再主张工期顺延,从而做了不予顺延工期安排的,则通常承包人抗辩"逾期索赔失权"条款不成立,反之则可视为承包人的合理抗辩。②

第三节 竣 工

49. 工程交付时间的认定

建设工程交付,包括已完工程交付,也包括未完工程交付。案涉工程

---

① 参见《四川省律师协会、重庆市律师协会关于律师办理建设工程合同纠纷疑难业务指引》第5.4.2条。
② 参见《四川省律师协会、重庆市律师协会关于律师办理建设工程合同纠纷疑难业务指引》第5.5条。

包括数个单项工程的,应以最后一个子项目的交付时间作为整体工程交付之日。

双方当事人没有明确的交付行为和交接手续的,以涉案工程实际投入使用之时,视为交付之日。

未完工工程的交付,不限于工程向发包人进行交付,承包人根据发包人指示将工程交由后续施工方进行施工的也属于工程交付。①

50. 竣工验收的标准及后果

建设工程竣工后,发包人应当根据施工图纸及说明书、国家颁发的施工验收规范和质量检验标准及时进行验收。验收合格的,发包人应当按照约定支付价款,并接收该建设工程。

建设工程竣工经验收合格后,方可交付使用;未经验收或者验收不合格的,不得交付使用。②

51. 竣工日期存疑时的认定

当事人对建设工程实际竣工日期有争议的,人民法院应当分别按照以下情形予以认定:

(1) 建设工程经竣工验收合格的,以竣工验收合格之日为竣工日期。

(2) 承包人已经提交竣工验收报告,发包人拖延验收的,以承包人提交验收报告之日为竣工日期。

(3) 建设工程未经竣工验收,发包人擅自使用的,以转移占有建设工程之日为竣工日期。③

> 建议指引

发包方、承包方关于索赔期间的开工日期、竣工日期问题,法律上当事

---

① 参见《陕西省高级人民法院关于审理建设工程施工合同纠纷案件若干问题的解答》(陕高法〔2020〕113号)第10条。
② 参见《民法典》第799条。
③ 参见《建工司法解释(一)》第9条。

人通常依据《建工司法解释（一）》第 8 条关于开工日期的规定和第 9 条关于竣工日期的规定予以主张。但对于工程实践中出现的影响开工日期、竣工日期判断的各种特殊情况，发包方、承包方可综合参照 2017 版《建设工程造价鉴定规范》第 5.7.1 条关于开工时间的规定和第 5.7.3 条关于实际竣工时间的规定进行主张。①

1. 竣工验收备案

竣工验收备案记载的日期不等同于建设单位组织竣工验收确认合格的日期。依据《建设工程质量管理条例》第 17 条的规定，竣工验收备案是在工程竣工验收后，建设单位按照行政管理规定，及时收集、整理建设项目各环节的文件资料，建立、健全建设项目档案，报建设行政主管部门或者其他有关部门备案。依据前述规定，行政主管部门并不对工程质量及完成情况进行评定，因此工程竣工备案并非判断工程是否验收合格的标准，工程竣工验收合格日期与竣工备案表载明日期不一致时，以建设单位实际组织工程验收并由建设、施工、勘察、设计和监理五方确认工程质量合格的日期为准。

2. 存在多份验收报告时竣工验收时间的主张

在建设工程实务中，往往存在阶段验收的情形，最后的总工程验收也是在分阶段验收的基础上进行的。建设工程存在多个能够分割的分部工程时，时常出现已完成验收的项目在工程整体验收时不再重新验收或者分阶段验收后不再进行整体验收，导致诉讼中存在多份验收报告。

建设工程竣工验收是对工程的整体验收，如工程存在多份验收报告，原则上以最后完成的单位工程验收合格日期为准，即以全部工程竣工验收合格之日作为竣工验收合格的时间。②

---

① 参见《四川省律师协会、重庆市律师协会关于律师办理建设工程合同纠纷疑难业务指引》第 5.3.1.1 条。
② 参见《四川省律师协会、重庆市律师协会关于律师办理建设工程合同纠纷疑难业务指引》第 6.1.1 条。

第三章

工程质量

52. 工程质量的证据审查

当事人对工程质量有争议的,应结合图纸和说明、图纸会审和设计交底相关材料、承包人提供的工程材料、工程质量检验文件、交工验收报告、现场勘查记录、工程移交记录、发包人拟使用涉案工程的通知、发包人实际使用工程的照片及视频等证据审查。①

53. 由承包人原因导致工程质量不合格的责任

由承包人的原因导致建设工程质量不符合约定,承包人拒绝修理、返工或者改建,发包人请求减少支付工程价款的,人民法院应予支持。②

由承包人的原因导致建设工程质量不符合约定的,发包人有权请求承包人在合理期限内无偿修理或者返工、改建。经过修理或者返工、改建后,造成逾期交付的,承包人应当承担违约责任。③

由承包人的原因导致建设工程在合理使用期限内造成人身损害和财产损失的,承包人应当承担赔偿责任。④

由发包人的原因导致工程质量存在缺陷,承包人对此有过错的,也应当

---

① 参见《山东省高级人民法院关于审理建设工程施工合同纠纷案件若干问题的解答》(2020年11月4日)第7条。
② 参见《建工司法解释(一)》第12条。
③ 参见《民法典》第801条。
④ 参见《民法典》第802条。

承担相应的过错责任。①

> 建议指引

1. 总包及联合体承包

总承包单位应注意在其承包范围内对工程质量负责。同时，对于联合体承包的，依据《建筑法》第27条第1款的规定，由共同承包的各方在承包范围内对建设工程质量不合格等造成的损失承担连带责任。②

2. 转包、违法分包和出借资质

承包人将建设工程转包、违法分包，或者具有出借资质情形的，包括层层转包、多次分包的，承包人、转承包人、分包人、实际施工人等所有环节的参与主体，施工过程中因其施工部分不符合规定的质量标准造成损失的，依据《建工司法解释（一）》第7条和第15条的规定，均应就施工质量向发包人承担责任。③

3. 专业分包、合法分包及劳务分包

在专业分包、合法分包及劳务分包的情况下，即使这些行为不具有违法性，但是依据《建筑法》第55条的规定，"总承包单位将建筑工程分包给其他单位的，应当对分包工程的质量与分包单位承担连带责任"。从文义看，该条规定未区分合法分包与违法分包。因此，无论是违法分包还是合法分包，是专业分包还是劳务分包，承包人与分包人均应就工程施工质量承担连带责任。④

54. 发包人原因致工程质量不合格的责任

发包人具有下列情形之一，造成建设工程质量缺陷，应当承担过错责任：

---

① 参见《建工司法解释（一）》第13条第2款。
② 参见《四川省律师协会、重庆市律师协会关于律师办理建设工程合同纠纷疑难业务指引》第6.3.1条。
③ 参见《四川省律师协会、重庆市律师协会关于律师办理建设工程合同纠纷疑难业务指引》第6.3.2条。
④ 参见《四川省律师协会、重庆市律师协会关于律师办理建设工程合同纠纷疑难业务指引》第6.3.3条。

（1）提供的设计有缺陷。

（2）提供或者指定购买的建筑材料、建筑构配件、设备不符合强制性标准。

（3）直接指定分包人分包专业工程。①

55. 发包人指定分包工程的质量责任

发包人指令总承包人将专业工程分包给特定分包人施工，又以该分包工程存在质量问题为由主张总承包人、分包人承担责任的，应当在查明质量问题的基础上，综合考虑各方当事人的过错程度和原因力大小，确定各方的责任比例。②

> ➤ **建议指引**

在发包人指定分包的情形下，依据《建筑法》第58条第1款的规定，分包人对分包范围内的工程承担施工质量责任；而依据《建工司法解释（一）》第13条的规定，发包人直接指定分包人分包专业工程的，发包人和承包人承担相应的过错责任，其中发包人直接指定分包人存在过失的，应在过错范围内承担质量责任。总承包人存在配合、管理过失的，可主张过错方在过错范围内承担相应的责任。③

56. 验收后的工程质量异议

建设工程已经通过验收的，诉讼中当事人又申请鉴定的，不予支持，但有证据证明建设工程在合理使用寿命内地基基础工程和主体结构质量存在重大安全隐患的或因发生保修责任争议，需要通过鉴定确定责任范围的除外。④

---

① 参见《建工司法解释（一）》第13条第1款。

② 参见《天津市高级人民法院关于审理建设工程施工合同纠纷案件相关问题的审判委员会纪要》（2020年12月9日）第8条。

③ 参见《四川省律师协会、重庆市律师协会关于律师办理建设工程合同纠纷疑难业务指引》第6.3.4条。

④ 参见《福建省高级人民法院关于建设工程施工合同纠纷疑难问题解答》第28条。

> **建议指引**

1. 竣工验收合格前的质量异议

未完成竣工验收时,工程质量不符合合同约定,与工程保修责任和质量缺陷修复责任不同,承包人承担的是工程质量责任,应当无偿对工程进行修理、返工或者改建,否则,发包人可以不予验收,并可据此主张工程价款付款条件不成就。建议承包人主张非由承包人原因导致的质量问题,如设计缺陷或发包方供材引发的质量问题,依据《民法典》第801条的规定应当由承包人承担证明责任,适时启动鉴定程序。承包人理由成立时,有权主张修理、返工或者改建增加的费用并顺延工期。

确由承包人原因导致的质量问题或承包人对于质量原因无异议,发包人有权要求承包人进行整改,直至达到合同要求的质量标准,承包人拒绝、怠于或者未适当履行工程质量整改义务,触发合同约定的解除条件的,发包人可依据约定主张解除合同,要求承包人撤场并赔偿损失。

实务中为规避工期延误的风险,推动工程项目尽早投入使用,发包人可能会采取自行委托第三方进行工程质量整改的方式解决问题。针对该情况,发包人可参照竣工验收后、工程保修期内更换维修主体的思路和方式进行处理。发包人可结合工程工期、整改难度以及承包人的专业水平等,在向承包人发送的书面通知中除明确整改事项、范围及期限,而且,告知整改不合格情形后发包人有权自行或委托第三方进行整改。如果后续出现承包人未适当履行整改义务的情况,发包人可主张承包人整改后仍不满足合同约定的质量标准,或承包人的施工能力已无法满足工程整改需要,同时整改不合格已致使双方失去信赖基础,由承包人继续履行整改义务不再合适,发包人可自行委托第三方进行整改,发包人为此支出的整改费用在工程结算时予以扣减。①

2. 竣工验收后的质量异议

工程竣工验收合格后,除地基基础工程或主体结构存在质量问题外,发

---

① 参见《四川省律师协会、重庆市律师协会关于律师办理建设工程合同纠纷疑难业务指引》第6.2.1条。

包人不得再以工程质量不合格为由拒绝支付工程尾款。工程进入质量缺陷责任期和保修责任期，发包人对工程质量提出异议，可以参照《重庆市高级人民法院、四川省高级人民法院关于审理建设工程施工合同纠纷案件若干问题的解答》第4条的规定，要求承包人承担质量缺陷责任或保修责任，即要求承包人在缺陷责任期内通过建设工程质量保证金担保的方式履行建设工程维修责任，或者要求承包人对在保修范围内发生的质量问题履行保修责任并对造成的损失予以赔偿。

依据《建筑法》第60条第1款的规定，建筑物在合理使用寿命内必须确保地基基础工程和主体结构质量。该规定属于法律强制性规定，承包人应在建设工程的合理使用期限内对地基基础工程和主体结构承担质量责任。所以即使工程竣工验收合格，如果有证据证明地基基础或者主体结构质量不合格，发包人仍可拒绝支付工程价款。[①]

57. 发包人擅自使用未验收工程的法律责任

建设工程未经竣工验收，发包人擅自使用后，又以使用部分质量不符合约定为由主张权利的，人民法院不予支持。[②] 但发包人有证据证明地基基础工程和主体结构存在重大质量问题的除外。[③]

发包人不按照合同约定及相应的规范或者标准组织验收，但接收建设工程的，应当视为建设工程质量合格。[④]

发包人以经营需要为由使用建设工程的情况属于擅自使用。发包人对其擅自使用部分的建设工程，不能再以工程质量不符合约定为由主张权利，而对于未使用部分的建设工程，发包人仍可以主张权利。发包人擅自使用行为仅产生推定工程质量合格的法律效果。如果在发包人擅自使用前就发现工程

---

① 参见《四川省律师协会、重庆市律师协会关于律师办理建设工程合同纠纷疑难业务指引》第6.2.2条。
② 参见《建工司法解释（一）》第14条。
③ 参见《重庆市高级人民法院、四川省高级人民法院关于审理建设工程施工合同纠纷案件若干问题的解答》第4条。
④ 参见最高人民法院民事审判第一庭2022年第22次法官会议纪要。

存在质量问题，也已要求承包人修理，但承包人拒绝修理的，发包人使用后仍可向承包人主张权利。①

> 建议指引

依据《建工司法解释（一）》第14条的规定，在建设工程未经过验收或者验收未通过的情况下，发包人违反法律规定擅自使用，即视为发包人对建筑工程质量是认可的，或者虽然工程质量不合格其自愿承担该质量责任。实务中常见的擅自使用主要包括以下情形：（1）向业主交房或已有业主入住；（2）对外出售或出租经营性用房后，房屋用于经营；（3）进行装饰装修或设施设备安装；（4）进行功能性使用；（5）发包人作为权利人实施的其他占有、使用、收益或处分的行为。

1. 关于"擅自使用"的主张

"擅自"是指发包人不与承包人进行竣工验收而提前使用之行为。即使发包方、承包方通过协商同意发包人在未通过竣工验收的情况下提前使用工程，仍然属于"擅自使用"情形。依据《建筑法》第61条第1款"交付竣工验收的建筑工程，必须符合规定的建筑工程质量标准，有完整的工程技术经济资料和经签署的工程保修书，并具备国家规定的其他竣工条件"的规定，建设工程竣工验收不是发包人与承包人之间协商可以解决的，更是需要勘察、设计、监理对于工程进行综合性评定，如果未通过各相关责任主体的认可，不能认为完成了竣工验收工作，在此之前使用的行为都可称为"擅自"。

2. "擅自使用"的例外

在"擅自使用"的例外情形之下，如试运行不属于前述"擅自使用"的情形。公路工程、工厂特殊设备等建设项目中，发包人需要通过试运行来检验工程是否存在不符合合同技术要求以及项目能否满足合同目的、符合运行标准。发包人这种行为是为了发现工程中潜在的质量问题，使工程质量达到合同要求以及国家标准。此情形下的试运营属于合法使用，不属于"擅

---

① 参见《河南省高级人民法院民四庭关于建设工程合同纠纷案件疑难问题的解答》第23条。

自使用"。

为完成修复进场或接收不属于"擅自使用"。施工过程中,发包人或监理单位发现施工质量出现问题,承包人拒绝整改或承包人整改后仍然无法达到质量要求,为防止损失扩大,发包人可委托第三方修复。发包人这种为完成修复而委托第三方进场甚至解除与承包人合同接收工程的行为不应当被认为构成"擅自使用"。因承包人过错导致发包人未能组织竣工验收,发包人为防止损失扩大采取一定补救措施的进场,如承包人中途撤场,发包人进驻对现场进行保护和管理,发包人可主张该行为不属于"擅自使用"。①

58. 承包人对擅自使用的工程承担质量责任的情形

承包人应当在建设工程的合理使用寿命内对地基基础工程和主体结构质量承担民事责任。②

承包人向发包人主张工程价款,发包人以地基基础或主体结构存在严重质量问题抗辩不支付工程价款,并要求进行质量鉴定的,发包人应提供初步证据予以证明。③

➤ 建议指引

发包人"擅自使用"建设工程,承包人不再负有施工中或经验收不合格的质量缺陷责任,但仍应对工程保修期及保修范围内的工程负有保修责任。"擅自使用"视为发包人对建筑工程质量予以认可或者虽然工程质量不合格但是自愿承担该后果,随着发包人擅自使用,工程质量责任风险也由承包人转移给发包人,依据《建工司法解释(一)》第14条的规定,对于擅自使用部分的质量缺陷责任应当由发包人自行承担,发包人无权拒付工程价款,亦无权扣留建设工程质量保证金。但是对于保修责任,发包人可参照《重庆市高级人民法院、四川省高级人民法院关于审理建设工程施工合同纠

---

① 参见《四川省律师协会、重庆市律师协会关于律师办理建设工程合同纠纷疑难业务指引》第6.1.4条。
② 参见《建工司法解释(一)》第14条。
③ 参见《湖南省高级人民法院关于审理建设工程施工合同纠纷案件若干问题的解答》第18条。

纷案件若干问题的解答》第 4 条第 3 款的规定，主张擅自使用并不免除承包人的保修责任。①

59. 完工但未验收未使用工程的处理

建设工程完工后尚未进行竣工验收且发包人未擅自使用的，承包人请求发包人支付工程价款，应当根据发包人抗辩的具体内容分别作出处理：

（1）以建设工程质量不符合合同约定或者法律规定为由拒绝支付工程价款，发包人举证证明由承包人原因导致工程尚未进行竣工验收或申请司法鉴定确认建设工程质量不合格的，人民法院予以支持。

（2）发包人根据《建工司法解释（一）》第 12 条的规定主张减少支付工程价款的，发包人能够举证证明应当减少的工程价款数额或者合理修复费用的，人民法院可以从工程价款中予以扣除。

（3）发包人根据《建工司法解释（一）》第 16 条的规定主张承包人承担违约金或者赔偿修理、返工、改建的合理费用等损失的，人民法院可告知发包人提起反诉。②

60. 工程质量纠纷的诉讼主体地位

因建设工程质量发生争议的，发包人可以以总承包人、分包人和实际施工人为共同被告提起诉讼。③

61. 发包人就工程质量的反诉

发包人在承包人提起的建设工程施工合同纠纷案件中，以建设工程质量不符合合同约定或者法律规定为由，就承包人支付违约金或者赔偿修理、返

---

① 参见《四川省律师协会、重庆市律师协会关于律师办理建设工程合同纠纷疑难业务指引》第 6.2.3 条。
② 参见《建工司法解释（一）》第 16 条。
③ 参见《建工司法解释（一）》第 15 条。

工、改建的合理费用等损失提出反诉的，人民法院可以合并审理。① 发包人要求承包人赔偿因工程质量不符合约定造成的其他财产损失或者人身损害的，发包人主张承包人逾期完工的工期延误索赔的，都属于可以提起反诉的情形。②

62. 发包人就工程质量的抗辩

发包人承认拖欠承包人工程价款，但以建设工程存在质量问题产生维修费用为由扣除相关维修费用，实质上是主张减少支付工程价款，并未超过承包人的诉讼请求范围，属于同一法律关系，应当认定为抗辩。发包人在工程保修期内已通知承包人维修而承包人拒绝修复的，发包人可以依据支出维修费用的有效证据主张减少支付工程价款，并在承包人主张工程价款的案件中一并处理。③

发包人提出原告在施工过程中存在偷工减料、未按图施工等情形，要求减少工程价款的，属于抗辩。④

> **建议指引**

针对承包人支付工程价款的请求，发包人以工程质量存在问题为由，要求减少或者拒绝支付工程价款，或者赔偿损失，属于反诉还是抗辩，建议当事人根据工程是否经过竣工验收予以区分主张。

如果工程既未竣工验收，也未出现发包人擅自使用的情形，发包人以质量为由要求不付、少付工程价款或者扣除修复费用的，可通过抗辩方式主张。但发包人以质量为由要求赔偿损失或者支付违约金的，可通过反诉的方式予以主张。

---

① 参见《建工司法解释（一）》第16条。
② 参见《福建省高级人民法院关于建设工程施工合同纠纷疑难问题解答》第30条。
③ 参见《河南省高级人民法院民四庭关于建设工程合同纠纷案件疑难问题的解答》第24条。《福建省高级人民法院关于建设工程施工合同纠纷疑难问题解答》第30条认为"发包人请求原告承担修复费用的主张虽可以构成一个独立的诉，但该主张未超出原告的诉讼请求范围，因此发包人有权选择以抗辩形式主张抵扣，也有权提起反诉"。
④ 参见《福建省高级人民法院关于建设工程施工合同纠纷疑难问题解答》第30条。

竣工验收后工程质量合格，除地基基础或主体结构工程外，发包人不得再以工程质量存在问题为由，抗辩减少或者拒绝支付工程价款。但此时工程进入缺陷责任期和工程保修期，发包人举证证明工程存在质量问题的，基于缺陷责任可通过抗辩方式要求从建设工程质量保证金中扣减工程价款；或基于保修责任通过反诉或者另诉方式要求承包人承担修复费用或赔偿损失。①

63. 建设工程质量保证金比例高于规章

《建设工程质量保证金管理办法》属于部门规章，该办法中关于建设工程质量保证金预留比例的规定属于管理性规定，不影响当事人在施工合同中有关建设工程质量保证金预留比例之约定的效力。故当事人在施工合同中约定的建设工程质量保证金预留比例高于《建设工程质量保证金管理办法》规定的建设工程质量保证金预留比例的情形，属于当事人意思自治的范围，对双方当事人具有拘束力。②

64. 返还建设工程质量保证金的情形

有下列情形之一，承包人请求发包人返还建设工程质量保证金的，人民法院应予支持：

（1）当事人约定的建设工程质量保证金返还期限届满。

（2）当事人未约定建设工程质量保证金返还期限的，自建设工程通过竣工验收之日起满2年。

（3）因发包人原因建设工程未按约定期限进行竣工验收的，自承包人提交工程竣工验收报告90日后当事人约定的建设工程质量保证金返还期限届满；当事人未约定建设工程质量保证金返还期限的，自承包人提交工程竣工验收报告90日后起满2年。③

---

① 参见《四川省律师协会、重庆市律师协会关于律师办理建设工程合同纠纷疑难业务指引》第6.2.4条。
② 参见《河南省高级人民法院民四庭关于建设工程合同纠纷案件疑难问题的解答》第21条。
③ 参见《建工司法解释（一）》第17条第1款。

建设工程质量保证金的返还是以工程缺陷责任期届满为支付条件，并不以工程保修期限届满为支付条件。当事人对建设工程质量保证金返还期限没有约定或约定不明的，可按照《建工司法解释（一）》第1款第2项、第3项处理，无须考虑工程保修期限。当然，如果当事人约定工程保修期满退还建设工程质量保证金的，应当按照约定时间返还。①

案例：李某诉韩某、某建设公司、某置业公司、刘某建设工程施工合同纠纷案——建设工程质量保证金的返还与工程保修期的关系②

【裁判要旨】

建设工程质量保证金的返还与工程保修期并无必然联系，不以工程保修期届满为返还条件。当事人对建设工程质量保证金的返还期限有约定的从约定，没有约定或约定不明的，应以缺陷责任期届满为支付条件。

【基本案情】

发包人某置业公司与某建设公司签订施工合同，约定由某建设公司承包案涉城中村改造工程，并对工程保修期作出了约定。韩某在某建设公司委托代理人处签字，并负责该工程的实际施工。韩某与第三人刘某签订劳务施工合同，约定由刘某负责案涉工程劳务大清包。刘某又与李某签订合作协议，对案涉工程劳务大清包项目合作事宜作出约定。案涉工程现已竣工验收备案。除案涉合同约定的总工程价款3%的建设工程质量保证金外，韩某已将其他工程价款向刘某支付完毕。剩余3%建设工程质量保证金，因韩某、某建设公司、某置业公司未返还，李某诉至法院。

漯河市中级人民法院以案涉工程的工程保修期尚未届满为由，未支持李某请求返还建设工程质量保证金的诉讼请求。李某不服，申请再审，河南省高级人民法院裁定指令再审。漯河市中级人民法院再审后认为，案涉合同对建设工程质量保证金返还期限有明确的约定，即"余下的3%作为建设工

---

① 参见《河南省高级人民法院民四庭关于建设工程合同纠纷案件疑难问题的解答》第22条。
② 参见《河南高院：建设工程合同纠纷案件典型案例》，载微信公众号"豫法阳光"2024年3月25日，https://mp.weixin.qq.com/s/GHxmZxs1wtx0irH2laUESg。

质量保证金,必须在交工后两个月内付清",案涉工程竣工验收备案表显示工程实际竣工验收时间为 2019 年 8 月 2 日,韩某应当在此时间节点后 2 个月内向李某返还建设工程质量保证金。再审据此予以改判。

> 建议指引

施工合同因发包人违约原因或其他非承包人原因(如不可抗力)而被解除,承包人可依据《民法典》第 566 条第 1 款"合同解除后,尚未履行的,终止履行;已经履行的,根据履行情况和合同性质,当事人可以请求恢复原状或者采取其他补救措施,并有权请求赔偿损失"的规定而主张支付建设工程质量保证金,但不影响承包人对工程承担质量瑕疵修复责任与法定保修义务。

在施工合同因承包人违约原因而被解除且工程继续施工的情形下,建议发包人依据《民法典》第 567 条"合同的权利义务关系终止,不影响合同中结算和清理条款的效力"的规定抗辩"扣留建设工程质量保证金"。在已施工工程质量合格的前提下,建设工程质量保证金的返还期限可根据《建工司法解释(一)》第 17 条的规定来确定,一般自解除合同之日开始计算建设工程质量保证金的返还期。[①]

65. 缺陷责任期与工程保修期的区分

工程保修阶段包括缺陷责任期与工程保修期。缺陷责任期是指承包人按照合同约定承担缺陷修复义务,且发包人预留质量保证金的期限,自工程通过竣工验收之日起计算。缺陷责任期一般为 1 年,最长不超过 2 年,具体由发包方与承包方在管理合同中约定。在缺陷责任期内,由于承包人原因造成的缺陷,承包人负责维修,并承担鉴定及维修费用;如承包人未履行缺陷修复义务,则发包人可以按照合同约定扣除建设工程质量保证金,并由承包人承担相应的违约责任。缺陷责任期届满,发包人应当返还建设工程质量保证金。发包人返还建设工程质量保证金后,承包人仍应按合同约定的各部分工

---

① 参见《四川省律师协会、重庆市律师协会关于律师办理建设工程合同纠纷疑难业务指引》第 4.9 条。

程的保修年限承担保修责任。

工程保修期是承包人按照合同约定对工程承担保修责任的期限，从工程竣工验收合格之日起计算。工程保修期内，承包人对建设工程的保修义务属于法定义务，不能通过合同约定予以排除。①

> 建议指引

1. "两期"内质量责任的性质和内容

一般而言，工程竣工验收合格后，工程随即进入缺陷责任期和工程保修期，"两期"同时开始起算。缺陷责任期内承包人承担的是质量缺陷修复义务，性质上属于瑕疵担保责任，承包人通过建设工程质量保证金担保的方式履行建设工程修复责任，修复费用超出建设工程质量保证金的，发包人可按合同约定向承包人索赔；而工程保修期内承包人承担的是保修义务，对在保修范围内发生的质量问题履行保修责任，性质上属于履行法定义务，可以通过约定转移，但不能通过约定排除，在承包人拖延或者怠于履行保修义务时，依据《建筑法》第75条和《建设工程质量管理条例》第66条可能会产生行政责任。

"两期"内承包人维修义务的内容和范围并未产生本质区别，依据《建设工程质量管理条例》第40条的规定，质量保修责任的内容主要包括基础设施工程、房屋建筑的地基基础工程和主体结构工程、屋面防水工程、有防水要求的卫生间、房间和外墙面的防渗漏、供热与供冷系统、电气管线、给排水管道，设备安装和装饰装修工程及其他项目，而对于缺陷责任期内的修复义务并未予以明确规定，两者的修复内容存在交叉和重叠。

2. "两期"约定期限超过法律规定范围

缺陷责任期在《建设工程质量保证金管理办法》第2条第3款中规定一般为1年，最长不超过2年。如当事人约定建设工程质量保证金返还期限超过2年，则超过2年的期限不属于缺陷责任期，可视为当事人对于返还建设工程质量保证金没有约定。虽然《建设工程质量保证金管理办法》仅为住房

---

① 参见《福建省高级人民法院关于建设工程施工合同纠纷疑难问题解答》第31条。

和城乡建设部和财政部联合出台的部门规章，但从避免变相延长工程价款支付周期、为建筑企业减负、营造公平竞争环境的角度讲，对缺陷责任期超期约定作否定性评价，更贴合法律法规和行业主管部门关于建设工程质量保证金的功能定位和价值取向。实务中也有观点认为，《建设工程质量保证金管理办法》仅为部门规章，其对建设工程质量保证金返还期限的规定，不能当然否定合同效力，建设工程质量保证金返还期限超过2年的约定依然有效。

《建设工程质量管理条例》第40条规定的工程保修期是法定的最低期限，当事人约定的工程保修期超过法定工程保修期的，其约定有效。

3. "两期"届满后的责任承担

"两期"届满后承包人质量责任的承担，应区分合同责任和侵权责任。承包人以合同为基础所产生的一般瑕疵修复责任结束，原则上不再对非缺陷性质量问题承担合同责任。但是"两期"届满后，承包人以侵权为基础所衍生出的"产品责任"依然存在，对于工程质量缺陷所造成的损害或者存在的危险，承包人需要在合理使用期限内依照法律规定承担侵权责任，包括赔偿损失、消除危险等。①

66. 合同解除后的工程保修期

承包人的保修义务是法定义务，即使合同中对此没有约定，承包人仍应承担。故建设工程施工合同的解除，不影响承包人承担保修义务。依据《建工司法解释（一）》第9条②、第14条③的规定，承包人的保修义务应从已完

---

① 参见《四川省律师协会、重庆市律师协会关于律师办理建设工程合同纠纷疑难业务指引》第6.4条。

② 《建工司法解释（一）》第9条规定："当事人对建设工程实际竣工日期有争议的，人民法院应当分别按照以下情形予以认定：（一）建设工程经竣工验收合格的，以竣工验收合格之日为竣工日期；（二）承包人已经提交竣工验收报告，发包人拖延验收的，以承包人提交验收报告之日为竣工日期；（三）建设工程未经竣工验收，发包人擅自使用的，以转移占有建设工程之日为竣工日期。"

③ 《建工司法解释（一）》第14条规定："建设工程未经竣工验收，发包人擅自使用后，又以使用部分质量不符合约定为由主张权利的，人民法院不予支持；但是承包人应当在建设工程的合理使用寿命内对地基基础工程和主体结构质量承担民事责任。"

工部分验收合格、确定质量合格或者交付使用之日起计算。①

67. 合同无效的工程质量保证金返还期限

建设工程质量保证金具有担保性质，根据建设工程质量保证金管理制度的规定，建设工程施工合同无效后并不免除承包人的工程质量缺陷责任，故施工合同中约定的质量保证金返还期限可以参照适用。②

68. 发包人与承包人的质量瑕疵修复分歧

在建设工程施工合同中，出现质量瑕疵，如果能修复，应当优先适用修理、返工或者改建等救济方式。如果承包人愿意修复，而发包人未通知承包人修复而直接诉讼请求支付修复费用或者未通知承包人修复直接委托第三人修复并诉讼请求支付所产生的修复费用，不予支持。在承包人拒绝修复，或者经承包人修复后建设工程质量仍不合格，或者承包人在合理期限内未进行修复的，发包人可以另行委托第三人进行修复，所产生的合理修复费用，发包人请求从应付工程价款中予以扣除的，应予以支持。③

69. 中途撤场的工程质量责任与建设工程质量保证金

未完工程中，承包人主张其已完成部分工程价款的，后续工程已经由第三方施工完毕，并竣工验收合格的，发包人又以承包人施工部分的工程质量不合格主张付款条件不成就或者拒付工程价款的，人民法院不予支持。后续工程已经由第三方施工完毕，但未进行竣工验收，或者未由第三方继续施工，但分部分项验收合格的，发包人以承包人施工部分的工程质量不合格主张付款条件不成就或者拒付工程价款的，人民法院不予支持。人民法院可在承包人已完工程价款中按合同约定比例暂扣建设工程质量保证金，暂扣建设工程质量保证金的时间最长不超过两年。但确由承包人原因导致建设工程的地基

---

① 参见《福建省高级人民法院关于建设工程施工合同纠纷疑难问题解答》第33条。
② 参见《河南省高级人民法院民四庭关于建设工程合同纠纷案件疑难问题的解答》第3条。
③ 参见《福建省高级人民法院关于建设工程施工合同纠纷疑难问题解答》第32条。

基础工程和主体结构存在质量问题的除外。①

> ➤ **建议指引**

对于未完工工程，可根据工程续建情况而区别论处。工程未由第三人续建，则对未完工工程质量的判断可结合当事人提供的证据、工程已完工状态等因素。在发包人未提质量抗辩或发包人明确无质量异议的情况下，可视为发包人对承包人未完工工程质量的认可。如发包人提出异议，根据举证责任的分配规则，应由承包人举证证明工程质量合格。通常情形下，承包人提供了已完工工程的检验批、分项、分部、单位工程验收等过程验收手续，则可推定质量合格，除非发包人有证据推翻工程验收手续。在承包人不能举证证明其施工的未完工程质量合格的情况下，可申请启动鉴定程序判断工程质量。

未完工工程由第三人进行续建，如果工程由第三人完成续建，并最终实现竣工验收，承包人未完工工程的质量可视为合格。如果工程处于第三人续建过程中，工程并未竣工验收，工程尚不具备质量鉴定条件，发包人提出未完工部分质量不合格异议时，承包人可抗辩发包人在将工程交由第三人续建前，应首先对续建前承包人施工的工程情况进行确认，否则由此导致的质量责任无法判断，以及未确认工程情况便开展的第三人续建工作可推定为续建前承包人已施工工程质量合格。②

70. 工程质量保修义务

发包人返还建设工程质量保证金后，不影响承包人根据合同约定或者法律规定履行工程保修义务。③

因保修人未及时履行保修义务，导致建筑物毁损或者造成人身损害、财产损失的，保修人应当承担赔偿责任。

---

① 参见《河北省高级人民法院关于印发〈建设工程施工合同案件审理指南〉的通知》第31条。
② 参见《四川省律师协会、重庆市律师协会关于律师办理建设工程合同纠纷疑难业务指引》第6.1.3条。
③ 参见《建工司法解释（一）》第17条第2款。

保修人与建筑物所有人或者发包人对建筑物毁损均有过错的,各自承担相应的责任。①

71. 合同有效时工程质量问题的处理

建设工程施工合同有效,但建设工程经竣工验收不合格的,依照《民法典》第577条②的规定处理。③

> ➤ **建议指引**

工程已完工,但发包方、承包方在完工后验收前发生争议以至于双方难以协作完成验收工作时,基于承包人已完成施工工作,且完成的工程状态确定、完整,不存在因其他第三人的行为发生形态上改变的,当事人主张该工程存在质量问题,不能仅以其未进行竣工验收而直接主张工程质量不合格,而应结合已完工工程的具体情况来综合判断。

发包方、承包方对于建设工程质量存在异议,一般可通过司法鉴定的方式予以判断。④

---

① 参见《建工司法解释(一)》第18条。
② 《民法典》第577条规定:"当事人一方不履行合同义务或者履行合同义务不符合约定的,应当承担继续履行、采取补救措施或者赔偿损失等违约责任。"
③ 参见《建工司法解释(一)》第19条第3款。
④ 参见《四川省律师协会、重庆市律师协会关于律师办理建设工程合同纠纷疑难业务指引》第6.1.2条。

第四章

工程价款

第一节　工程结算

72. 结算工程价款的依据

当事人对建设工程的计价标准或者计价方法有约定的，按照约定结算工程价款。

因设计变更导致建设工程的工程量或者质量标准发生变化，当事人对该部分工程价款不能协商一致的，可以参照签订建设工程施工合同时当地建设行政主管部门发布的计价方法或者计价标准结算工程价款。[①]

> ➢ **建议指引**

计价依据一般指建设工程施工合同"价款或报酬"条款（工程造价条款），具体为工程价款有关计价方法或计价标准的约定。参照《工程造价术语标准》（GB/T 50875—2013）第2.1.4条的规定，计价依据是与计价内容、计价方法和价格标准相关的工程计量计价标准、工程计价定额及工程造价信息等。

1. 计价依据没有约定或约定不明

依据《民法典》第510条的规定，施工合同中对计价依据没有约定或者约定不明时，建议发包方、承包方协议补充计价依据，无法达成补充协议的，可主张按照合同有关条款或者交易习惯明确计价依据。如仍无法按照相关合

[①] 参见《建工司法解释（一）》第19条第1款、第2款。

同条款或交易习惯确定计价依据，则可依据《民法典》第511条第2项的规定，主张按照签订合同时工程所在地的省、自治区、直辖市建设主管部门或行业建设主管部门编制发布的适用于各类工程建设项目的计价规范、工程量计算规范、工程定额、造价指数、市场价格信息等确定计价依据。①

（1）基准日

针对基准日没有约定或约定不明，发包方、承包方又无法通过补充协议协商一致时，可参照2013版《建设工程工程量清单计价规范》（GB/T 50500—2013）第9.2.1条的规定，主张招标工程以投标截止日前28天、非招标工程以合同签订前28天为基准日。②

（2）基准价格

针对基准价格没有约定或约定不明，则可主张"基准日"的定额信息价格作为基准价格。③

（3）主要建材和主要设备

在主要建材范围没有约定或约定不明并且发包方、承包方又无法通过补充协议协商一致的情况下，可主张参照工程所在地省、自治区、直辖市建设主管部门或行业建设主管部门或其授权的工程造价管理机构发布的政策性文件。

合同约定承包人采购主要材料或主要设备可以调价，但没有约定主要材料、工程设备价格变化的调整范围或幅度，发包方、承包方又无法通过补充协议协商一致的，可参照2013版《建设工程工程量清单计价规范》（GB/T 50500—2013）第9.8.2条的规定，单价变化超过5%时，超过部分的价格可参照该规范附录A的方法计算调整材料费、工程设备费。实务中当事人可主

---

① 参见《四川省律师协会、重庆市律师协会关于律师办理建设工程合同纠纷疑难业务指引》第4.1.1条。
② 参见《四川省律师协会、重庆市律师协会关于律师办理建设工程合同纠纷疑难业务指引》第4.1.1.1条。
③ 参见《四川省律师协会、重庆市律师协会关于律师办理建设工程合同纠纷疑难业务指引》第4.1.1.2条。

张一般调价参照造价信息调整价格差额（该规范附录 A.2）。①

（4）人工费

针对人工费调差争议，可根据不同合同约定进行区分处理。总包合同中没有约定人工费不调整，则人工费一般可调整，而人工费调整方法没有约定或约定不明时，发包方、承包方又无法通过补充协议协商一致的，可参照 2013 版《建设工程工程量清单计价规范》（GB/T 50500—2013）附录 A.2.2 的规定，人工单价发生变化且符合该规范第 3.4.2 条第 2 项的规定时，发包方、承包方应按省级或行业建设主管部门或其授权的工程造价管理机构发布的人工成本文件进行调整，但承包人对人工费或人工单价的报价高于人工成本文件的除外。需特别指出的是，2013 版《建设工程工程量清单计价规范》（GB/T 50500—2013）将人工费调整纳入政策性调整的范畴。②

合同约定施工机械台班单价或施工机械使用费可调整，但调整方法没有约定或约定不明时，发包方、承包方又无法通过补充协议进行协商的，可参照 2013 版《建设工程工程量清单计价规范》（GB/T 50500—2013）附录 A.2.1 的规定，机械使用费按照国家或省、自治区、直辖市建设主管部门或行业建设管理部门或其授权的工程造价管理机构发布的机械台班单价或机械使用费系数进行调整。③

2. 工期延误对工程价款调整

依据《民法典》第 590 条第 2 款与第 513 条、参照 2013 版《建设工程工程量清单计价规范》（GB/T 50500—2013）第 9.2.2 条与第 9.8.3 条、《重庆市高级人民法院、四川省高级人民法院关于审理建设工程施工合同纠纷案件若干问题的解答》第 14 条的规定，工期延误期间发生法律法规变化，市场波动引起物价变化，不可抗力引起的人工、材料、施工机具价格大幅涨跌的，

---

① 参见《四川省律师协会、重庆市律师协会关于律师办理建设工程合同纠纷疑难业务指引》第 4.1.1.3 条。
② 参见《四川省律师协会、重庆市律师协会关于律师办理建设工程合同纠纷疑难业务指引》第 4.1.1.4 条。
③ 参见《四川省律师协会、重庆市律师协会关于律师办理建设工程合同纠纷疑难业务指引》第 4.1.1.4 条。

如果不是由承包人原因导致的，价格上涨时调整合同价款，价格下跌时不调整合同价款；如果是由承包人原因导致的，价格上涨时不调整合同价款，价格下跌时调整合同价款。如果是由双方原因导致工期延误的，由承包方、发包方按责任大小分担工期延误期间的人工、材料、施工机具价格上涨等所产生的损失。[1]

3. 承包人的预期利润

依据《民法典》第584条的规定，在发包人擅自解除合同或因发包人责任而被解除合同的情形下，或者在发包人删减工程项目或缩减工程规模时，承包人有权主张合同正常履行可获得的可得利益即预期利润。预期利润的举证责任一般由承包人承担，承包人可向人民法院或仲裁机构提出对预期利润的工程造价鉴定申请，承办律师可建议和引导鉴定机构采取如下几种方式并依据其专业判断作出鉴定意见：（1）依据施工合同约定或投标文件中载明的利润率，来计算合同履行的预期利润；（2）参照2017版《建设工程造价鉴定规范》（GB/T 51262—2017）第5.10.6条第3项"未完工程量与约定的单价计算后按工程所在地统计部门发布的建筑企业统计年报的利润率计算利润"的规定计算预期利润；（3）参照工程所在地或合同约定的计价定额中的利润率计算预期利润；（4）通过查询国家统计局《中国统计年鉴》得出工程所在地施工企业的社会平均利润率，计算得出预期利润；（5）由司法鉴定机构按照建筑行业普遍适用的软件计算得出预期利润。

73. 固定总价结算

合同约定按照固定总价结算工程价款，实际施工未超出约定施工范围的，应当按照固定价结算。当事人主张施工范围增减的，按照以下情形分别处理：（1）合同有约定的，按照合同约定对增减的工程量进行结算；（2）合同没有约定的，可以参照合同约定标准对工程量增减部分予以单独结算，无法参照

---

[1] 参见《四川省律师协会、重庆市律师协会关于律师办理建设工程合同纠纷疑难业务指引》第4.1.2条。

约定标准结算的,可以参照施工地建设行政主管部门发布的计价方法或者计价标准结算;(3)工程尚未完工的,合同约定固定总价,承包人要求支付工程价款的,对于能够确定已完工工程占合同约定施工范围比例的工程,应以合同约定的固定价为基础按比例折算;无法确定已完工比例的,双方对工程造价有争议的,可将争议部分工程造价委托鉴定。主张工程量增减的当事人,对工程量增减是否存在、实际数量及价款承担举证责任。[①] 采用"价款比例法"的方式,由鉴定机构根据工程所在地的建设工程定额及相关配套文件确定已完工程占整个工程的比例,再用合同约定的固定总价乘以该比例确定发包人应付的工程价款(已完工部分工程价款 = 固定总价 × $\frac{\text{已完工部分定额价}}{\text{定额总价}}$)。[②]

合同约定固定价款的,如果由发包人原因导致工程变更,承包人能够证明工程变更增加的工程量不属于合同约定的固定价范围之内的,有约定的,按约定结算工程价款;没有约定的,可以参照合同约定标准对工程量增减部分予以单独结算;无法参照约定标准结算的,可以参照施工地建设行政主管部门发布的计价方法或者计价标准结算。主张调整的当事人对合同约定的施工具体范围及实际工程量增减的原因、数量等事实负有举证责任。[③]

当事人约定按照固定价结算工程价款,在合同约定的风险范围和风险费用内,按照合同约定执行,一方当事人请求对工程造价进行鉴定并依据鉴定结论结算的,人民法院不予支持。因设计变更导致建设工程的工程量或者质量标准发生变化,当事人请求对工程价款予以调整的,如果合同对工程价款调整的计算方法有约定的,依照其约定;没有约定或者约定不明的,由当事人协商解决,不能协商一致的,可以参照合同约定标准对变更部分予以结算,无法参照合同约定结算的可以参照工程所在地建设行政主管部门发布的计价

---

① 参见《山东省高级人民法院关于审理建设工程施工合同纠纷案件若干问题的解答》(2020年11月4日)第4条。

② 参见《重庆市高级人民法院、四川省高级人民法院关于审理建设工程施工合同纠纷案件若干问题的解答》第15条。

③ 参见《陕西省高级人民法院关于审理建设工程施工合同纠纷案件若干问题的解答》(陕高法〔2020〕113号)第2条;《河北省高级人民法院关于印发〈建设工程施工合同案件审理指南〉的通知》第8条。

方法或者计价标准结算；涉及新材料、新工艺等在建设行政主管部门发布的计价方法或者计价标准中没有规定的项目，可根据市场行情据实结算。①

案例1：某建筑公司诉某棚户区改造指挥部建设工程施工合同纠纷案——固定总价合同项下未完工程价款的认定②

【裁判要旨】

发包方和承包方对工程价款约定以固定价方式结算，在承包方未全部完工即退场的情况下，承包方要求对已完工部分的工程价款按照定额计算的，一般不予支持。如发包方、承包方对工程价款如何确定协商不一致，司法鉴定时应按照已完工工程量占总工程量的比例计算已完工程价款。

【基本案情】

某棚户区改造指挥部与某建筑公司签订《建设工程施工合同》，合同约定采取固定总价23142万元加变更签证方式确定工程价款。上述合同签订后，某建筑公司进场完成大部分施工。后双方发生纠纷，某建筑公司在工程未全部完工状态下退场。因欠款支付问题，双方未协商一致，某建筑公司遂诉至法院，请求判令某棚户区改造指挥部支付工程欠款68446364.03元。诉讼中，鉴定机构按照2008年的定额计价标准计价，对某建筑公司已完工部分和未施工部分工程造价分别出具鉴定意见书。

郑州市中级人民法院一审认为，某建筑公司虽未全部完工，但某棚户区改造指挥部对已完工部分已投入使用，应按照鉴定意见定额计价方式计算已完工部分工程价款。一审判决作出后，某棚户区改造指挥部不服，提起上诉。

河南省高级人民法院二审认为，鉴定意见书系依据2008年的定额标准计算工程造价，这与双方当事人采取固定价方式计价的约定不符，一审直接采信鉴定意见书中已完工部分价款数额，存在错误。在案涉工程未全部完工的

---

① 参见《重庆市高级人民法院、四川省高级人民法院关于审理建设工程施工合同纠纷案件若干问题的解答》第13条。

② 参见《河南高院：建设工程合同纠纷案件典型案例》，载微信公众号"豫法阳光"2024年3月25日，https://mp.weixin.qq.com/s/GHxmZxs1wtx0irH2laUESg。

情况下，对于已完工部分工程价款的认定，应当依据鉴定意见书中已完工部分造价占总造价的比例，再乘以合同约定的固定总价，计算某建筑公司应得的工程价款。二审据此予以改判。

> 建议指引

因发包人违约解除合同或被承包人依法解除时，建议承包人参照《重庆市高级人民法院、四川省高级人民法院关于审理建设工程施工合同纠纷案件若干问题的解答》第15条规定的"价款比例法"申请鉴定已完工程价款，并主张对未完工程的预期利润损失。

因承包人违约解除合同或被发包人依法解除时，在承包人提出采用《重庆市高级人民法院、四川省高级人民法院关于审理建设工程施工合同纠纷案件若干问题的解答》第15条规定的"价款比例法"进行鉴定已完工程价款的同时，建议发包人提出申请对未完工程按工程所在地建设主管部门发布的计价方法或者计价标准计算的价款与"未完工程价款"之差价损失的鉴定。[①]

74. 固定价与情势变更

固定价建设工程施工合同履行过程中，钢材、水泥等对工程造价影响较大的主要建筑材料价格发生重大变化，超出了正常市场风险范围，合同对建筑材料价格变动风险调整计算方法有约定的，依照其约定调整；没有约定或约定不明，当事人请求调整工程价款的，参照《民法典》第533条[②]的规定处理。

因承包人原因致使工期或建筑材料供应时间延误导致的建筑材料价格变化风险由承包人承担，承包人要求调整工程价款的，人民法院不予支持。

固定价合同中约定承包人承担无限风险、所有风险或者类似未明确风险

---

① 参见《四川省律师协会、重庆市律师协会关于律师办理建设工程合同纠纷疑难业务指引》第4.4.2条。

② 《民法典》第533条规定："合同成立后，合同的基础条件发生了当事人在订立合同时无法预见的、不属于商业风险的重大变化，继续履行合同对于当事人一方明显不公平的，受不利影响的当事人可以与对方重新协商；在合理期限内协商不成的，当事人可以请求人民法院或者仲裁机构变更或者解除合同。人民法院或者仲裁机构应当结合案件的实际情况，根据公平原则变更或者解除合同。"

内容和风险范围的条款，对双方没有约束力。①

> ➤ 建议指引

1. 发包人通常利用招标文件及所附合同条款或利用自己的强势地位约定"任何情况不调整固定单价或固定总价"等类似条款，以此将风险转嫁至承包人。但各省级建设主管部门出台的规范建筑市场秩序的指导意见均禁止合同约定无限风险条款。

"承担无限风险或全部风险"等类似约定，因违背《民法典》第506条第2项"因故意或者重大过失造成对方财产损失的"的规定而无效，违反《标准化法》第2条、《标准化法实施条例》第18条第2款第3项、2013版《建设工程工程量清单计价规范》（GB/T 50500—2013）②第3.4.1条"建设工程发承包，必须在招标文件、合同中明确计价中的风险内容及其范围，不得采用无限风险、所有风险或类似语句规定计价中的风险内容及范围"的规定，并参照《全国法院民商事审判工作会议纪要》第31条的规定，可主张该条款无效，或者参照《重庆市高级人民法院、四川省高级人民法院关于审理建设工程施工合同纠纷案件若干问题的解答》第14条第3款"固定价合同中约定承包人承担无限风险、所有风险或者类似未明确风险内容和风险范围的条款，对双方没有约束力"而提出该条款对双方没有约束力，并主张价格调整。③

2. 当主要建筑材料价格风险超出正常市场风险时可能引发《民法典》第533条规定的"情势变更"，可参照《重庆市高级人民法院、四川省高级人民法院关于审理建设工程施工合同纠纷案件若干问题的解答》第14条的规定，建议承包人以主要建筑材料超过正常的市场风险为由对工程价款予以调整，发包人亦可提出因承包人原因致使工期或建筑材料供应时间延误导致的建筑材料价格变化风险由承包人承担。④

---

① 参见《重庆市高级人民法院、四川省高级人民法院关于审理建设工程施工合同纠纷问题的解答》第14条。
② 该国家标准现已废止。
③ 参见《四川省律师协会、重庆市律师协会关于律师办理建设工程合同纠纷疑难业务指引》第4.3条。
④ 参见《四川省律师协会、重庆市律师协会关于律师办理建设工程合同纠纷疑难业务指引》第4.4.1条。

75. 以审计结论作为结算依据

（1）基本原则

建设单位应有满足施工所需的资金安排，并向施工单位提供工程价款支付担保。建设工程施工合同应约定施工过程结算周期、工程进度款结算办法等内容。分部工程验收通过时原则上应同步完成工程价款结算，不得以设计变更、工程洽商等理由变相拖延结算。政府投资工程应当按照国家有关规定确保资金按时支付到位，不得以未完成审计作为延期进行工程价款结算的理由。①

财政部门对财政投资的评定审核是国家对建设单位基本建设资金的监督管理，不影响发包人与承包人之间合同的效力及履行。但是，建设工程施工合同明确约定以财政评审结论作为结算依据的，财政评审结论应当作为建设工程价款结算的依据。②

（2）审计结论与结算结论并存

在双方当事人已经通过结算协议确认了工程结算价款并已基本履行完毕的情况下，国家审计机关作出的审计结论或财政评审意见，不影响双方结算协议的效力。③

根据《审计法》的规定，国家审计机关对工程建设单位进行审计是一种行政监督行为，审计人与被审计人之间因国家审计发生的法律关系与本案当事人之间的民事法律关系性质不同。因此，在民事合同中，当事人对接受行政审计作为确定民事法律关系依据的约定，应当具体明确，而不能通过解释推定的方式，认为合同签订时，当事人已经同意接受国家机关的审计行为对民事法律关系的介入。在双方当事人已经通过结算协议确认了工程结算价款

---

① 参见《住房和城乡建设部关于落实建设单位工程质量首要责任的通知》（建质规〔2020〕9号）第2条第3项。

② 参见《最高人民法院关于人民法院在审理建设工程施工合同纠纷案件中如何认定财政评审中心出具的审核结论问题的答复》；《福建省高级人民法院关于建设工程施工合同纠纷疑难问题解答》第26条。

③ 参见《河北省高级人民法院关于印发〈建设工程施工合同案件审理指南〉的通知》第16条。

并已基本履行完毕的情况下，国家审计机关作出的审计报告，不影响双方结算协议的效力。①

（3）无约定以审计作为依据

建设工程施工合同未约定工程造价的，以审计单位的审计意见或者财政评审机构作出的评审结论为准，当事人请求以审计单位作出的审计意见、财政评审机构作出的评审结论作为确定工程造价之依据的，人民法院不予支持。②

（4）发包人原因致使未审计

在建设工程施工合同约定以审计部门出具的审计报告或者结论作为工程价款结算依据，发包人未按约报请审计部门对工程价款进行审计的情况下，以未经审计部门审计为由拒付工程价款的，人民法院不予支持。③

发包人原因导致未能及时进行审计的，如发包人收到承包人报送的竣工结算资料后未及时④提交审计或者未提交完整的审计资料等，可视为发包人不正当地阻止条件成就，承包人请求以申请司法鉴定的方式确定工程造价的，人民法院予以支持。⑤

如果因发包人原因未进行审计或者发包人怠于履行合同约定配合审计义务，导致未能审计或者未能完成审计的，承包人可以诉讼请求通过工程造价鉴定进行工程价款结算。⑥

---

① 参见重庆建工集团股份有限公司与中铁十九局集团有限公司建设工程合同纠纷案，载《最高人民法院公报》2014年第4期。

② 参见《重庆市高级人民法院、四川省高级人民法院关于审理建设工程施工合同纠纷案件若干问题的解答》第5条第1款。

③ 参见最高人民法院第六巡回法庭编：《最高人民法院第六巡回法庭裁判规则》，人民法院出版社2022年版，第8页；《广西壮族自治区高级人民法院关于建设工程的十二则问答》（2023年6月19日）问题9。

④ 参见《河北省高级人民法院关于印发〈建设工程施工合同案件审理指南〉的通知》第15条；《福建省高级人民法院关于建设工程施工合同纠纷疑难问题解答》第26条规定"发包人在一年内未提交财政评审部门的"，为未及时。

⑤ 参见《重庆市高级人民法院、四川省高级人民法院关于审理建设工程施工合同纠纷案件若干问题的解答》第5条第2款第2项。

⑥ 参见《河南省高级人民法院民四庭关于建设工程合同纠纷案件疑难问题的解答》第18条；《重庆市高级人民法院、四川省高级人民法院关于审理建设工程施工合同纠纷案件若干问题的解答》第5条第2款第2项。

(5) 承包人原因致使未审计

承包人原因导致未能及时进行审计的,如承包人未按照约定报送审计所需的竣工结算资料等,承包人请求以申请司法鉴定的方式确定工程造价的,人民法院不予支持。①

(6) 审计单位原因致使未审计

如果审计部门未在合理期限内②进行审计或者出具审计报告或结论,或者有证据证明审计结论明显不当的,承包人有权对未经审计以及缺少审计结论的工程价款或审计结论错误的工程价款申请司法鉴定。③

行政审计或财政评审部门明确表示无法进行审计,或在约定期限及合理期限内无正当理由未出具审计结论,当事人就工程价款结算无法达成一致申请司法审计鉴定的,应予准许。④

财政评审部门在收到发包人提交的结算文件后未出具财政评审结论,当事人申请司法鉴定的,应向财政评审部门核实,了解无法出具财政评审结论的具体原因。同时,应向财政评审部门出具书面函件,给予财政评审部门完成财政评审的合理期限,并告知未按时完成评审作出结论的,将依当事人申请启动司法鉴定。在合理期限届满后,财政评审部门无正当理由仍未出具财政评审结论的,支持当事人的司法鉴定申请。⑤

(7) 审计结论不实申请鉴定

当事人有证据证明审计结论不真实、不客观,法院可以准许当事人通过补充鉴定、重新鉴定或者补充质证等方法对争议事实作出认定。⑥

---

① 参见《重庆市高级人民法院、四川省高级人民法院关于审理建设工程施工合同纠纷案件若干问题的解答》第5条第2款第1项。

② 参见《山东省高级人民法院关于审理建设工程施工合同纠纷案件若干问题的解答》(2020年11月4日)第2条对"合理期限"的意见是3个月。

③ 参见最高人民法院第六巡回法庭编:《最高人民法院第六巡回法庭裁判规则》,人民法院出版社2022年版,第8页;《广西壮族自治区高级人民法院关于建设工程的十二则问答》(2023年6月19日)问题9。

④ 参见《湖南省高级人民法院关于审理建设工程施工合同纠纷案件若干问题的解答》第13条。

⑤ 参见《福建省高级人民法院关于建设工程施工合同纠纷疑难问题解答》第26条。

⑥ 参见《湖南省高级人民法院关于审理建设工程施工合同纠纷案件若干问题的解答》第13条。

通常情况下，对财政评审结论仅作程序性审查。评审程序合法的，财政评审结论可以作为认定建设工程价款的依据。但是，当事人有证据证明财政评审结论具有不真实、不客观的情形，违反法律规定或合同约定的，应对财政评审结论进行实质审查。注意审查以下问题：①财政评审事项及范围与讼争建设工程是否一致；②财政评审资料是否全面完整，财政评审依据是否正确合理；③财政评审方法是否科学、是否符合实际情况；④财政评审程序是否符合法律规定及技术规范要求；⑤财政评审结论是否具体明确，是否与合同约定、已查明的事实存在矛盾；⑥财政评审结论的形式是否符合法定要求。存在以上情形，又无法弥补，导致财政评审结论不能采信的，对当事人的鉴定申请予以准许。①

案例2：某控股公司诉某通信学校建设工程施工合同纠纷案——工程价款以审计为准的具体认定②

【裁判要旨】

1. 发包人与承包人仅在建设工程施工合同中约定工程造价以审计为准，而未约定具体审计单位，人民法院根据工程性质、资金来源等可以确定审计性质及审计单位的，不应视为双方约定不明，审计单位应当据实确定。

2. 审计单位依据承包人提供的结算资料对工程造价进行审计并形成具有结算性质的工程造价结算审核材料，发包人、承包人均加盖印章予以确认的，工程造价应当据此确定。承包人在诉讼中又请求通过司法鉴定的方式确定工程造价的，人民法院不予支持。

【基本案情】

某控股公司诉称：某控股公司与某通信学校签订《施工合同》，约定某控股公司承建某通信学校某科训大楼工程。后某控股公司按约进场施工，现案涉工程已竣工验收合格，因双方未办理结算，某控股公司申请对案涉工程

---

① 参见《福建省高级人民法院关于建设工程施工合同纠纷疑难问题解答》第26条。
② 参见《重庆市高级人民法院发布建设工程合同纠纷典型案例》，载微信公众号"重庆市高级人民法院"2023年12月28日，https://mp.weixin.qq.com/s/XrEA8eUM5feeuK7-imEpYw。

造价进行司法鉴定,并请求判令某通信学校支付尚欠工程价款9992935元及相应利息。

某通信学校辩称:(1)双方签订的《施工合同》约定合同价款最终以审计为准,某通信学校系军事单位,双方约定审计应指军队审计机构作出的审计。(2)军区评审中心依据双方确认的9份分项工程《工程结算审核定案表》作出的《工程结算审核报告书》应当作为案涉工程价款的结算依据,某通信学校不欠付某控股公司工程价款。

法院经审理查明:2011年12月10日,某通信学校与某控股公司签订《施工合同》,约定某通信学校将某科训大楼工程发包给某控股公司施工,合同价款110669560元(最终以审计为准)。2015年9月22日,某通信学校与某控股公司签订《科训大楼工程施工协议书》,主要约定在审计结算前,该工程不再支付任何费用。案涉工程于2015年11月13日竣工验收合格。2016年7月26日,某通信学校委托军区评审中心对案涉工程进行工程价款结算审计。军区评审中心作出《工程结算审核报告书》,审定工程价款金额为123348433.11元。军区评审中心、某通信学校、某控股公司分别在该报告所附的9份《工程结算审核定案表》上加盖印章。诉讼中,经某控股公司申请,一审法院委托某造价咨询公司对工程造价进行司法鉴定,鉴定意见认定工程造价比《工程结算审核报告书》中确定的工程造价高9876497.81元。案涉建设工程质量保证金为5533400元,某通信学校已支付某控股公司工程价款120792097.57元。

一审法院认为,案涉工程价款应按军区评审中心审核结果确定,某通信学校欠付工程价款金额已不足双方约定的建设工程质量保证金金额,即某通信学校已支付了除建设工程质量保证金以外的全部工程价款,遂判决:驳回某控股公司的诉讼请求。一审宣判后,某控股公司提起上诉。二审法院认为,双方并未明确约定具体的审计单位,某控股公司虽在9份《工程结算审核定案表》上加盖印章,只能视为其配合审计,并非对审计方式及结果的认可,故应采信某造价咨询公司的鉴定意见认定案涉工程造价金额,遂判决:某通信学校支付某控股公司工程价款7111789.31元及相应利息。某通信学校不服二审判决,申请再审。再审法院提审该案,并判决:(1)撤销二审判决;

(2) 维持一审判决。

【裁判理由】

法院生效裁判认为：本案的争议焦点在于案涉工程造价金额如何确定。第一，双方所签《施工合同》约定案涉工程需进行"审计结算""合同价款最终以审计为准"，该约定虽未对审计的性质予以明确，但案涉工程系中国人民解放军某通信学校科训大楼，具有明显的军事性质。某控股公司作为专业承接建设工程的施工单位，理应知道双方约定的审计指的应当是由军队审计机构依照中国人民解放军关于审计的相关规定进行的审计。第二，军区评审中心在对某控股公司提供的结算资料进行审核的基础上作出9份《工程结算审核定案表》，该9份《工程结算审核定案表》明确载明了项目所包含的9项施工内容的具体名称、送审金额、审减金额和审定金额，具有明显的结算性质。某控股公司未对该9份《工程结算审核定案表》载明的金额提出异议，而是在该9份《工程结算审核定案表》上加盖公司印章和法定代表人印鉴，说明某控股公司对结算金额予以认可，该9份《工程结算审核定案表》对某控股公司具有法律约束力。因此，军区评审中心制作的《工程结算审核报告书》符合双方关于案涉工程造价确定标准的约定，应当作为确定案涉工程造价的依据。第三，在双方约定工程造价以审计机构作出的审计意见为准的情况下，如承包人有证据证明审计机构作出的审计意见确有错误的，可以请求人民法院以补充鉴定或者补充质证、重新质证等方法予以纠正。在本案中，双方已经完成结算，不应再启动司法鉴定对双方结算结果予以否定。综上，案涉工程造价应当依据军区评审中心作出的9份《工程结算审核报告书》进行确定。

案例3：某建设公司诉某卫生院建设工程施工合同纠纷案——发包人原因导致未能及时进行审计的责任判定[①]

【裁判要旨】

建设工程施工合同约定工程造价以审计意见为准，但审计单位未能出具

---

① 参见《重庆市高级人民法院发布建设工程合同纠纷典型案例》，载微信公众号"重庆市高级人民法院"2023年12月28日，https://mp.weixin.qq.com/s/XrEA8eUM5feeuK7-imEpYw。

审计意见的，人民法院应当对审计单位未能出具审计意见的具体原因进行审查。因发包人原因导致未能及时进行审计，承包人申请司法鉴定并请求以司法鉴定意见作为确定工程造价依据的，人民法院应当予以支持。

【基本案情】

某建设公司诉称：某建设公司与某卫生院签订《施工合同》，约定某建设公司承建某卫生院整体搬迁项目，该工程已竣工验收合格，但某卫生院至今未完成审计工作，故请求法院以司法鉴定的方式确定工程造价，并判令某卫生院支付尚欠工程价款及相应利息。

某卫生院辩称：案涉项目最终结算金额应以某区财政局审计结果为准，因审计尚未完成，故付款条件不成就。

法院经审理查明：某建设公司经招投标程序中标某卫生院整体搬迁项目。2018 年 5 月 30 日，双方签订《施工合同》，约定：工程竣工验收合格，经区审计部门审计后，支付至审计结算金额的 97%。2021 年 9 月 29 日，案涉工程通过竣工验收。2021 年 12 月 24 日，某卫生院向某区财政局提交工程结算审计资料，该局经审核认为工程变更累计金额超出合同总价的 10%，项目变更手续不完善，遂通知某卫生院完善变更手续后再行报审。截至 2023 年 10 月 7 日二审庭审时，某卫生院仍未完成变更审批，亦未向某区财政局报送审计材料。

一审法院认为，按照《施工合同》的约定，结算金额应以审计机构审定的金额为准，案涉工程结算金额尚在审计之中，支付工程尾款的条件尚不成就，遂判决：驳回某建设公司的诉讼请求。一审宣判后，某建设公司提起上诉。二审法院裁定：（1）撤销一审判决；（2）本案发回一审法院重审。

【裁判理由】

法院生效裁判认为，本案的争议焦点为：某建设公司请求某卫生院支付工程价款的条件是否成就。本案中，双方签订的《施工合同》约定案涉工程价款经区审计部门审计完成后支付至审计结算金额的 97%。虽然某卫生院在工程竣工后向某区财政局报送过审计资料，但该局未进行审计的原因是认为工程变更累计金额超出合同总价的 10% 且项目变更手续不完善，并将相关资料退还给某卫生院。某卫生院领回资料后，应当及时完善项目变更手续，并再次向某区财政局报送审计资料，但截至某建设公司提起本案诉讼时，在长达一年多的时间里，某卫生院既未完善项目变更手续，也未再次报送审计资料，应当视为某卫生院不正当阻止条件成就。在此情况下，某建设公司请求以申请司法鉴定的方式确定工程造价，应予支持。因一审法院未同意某建设公司对工程造价进行司法鉴定的申请，故本案须发回一审法院重审。

案例4：某建筑公司诉某教体局建设工程施工合同纠纷案——发包人原因导致未能及时审计的责任判定[①]

【裁判要旨】

施工合同约定以审计结论为结算依据的，对双方具有约束力。但是，如因发包人原因无正当理由长时间不进行审计、拖延审计或者在合理期限内未能完成审计，对承包人在诉讼中提出的以通过工程造价鉴定方式进行结算的申请，应予准许。

【基本案情】

某建筑公司经招投标程序中标某教体局颍川路学校建设项目，双方签订《施工合同》，约定：竣工决算经审计机关验收合格后支付到审计决算的97%。工程竣工验收合格后，某教体局开始实际使用，并陆续支付工程价款10534万元，之后未再付款。2019年3月20日，某教体局与某建筑公司在《竣工结算书》上签章确认工程结算价为168074720.40元。2020年7月，某教体局向该市审计局提交工程结算审计资料，该局经审核认为工程存在设计变更，遂要求某教体局提供变更审批手续。因某教体局提供资料不完整，审计工作长期暂停。某建筑公司就工程欠款诉至法院。

许昌市中级人民法院一审认为，双方约定以审计结论作为工程价款结算依据，现审计机关就案涉工程价款的审计结论尚未作出，支付工程尾款条件尚不成就，故对于某建筑公司的诉讼请求不予支持。一审判决作出后，某建

[①] 参见《河南高院：建设工程合同纠纷案件典型案例》，载微信公众号"豫法阳光"2024年3月25日，https://mp.weixin.qq.com/s/GHxmZxs1wtx0irH2laUESg。

筑公司不服，提起上诉。河南省高级人民法院二审认为，鉴于截至二审庭审结束，审计工作仍未恢复，便依申请委托鉴定机构对案涉工程造价进行司法鉴定，并据此对工程欠款数额进行了认定。最终判决某教体局支付某建筑公司欠付工程价款 56909373.98 元及利息。

案例 5：市政中心与安佳舜公司建设工程施工合同纠纷案——财政评审结论是否应作为建设工程造价结算依据①

【裁判要旨】

以财政评审结论作为建设工程造价的结算依据，应严格遵循意思自治原则，只有在双方明确约定以财政评审结论作为结算依据的情况下，才能将其作为认定工程造价的依据。同时，财政评审结论作为民事诉讼证据，其真实性、合法性和关联性亦须经人民法院审查，此后方能作为认定案件事实的依据。若有证据证明财政评审结论违反法律规定或合同约定，当事人申请对工程造价争议部分进行鉴定的，应予准许。

【基本案情】

2016 年 10 月，市政中心公开招标南平市南针—安丰污水干管水毁修复工程的施工项目，2016 年 11 月 17 日，安佳舜公司参与投标并中标，双方于 2016 年 12 月 1 日签订《建设工程施工合同》，另附有《通用合同条款》《通用合同条款补正表》《合同专用条款》各一份。合同就工程内容、合同价格、工程价款支付、违约责任等进行了约定。实际施工过程中，双方另就新增工程、变更工程方案签订了补充协议，对新增费用及支付方式等予以确定。其中，《建设工程施工合同》的专用合同条款第 14.2 条约定"发包人审批竣工付款申请单的期限为，有权终审单位按规定时限出具终审报告后 14 天内"，《通用合同条款》第 12.4.4 条约定"经南平市财政投资评审中心审计结束后，付至审定价的 95%，剩余 5% 作为工程质量保证金，在验收合格满一年后的 28 天内结清"。

---

① 参见《权威发布！建设工程施工合同纠纷十大典型案例来了》，载微信公众号"福建高院"2022 年 9 月 22 日，https://mp.weixin.qq.com/s/CPFEc4AuZzEaISaDjGheBw。

2018年1月10日，案涉工程竣工验收。2018年5月17日，安佳舜公司向市政中心提交了《工程结算书》载明，南平市南针—安丰污水干管水毁修复工程总造价为39922969元，市政中心、安佳舜公司、福建源恒工程监理有限公司在《工程结算书》首页盖章。2019年12月2日，南平市财政投资评审中心作出《基建工程结算审核结论书》（南财投审〔2019〕结字38号），审定南平市南针—安丰污水干管水毁修复工程原结算数36797468元，核减数15934976元，审核结算数20862492元。市政中心累计向安佳舜公司支付工程价款19620000元后未支付工程价款，安佳舜公司诉至法院要求市政中心支付剩余工程价款10960473元并赔偿利息损失。

安佳舜公司表示对南平市财政投资评审中心作出的最终结算意见有异议，并申请委托鉴定机构对财政评审结论书中核减工程造价的合理性及工程核减部分的金额进行司法鉴定。一审法院准许安佳舜公司申请后，依法委托福建宏建工程造价咨询有限公司（以下简称宏建公司）进行司法鉴定。2020年5月7日，宏建公司作出福建宏建N2020091号《南平市南针—安丰污水干管水毁修复工程鉴定报告》，鉴定结果为：本次鉴定的南平市南针—安丰污水干管水毁修复工程送审总造价36888926元，审定造价28921933元，审核核减7966993元。2020年6月8日，宏建公司出具一份《有关南平市南针—安丰污水干管水毁修复工程鉴定报告异议回复》，调增工程造价702540元，并对双方当事人提出的异议内容进行答复。一审法院采纳《南平市南针—安丰污水干管水毁修复工程鉴定报告》，判决市政中心应向安佳舜公司支付工程余款10004473元并赔偿逾期付款的利息损失。市政中心不服，认为工程结算款应以财政评审结论为依据而非以鉴定报告为依据，故上诉至福建省南平市中级人民法院。

【裁判结果】

二审判决：（1）撤销福建省南平市延平区人民法院（2019）闽0702民初842号民事判决第二项；（2）变更福建省南平市延平区人民法院（2019）闽0702民初842号民事判决第一项为：南平市市政工程服务中心应于本判决生效之日起10日内向安佳舜（福建）建设工程有限公司支付工程价款9881473元

并赔偿逾期付款的利息损失（自2019年2月13日至8月19日，按照中国人民银行同期同类贷款利率的标准计算，自2019年8月20日起至实际履行之日止按照全国银行间同业拆借中心公布的贷款市场报价利率计算）；（3）驳回安佳舜（福建）建设工程有限公司的其他诉讼请求。

【裁判理由】

《最高人民法院关于人民法院在审理建设工程施工合同纠纷案件中如何认定财政评审中心出具的审核结论问题的答复》明确："财政部门对财政投资的评定审核是国家对建设单位基本建设资金的监督管理，不影响建设单位与承建单位的合同效力及履行。但是，建设合同中明确约定以财政投资的审核结论作为结算依据的，审核结论应当作为结算的依据。"可见，财政评审作为一种行政行为，目的在于检查监督国家财政投资项目建设单位有无违法违纪行为，这种监督职能不应延伸到民事领域，更不应作为认定工程价款的直接依据，除非当事人明确约定以财政评审结论作为工程造价结算的依据。而案涉《建设工程施工合同》虽体现案涉工程造价结算应当提交财政评审，但并未明确约定以财政评审结论作为结算依据。换言之，本案中"提交财政评审"仅系当事人的结算程序，并非最终结论。

退一步说，即便合同中明确约定以财政评审结论作为结算依据，当事人仍然对于财政评审的客观性、合理性享有合理期待。实践中，常有因财政评审流程烦琐时间跨度较长而导致工程价款拖延支付，还有的财政评审因财政资金紧缺而对工程造价随意核减，严重影响承包人利益。因此，若一概认定必须以财政评审作为结算依据而不区分情形，将导致财政部门有权决定工程结算金额甚至改变民事合同约定内容，与市场经济规律本质相悖，不符合合同缔约精神且对于承包人而言存在不公正的风险。合同约定以审计机关出具的审计意见作为工程价款结算依据的，应当遵循当事人缔约本意，将合同约定的工程价款结算依据确定为真实有效的审计结论。承包人提供证据证明审计机关的审计意见具有不真实、不客观情形的，人民法院可以准许当事人补充鉴定、重新质证或者补充质证等方法纠正审计意见存在的缺陷。上述方法不能解决的，应当准许当事人申请对工程造价进行鉴定。而安佳舜公司提供的证据可以证实，财政评审结论确实存在部分内容不客观的情形。故一审法院准许安佳舜公司对财政评审核减部分进行鉴定的申请，并无不当。宏建公司在出具鉴定意见之后，对财政评审结论的调整内容及调整原因作出了合理解释。经审查，除人行道花岗岩板单价调整意见不正确外，其他部分均客观、真实，依据充分，应予确认。市政中心关于案涉工程造价应当以财政评审结论为认定依据的上诉理由不能成立，予以驳回。

【法官点评】

建设工程造价结算是否必须以财政评审结论为依据，是公共工程领域的常见争议，司法实践中各法院也有不同处理方式。本案例从两个层次基本厘清了该类案件的处理规则：首先，看约定，即看合同中是否明确约定以财政评审结论作为双方结算依据。如合同中对财政评审未作任何约定或仅约定需提交财政评审，而并未明确约定以财政评审结论作为结算依据，则财政评审结论对合同双方并不具有当然的约束力，发包人无权主张以财政评审结论作为结算依据。其次，分情形，即在以财政评审结论为结算依据的情况下，还应根据具体情形作不同处理。如果有证据证实财政评审部分结论存在不客观、不真实的情形，可以准许当事人进行补充鉴定；如果导致财政评审结论无法采纳，不能作为工程造价认定依据的，应当准予对案涉工程进行造价鉴定。以上处思路逻辑严密、依据充分，对司法实践中该类案件的处理具有一定指导意义。

➢ 建议指引

当事人没有约定或约定不明的，工程结算造价以审计单位的审计意见或者财政评审机构作出的评审结论为准，通常难以要求将审计单位作出的审计意见或财政评审机构作出的评审结论作为工程造价的结算依据。

合同无效时，虽合同有明确约定以行政审计结论为准，但承包人亦可提出"合同无效以审计结论为准的条款亦无效"，主张该约定对承包人不具有约束力。

发包人原因导致未能及时进行审计的，如发包人存在收到承包人报送的竣工结算资料后未及时提交审计或者未提交完整的审计资料等怠于履行合同约定配合、不审计义务的行为，承包人可以发包人不正当地阻止条件成就为由向人民法院提请司法鉴定来主张工程造价。

如果审计部门未在合理期限内进行审计或者出具审计报告或结论，或者有证据证明审计结论明显不当、不真实、不客观的，可向人民法院申请补充鉴定、重新鉴定或者补充质证等方法救济权利。承包人也可以通过行政诉讼的方式，请求撤销行政审计结论。

在发包方、承包方达成竣工结算协议后，发包人上级单位启动行政审计时，在双方未达成新的竣工结算协议前，承包人可主张该审计结论不影响双方竣工结算协议的效力。

财政评审可参照"行政审计"的指引规则执行。[1]

76. 工程量的计算依据

当事人对工程量有争议的，按照施工过程中形成的签证等书面文件确认。承包人能够证明发包人同意其施工，但未能提供签证文件证明工程量发生的，可以按照当事人提供的其他证据确认实际发生的工程量。[2]

当事人对工程量有争议的，应当根据招投标文件、合同等施工前约定，由承包人对工程量清单、签证、图纸、会议纪要、往来函件、交付验收记录等施工过程中产生的文件以及施工后形成的结算报告等进行举证；发包人有异议或主张存在甩项、减项、工程未完工等情形的，应提供相应签证、会议记录、交接记录等进行证明。[3]

---

[1] 参见《四川省律师协会、重庆市律师协会关于律师办理建设工程合同纠纷疑难业务指引》第4.11条。

[2] 参见《建工司法解释（一）》第20条。

[3] 参见《山东省高级人民法院关于审理建设工程施工合同纠纷案件若干问题的解答》（2020年11月4日）第7条。

案例 6：A 爆破公司与 B 砂厂建设工程施工合同纠纷案——建设工程施工合同对工程量的计量标准约定不明时如何认定[①]

【裁判要旨】

建设工程施工合同有效但对工程量的计量方法约定不明且未能补充约定，通过施工资料和现场勘验仍不能确定的，应根据合同条款、交易价格、履行方式、参照政府指导价以及诚信原则，从有利于合同目的实现的角度，依法合理确定工程量和工程价款。

【基本案情】

A 爆破公司与 B 砂厂签订《爆破工程专用合同》，约定 B 砂厂将其矿区爆破工程承包给 A 爆破公司，工程量按松土方量计算，以 B 砂厂每天销售砂或石块方量开具的四联单为准。因 B 砂厂未向 A 爆破公司提供销售砂或石块方量的四联单，A 爆破公司遂向法院提起诉讼，请求判令 B 砂厂支付工程价款，并申请对工程量进行鉴定，由于双方对采用何种爆破方式进行爆破没有约定，通过施工资料和现场勘验也无法确定，故鉴定机构根据一般爆破履行方式和基坑爆破履行方式，对案涉工程爆破工程量出具了两种鉴定意见。

【判决结果】

一审法院采信以一般爆破履行方式作为计算依据的鉴定意见确定工程量，判决支持 A 爆破公司的诉讼请求。二审判决驳回上诉，维持原判。

【裁判理由】

毕节市大方县人民法院经审理认为，因当事人就案涉工程是采用一般爆破履行方式还是基坑爆破履行方式作为工程量计算依据存在争议，故案涉工程的主要争议焦点在于如何确定合同履行方式。首先，从价格来看，A 爆破公司和 B 砂厂约定的价格均比一般爆破略低，相较基坑爆破价格更低。其次，从合同履行成本来看，采用一般爆破方式实现松动的土石方量比采用基坑爆破方式实现松动的土石方量多，就露天砂石场而言，若采取基坑爆破不

[①] 参见《贵州高院发布建设工程合同纠纷典型案例》，载微信公众号"贵州高院"2023 年 5 月 30 日，https://mp.weixin.qq.com/s/T-V_uYkNfP8GG5s-cgSsxw。

但会增加爆破成本，还会减少松动的土石方量，与投入最少、利益最大的交易习惯不符。最后，从合同目的来看，案涉合同是由 A 爆破公司提供，若以基坑爆破计算，等同于 A 爆破公司用高成本获取低收入，与其追求利益最大化的合同目的相悖。结合合同约定的方量计算方式、交易习惯、市政定价标准及合同目的，案涉土石方量应以 A 爆破公司主张的一般爆破履行方式作为计算工程量的依据。

【典型意义】

本案中，双方签订的建设工程施工合同有效，合同仅约定工程单价但并未约定计量标准，当事人对此未达成补充协议，且通过施工资料和现场勘验仍不能确定，故不能仅参考市政工程计价定额对案涉工程量进行理论计算，因此履行方式如何确定是本案的关键。法院根据合同约定单价，参照市政工程计价定额相关标准，从当事人追求利润最大化的商事行为习惯角度考虑，平衡各方利益，综合认定案涉工程履行方式。本案体现了法院在审理建设工程案件的过程中，在双方当事人因工程量计算依据产生纠纷时，正确适用合同解释的法律规定，结合合同内容、性质、目的、有关条款、建设工程交易习惯以及诚实信用原则，合理确定合同履行方式，从而定分止争，保障了当事人合法权益，有力地维护了司法公正。

77. 以欠条形式作出的结算

建设工程施工过程中，发包人与承包人进行结算后，出具欠条确认欠付债务，原告依据欠条起诉，被告主张该欠条中确认数额并非实际的工程价款数额，要求确认欠条无效的，一般不予支持。除非被告能够提供证据证明出具欠条时存在重大误解、欺诈、胁迫或显失公平等情形。①

78. 中途撤场的结算

未施工完毕的工程项目，当事人就已完工程的工程量存有争议的，应当

---

① 参见《河北省高级人民法院关于印发〈建设工程施工合同案件审理指南〉的通知》第13条。

根据双方在撤场交接时签订的会议纪要、交接记录以及监理材料、后续施工资料等文件予以确定；不能确定的，应根据工程撤场时未能办理交接及工程未能完工的原因等因素合理分配举证责任。

发包人强制施工方撤场的，发包人不认可承包人主张的工程量的，由发包人承担举证责任。发包人不提供相应证据的，应承担举证不能的不利后果。①

79. 部分完工结算

建设工程合同约定了工程价款的计价方法或者计价标准，但承包人仅完成部分工程量且已完成部分的工程质量合格，除非当事人明确约定该计价方法或标准只适用于全部工程完工的情形，承包人主张依据合同约定的计价方法或者标准计取已完工程的工程价款或者相关费用的，人民法院应当予以支持。

如果当事人之间在仅完成部分工程量的情况下，无法就已完成部分工程价款的计价标准或计价方法达成一致，诉讼中可由主张权利一方通过申请委托鉴定的方式予以解决。②

80. 诉前结算协议的效力与审查

当事人诉前达成结算协议，经审查协议有效的，应当以结算协议作为结算工程价款的依据。对结算协议及其效力的认定应当重点审查是否为当事人真实意思表示：

（1）双方共同签字盖章的结算协议，一方仅以对方存在欺诈、胁迫等行为否认结算协议效力，没有充分证据证明的，不予支持。

（2）双方诉前共同委托有关机构、人员对工程造价出具咨询意见或者接

---

① 参见《河北省高级人民法院关于印发〈建设工程施工合同案件审理指南〉的通知》第10条。
② 参见最高人民法院第六巡回法庭编：《最高人民法院第六巡回法庭裁判规则》，人民法院出版社2022年版，第8页；《广西壮族自治区高级人民法院关于建设工程的十二则问答》（2023年6月19日）问题8。

收造价报告但未达成书面结算协议,一方当事人不予认可的,不能认定为结算协议。

(3)存在多份结算协议的,应结合当事人双方的主张和举证,确定当事人真实意思表示。①

81. 发包人违约逾期不答复视为认可价款

当事人约定,发包人收到竣工结算文件后,在约定期限内不予答复,视为认可竣工结算文件的,按照约定处理。承包人请求按照竣工结算文件结算工程价款的,人民法院应予支持。②

双方当事人没有约定默示行为后果的,即没有明确约定"视为认可承包人提交的结算文件的",发包人逾期不予答复的仅构成违约,不能适用上一自然段所述规定。需要说明的是,最高人民法院也专门就此出台答复意见,上一自然段规定的默示条款不包括住房和城乡建设部示范合同文本中的通用条款的约定内容。③

案例7:惠东公司与泉南公司等建设工程施工合同纠纷案——发包人收到竣工结算文件后,在约定期限内不予答复,视为认可竣工结算文件的适用前提④

【裁判要旨】

发包人收到竣工结算文件后,在约定期限内不予答复,视为认可竣工结算文件的适用前提是当事人有明确约定。不能仅依据建设工程施工合同格式文本中的通用条款视为当事人对竣工结算已有约定,从而把承包人提供的竣

---

① 参见《山东省高级人民法院关于审理建设工程施工合同纠纷案件若干问题的解答》(2020年11月4日)第2条。
② 参见《建工司法解释(一)》第21条。
③ 参见《河南省高级人民法院民四庭关于建设工程合同纠纷案件疑难问题的解答》第19条。类似的规定,参见《河北省高级人民法院关于印发〈建设工程施工合同案件审理指南〉的通知》第7条。
④ 参见《权威发布!建设工程施工合同纠纷十大典型案例来了》,载微信公众号"福建高院"2022年9月22日,https://mp.weixin.qq.com/s/CPFEc4AuZzEaISaDjGheBw。

工结算文件作为工程价款结算依据。在双方当事人签订的《建设工程施工合同》专用条款中明确约定执行通用条款，发包人收到竣工结算文件后在约定期限内不予答复的情况下，则视为认可竣工结算文件，以承包人提交的竣工结算文件作为工程价款结算依据。

【基本案情】

2012年9月8日，泉南公司与惠东公司签订涉案《装修工程施工合同》，约定泉南公司将涉案工程发包给惠东公司施工。该合同第二部分通用条款第33.3条竣工结算条款约定：发包人收到竣工结算报告及结算资料后28日内无正当理由不支付工程竣工结算价款，自第29日起按承包人同期向银行贷款利率支付拖欠工程价款的利息，并承担违约责任；第33.4条约定发包人收到竣工结算报告及结算资料后28日内不支付工程竣工结算价款，承包人可以催告发包人支付结算价款。该合同第三部分专用条款约定，本合同通用条款第33.3条约定发包人违约应承担的违约责任：按通用条款中相应条款执行。2015年8月20日，惠东公司向泉南公司等移交相关结算资料，并由泉南公司等的工作人员在涉案工程结算资料移交清单上签字确认。

【裁判结果】

一审法院判令泉南公司等支付尚欠惠东公司工程价款14466906元；泉南公司一并支付自2013年7月1日起至实际付清之日止按月利率2%计算的资金占用费等。二审法院对一审法院认定的前述工程价款金额及资金占用费计算等予以确认，但对付款主体予以改判，判令泉南公司单方支付尚欠惠东公司工程价款并支付资金占用费。

【裁判理由】

关于惠东公司提交的结算文件能否作为工程价款结算依据的问题。《最高人民法院关于审理建设工程施工合同纠纷案件适用法律问题的解释》[①]第20条规定："当事人约定，发包人收到竣工结算文件后，在约定期限内不予答复，视为认可竣工结算文件的，按照约定处理。承包人请求按照竣工结

[①] 该司法解释现已废止。

算文件结算工程价款的，应予支持。"《最高人民法院关于如何理解和适用〈最高人民法院关于审理建设工程施工合同纠纷案件适用法律若干问题的解释〉第20条的请示的复函》（〔2005〕民一他字第23号）是对《最高人民法院关于审理建设工程施工合同纠纷案件适用法律问题的解释》[①]第20条规定作的进一步释明，该复函指出："建设部制定的建设工程施工合同格式文本中的通用条款第33条第3款的规定，不能简单地推论出，双方当事人具有发包人收到竣工结算文件一定期限内不予答复，则视为认可承包人提交的竣工结算文件的一致意思表示，承包人提交的竣工结算文件不能作为工程价款结算的依据。"从内容上看，两个文件的精神是一致的，即都是认为不能仅依据通用条款第33条第3款的规定视当事人对竣工结算已有约定，而把承包人提供的竣工结算文件视为工程价款结算依据。换言之，上述规定也并没有全盘否定《建设工程施工合同》通用条款第33条，只不过强调在当事人没有约定的情况下不能适用。本案中，泉南公司与惠东公司签订的《建设工程施工合同》专用条款第18条关于"本合同通用条款第33.3条约定发包人违约应承担的违约责任：按通用条款中相应条款执行"的规定，说明双方在《建设工程施工合同》专用条款中对于执行通用条款第33.3条作了补充约定，即发包人收到竣工结算报告及结算资料后28日内无正当理由不支付工程竣工结算价款的，自第29日起按银行同期贷款利率向承包人支付拖欠工程价款的利息并承担违约责任。由于双方在《建设工程施工合同》专用条款中作出了执行通用条款第33条的相关约定，故一审判决适用《最高人民法院关于审理建设工程施工合同纠纷案件适用法律问题的解释》[②]第20条的规定，以《工程结算书》中的工程价款数额为依据确定讼争工程的工程价款，符合双方《建设工程施工合同》的约定。

【法官点评】

建设工程施工合同纠纷案件中，工程价款的认定往往是各方当事人争议

---

① 该司法解释现已废止。
② 该司法解释现已废止。

的焦点问题。发包人收到竣工结算文件后，在约定期限内不予答复，是否可视为认可竣工结算文件？《建工司法解释（一）》第21条（原《最高人民法院关于审理建设工程施工合同纠纷案件适用法律问题的解释》[①] 第20条）规定："当事人约定，发包人收到竣工结算文件后，在约定期限内不予答复，视为认可竣工结算文件的，按照约定处理。承包人请求按照竣工结算文件结算工程价款的，人民法院应予支持。"可见，"发包人收到竣工结算文件后，在约定期限内不予答复，视为认可竣工结算文件"的适用前提是合同双方有明确的约定，且该约定不能仅是参照建设工程施工合同示范文本通用条款所做的约定，而应在专用条款中或者以其他方式加以明确约定。

发包人与承包人采用建设工程施工合同示范文本签订施工合同，如双方仅在合同通用条款中约定1999年示范文本第33.3条、2017年示范文本第14.2条或者类似条款，但未在专用条款中或未以其他方式对适用上述通用条款进行专门约定，则不宜仅以通用条款内容直接推定发包人认可承包人提供的竣工结算文件，直接以承包人提供的结算文件中的金额作为工程价款结算的依据。

本案中，泉南公司与惠东公司不仅在建设工程施工合同通用条款中约定1999年示范文本第33.3条的内容，而且在合同专用条款部分对此加以明确约定，即专用条款第18条"本合同通用条款第33.3条约定发包人违约应承担的违约责任：按通用条款中相应条款执行"，满足《建工司法解释（一）》第21条（原《最高人民法院关于审理建设工程施工合同纠纷案件适用法律问题的解释》[②] 第20条）规定的适用前提条件，因此，以《工程结算书》中的工程价款数额为依据确定讼争工程的工程价款，符合双方《建设工程施工合同》的约定。

> **建议指引**

"发包人应在收到承包人提交竣工结算文件后一定期限内予以答复，且

---

① 该司法解释现已废止。
② 该司法解释现已废止。

逾期未答复则视为认可竣工结算文件"的意思表示约定仅在双方签订的《建设工程施工合同（示范）》"通用条款"中，或者在专用条款中约定"适用2013版《建设工程工程量清单计价规范》①（GB/T 50500—2013）等类似约定"而没有在专用条款明确指明"适用2013版《建设工程工程量清单计价规范》②（GB/T 50500—2013）第11.3.4条等类似约定"的，则不能简单依据"通用条款"约定或"适用2013版《建设工程工程量清单计价规范》③（GB/T 50500—2013）等类似约定"认为发包人认可竣工结算文件，而须结合当事人在履行合同过程中的其他行为来辨别该条款对发包人的约束程度。

当事人在《建设工程施工合同》专用条款或另行签订的协议中明确约定"发包人应在收到承包人提交竣工结算文件后一定期限内予以答复，且逾期未答复则视为认可竣工结算文件"，建议承包人依据《建工司法解释（一）》第21条的规定主张发包人逾期答复视为发包人认可竣工结算文件，但发包人只要抗辩提出过异议，发包人就可主张不适用《建工司法解释（一）》第21条的规定，不予认可承包人送审的竣工结算文件。④

82. 结算协议的相对性

发包人与转包人、违法分包人之间的结算协议，转包人、违法分包人与转包人、违法分承包人之间的结算协议均只对协议当事人发生效力，不能对抗协议之外的第三人。如果相关付款义务主体能够举证证明已经按照结算协议支付了相应工程价款，则在已付工程价款范围内免除付款责任。⑤

实际施工人与其相对方就施工范围内工程价款的结算仅约束协议双方，不能以此约束发包人，但是实际施工人能够举证证明该结算系依据发包人与

---

① 该国家标准现已废止。
② 该国家标准现已废止。
③ 该国家标准现已废止。
④ 参见《四川省律师协会、重庆市律师协会关于律师办理建设工程合同纠纷疑难业务指引》第4.10条。
⑤ 参见最高人民法院第六巡回法庭编：《最高人民法院第六巡回法庭裁判规则》，人民法院出版社2022年版，第3~4页；《广西壮族自治区高级人民法院关于建设工程的十二则问答》（2023年6月19日）问题1。

承包人之间施工合同中关于工程价款结算办法的约定作出的除外。①

83. 实际施工人与发包人结算

实际施工人与发包人没有合同关系，双方无权结算建设工程价款。《建工司法解释（一）》第43条关于实际施工人可以向发包人主张建设工程价款的规定，仅是在特定情况下、一定范围内为实际施工人提供的特殊救济途径，应当严格依照法定条件适用。发包人直接与实际施工人结算工程价款的，对承包人不发生效力。发包人明知实际施工人挂靠承包人承揽工程的除外。②

发包人与承包人之间关于工程价款的结算，对实际施工人具有拘束力，但是各权利义务主体有明确约定或在性质上不宜适用于实际施工人，实际施工人能够举证证明发包人与承包人以结算故意损害实际施工人利益的除外。③

案例8：曾某旗与盛仕兴公司建设工程施工合同纠纷案——实际施工人未依约结算情形下工程价款的认定④

【裁判要旨】

在审判实践中，工程价款支付问题是引发建设工程施工合同纠纷的主要原因之一，而结算文件是纠纷产生的根源。在发包方、承包方认可结算文件时，双方对工程价款达成初步合意。因此，结算文件的合法性至关重要，而结算文件的合法性很大程度上与结算程序有关。合同对工程价款结算手续有约定的，应按照约定处理。发包方收到竣工结算文件后，在约定期限内不予答复，视为认可竣工结算文件，可按照竣工结算文件结算工程价款。承包方

---

① 参见《广西壮族自治区高级人民法院关于建设工程的十二则问答》（2023年6月19日）问题12。
② 参见《福建省高级人民法院关于建设工程施工合同纠纷疑难问题解答》第22条。
③ 参见《广西壮族自治区高级人民法院关于建设工程的十二则问答》（2023年6月19日）问题12。
④ 参见《权威发布！建设工程施工合同纠纷十大典型案例来了》，载微信公众号"福建高院"2022年9月22日，https://mp.weixin.qq.com/s/CPFEc4AuZzEaISaDjGheBw。

未按合同约定办理结算手续的，应允许发包方委托审计，否则同样将造成结算拖延，不利于当事人权利义务的确定。发包方委托相关单位出具审计报告，承包方在收到审计报告后，在未按合同约定提出异议的情况下，应承担相应的不利后果，视为承包方认可审计报告。发包方请求按照审计报告结算工程价款的，应予支持。

【基本案情】

2014年8月10日，盛仕兴公司（后更名为厦门特房波特曼家居有限公司，甲方）与曾某旗（乙方）签订《项目目标责任书》，主要内容为：工程名称为篔筜·温莎公馆（原特房篔筜·2011P22）项目主体工程二标段施工合同装饰分部1号楼装修项目，工程地点为厦门湖里后埔片区双浦路与全昌路交叉口东北侧，工程造价23077199元，实行包工包料、包质量、包工期、包安全文明施工、独立核算、自负盈亏；本责任书期限自2014年4月1日至该工程竣工交验（工程竣工结算价款及内部结算价款清算完毕）止；乙方承担本工程管理人员和包清工人员的工资、奖金及其他费用，按月支付人员工资；税务部门征收的该工程项目个人所得税由乙方负责承担；工程竣工验收合格之日起乙方应在30日内编制完成竣工结算书并送公司审核，竣工结算后在15日内将竣工结算成果送公司备案，没有在约定时间内完成上述事项的，扣除风险金的5%；乙方应在竣工结算完成后10日内，向公司相关部门提交合同履约报告、本责任书履约报告、项目财务报告、项目经济成本核算报告及其他经济资料；公司应在竣工结算造价确定后30日内完成对项目的审计，提出书面审计报告，并送一份给乙方；乙方应在收到甲方审计报告后15日内提出异议或签字确认，乙方如在15日内未提出异议亦未签字确认的，视为乙方对审计报告的确认；等等。2015年12月31日，案涉工程交付业主。

2019年7月5日，厦门特房建设工程集团有限公司出具《篔筜·温莎公馆（原特房篔筜·2011P22）项目主体工程二标段施工合同装饰分部1号楼装修工程项目管理情况审计报告》，载明未付工程价款为1022159.72元。2019年11月26日，盛仕兴公司向曾某旗邮寄送达上述审计报告，曾某旗收到审计报告后未向盛仕兴公司提出异议。后双方因是否依据审计报告结算工程价款等问题产生争议,盛仕兴公司遂向一审法院起诉,提出曾某旗应当返还盛仕兴公司超付的工程价款1022159.72元,并支付资金占用利息等诉讼请求。

【裁判结果】

一审判决曾某旗应当返还盛仕兴公司超付的工程价款1022159.72元,并支付资金占用利息。厦门市中级人民法院二审判决:驳回上诉,维持原判。

【裁判理由】

一审法院认为,曾某旗作为自然人,不具备建设工程施工资质,其与盛仕兴公司签订的《项目目标责任书》违反了《建筑法》的强制性规定,系无效的工程承包合同。参照《合同法》①第98条的规定,合同的权利义务终止,不影响合同中结算和清理条款的效力。案涉合同约定工程竣工验收合格之日起曾某旗应在30日内编制完成竣工结算书并送公司审核,竣工结算后在15日内将竣工结算成果送公司备案;曾某旗应在收到盛仕兴公司的审计报告后15日内提出异议或签字确认,如在15日内未提出异议亦未签字确认的,视为对审计报告的确认。曾某旗收到盛仕兴公司邮寄的案涉审计报告后,在长达一年多的时间内并未就此提出异议,也未举证证明其已提交结算资料,故应视为曾某旗已确认该审计报告,盛仕兴公司依据审计报告要求曾某旗返还超付的工程价款及利息有事实和法律依据。判决曾某旗应返还超付的工程价款1022159.72元及资金占用利息。宣判后,曾某旗提出上诉。

二审法院认为,曾某旗未按照《项目目标责任书》的约定编制竣工结算书提交盛仕兴公司审核、备案,未按约定向盛仕兴公司提交合同履约报告、责任履约报告、项目财务报告、项目经济成本核算报告及相关经济资料,且收到案涉工程审计报告后未向盛仕兴公司提出异议,应视为其确认该审计报告。曾某旗关于不应以审计报告作为结算依据、应对工程造价重新结算或进行鉴定的主张不能成立。二审判决驳回上诉,维持原判。

---

① 该法现已废止。

【法官点评】

针对发包人提出的索回超付工程价款诉求，应当如何认定工程价款的问题。《合同法》[①]第98条规定："合同的权利义务终止，不影响合同中结算和清理条款的效力。"故在建设工程承包合同无效的情况下，发包人与承包人仍应依据合同结算条款履行工程结算义务。

第一，合同对工程价款结算手续有约定的，应按照约定处理。

工程价款支付是建设工程施工合同的重要内容。合同一般约定工程价款采取固定价或据实结算等方式支付，固定价结算通常同时约定增减工程量经签证后结算，因此，发包人与承包人对工程价款的结算达成合意是工程价款支付的前提条件。建设工程施工过程中，承包人通常保留大量与施工相关的文件、材料等，并根据施工阶段形成相应结算单，提交发包人签字确认。工程价款结算时，通常需要承包人提交施工相关文件、材料等，以确定双方确认的工程量，或据此计算承包人完成的工程量，而承包人依约提交相关文件、材料等是工程结算的条件。建设工程施工合同一般会对承包人提交相关文件、材料等的时间、程序及未按约定提交的后果进行约定。根据尊重当事人意思自治的民事法律原则，如当事人的约定未违反法律规定、公序良俗，则应按照约定处理。承包人应按照合同约定的时间、程序提交工程结算的基础材料，否则应视为承包人怠于履行结算义务，由承包人自行承担不利后果。

第二，承包人未按合同约定办理结算手续的，应允许发包人委托出具审计报告，并以此作为工程价款的结算依据。

若承包人未按合同约定办理结算手续，为避免工程价款结算拖延而造成拖欠农民工工资等社会不稳定因素出现，应允许发包人委托有资质的鉴定机构对工程量出具审计报告，并据此作为工程价款的结算依据。对发包人单方委托审计的行为的确认是承包人承担未依约结算的法律后果的应有之义。此时，若承包人以审计报告是发包人单方委托作出、未经承包人同意为由提出异议，不应予以采纳。

---

① 该法现已废止。

第三，对发包人委托出具审计报告的审查应主要围绕程序性问题进行。

承包人通常会对发包人单方委托出具的审计报告提出异议。在发包人因承包人未依约办理结算手续而单方委托评估机构对工程量、工程价款进行审计的情况下，对审计报告的审查应主要围绕程序性问题进行，如审计人员的资质，以及作出审计报告所依据的材料的真实性、合法性、关联性等问题。至于审计报告的工程量计算方式等实质性问题，在承包人无充分证据予以推翻的情况下，不宜轻易推翻。

84. 签证实际履行与合同约定不符

工程签证，是指在建设工程施工合同履行过程中，承包方与发包方根据合同的约定，就合同价款之外的费用补偿、工期顺延以及因各种原因造成的损失赔偿等形成的签认证明。在签证人员、签证时间及形式与合同约定不符的情况下，应当根据法律和司法解释关于委托授权、职务代理以及表见代理的相关规定，结合合同订立和履行中的具体情形认定签证行为对合同当事人的效力，但有证据证明签证虚假的除外。①

> **建议指引**

1. 签证的效力判断

（1）签证主体对签证效力的影响

发包方、承包方判断签证主体对签证效力的影响，可针对不同签证主体的身份进行分类分析：对于发包方、承包方法定代表人签证效力问题通常按照法定代表人制度予以解决，除非相对人知道或应当知道法定代表人超越权限；对于发包方代表或项目经理等人员应当综合考量签证形成时签证主体是否享有明确授权，以及是否存在表见代理等情况综合予以主张；对于监理人员签证的效力问题，依据《建筑法》第32条第1款的规定，监理对技术签证等施工事实的签认属于其工作职权范畴，可为有效签证；但对经济签证的签认没有明确授权的，其签证的效力并不当然有效。

---

① 参见《福建省高级人民法院关于建设工程施工合同纠纷疑难问题解答》第23条。

（2）签证内容对签证效力的影响

发包方、承包方在施工过程中的签证行为实际构成对之前签订的建设工程施工合同内容的变更，鉴于签证发生的原因通常是建设工程施工过程中所出现的客观因素，且签证金额在合同总造价中通常占比较低，对双方当事人的主要合同权利义务产生的影响有限，签证内容通常不会因构成"实质性变更"而无效。

（3）签证的法律后果

签证内容无论包含费用、工期还是工程量，均直接影响发包方、承包方的权利义务，视为对建设工程施工合同的补充，可按照建设工程施工合同约定的计价体系、计量原则，结合建设工程施工合同的解释顺位以及索赔程序约定等内容主张签证纳入最终的工程价款结算的方式。如果签证包含签证事实与签证费用两部分内容，则可将签证计入工程价款结算，除非对方当事人以"重大误解或显失公平"等理由进行撤销；如果签证内容仅涉及签证事实而并不包含签证费用，则可按照建设工程施工合同约定的计价体系、计量原则，结合建设工程施工合同的解释顺位以及索赔程序约定等，综合主张签证费用的实现方式。①

2. 签证的争议处理

（1）签证费用争议的处理方式

处理施工过程中发生的签证费用争议，原则上优先建议发包方、承包方采用现场签证方式进行协商处理；如双方不能以现场签证方式解决争议，可通过建设工程施工合同中索赔事项约定进行主张；如仍旧未能将争议费用纳入工程索赔范围，则双方可通过诉讼或者仲裁程序予以解决。

（2）瑕疵签证的处理方式

建议承包人对已经形成签证的签证费用参照2017版《建设工程造价鉴定规范》（GB/T 51262—2017）第5.9.1条规定向发包人进行费用主张，如果

---

① 参见《四川省律师协会、重庆市律师协会关于律师办理建设工程合同纠纷疑难业务指引》第5.1条。

主张过程中出现了瑕疵签证问题，可通过 2017 版《建设工程造价鉴定规范》（GB/T 51262—2017）第 5.9.2 条关于瑕疵签证的鉴定规则予以处理。

但如果签证本身存在瑕疵导致客观上不能按照上述规则予以处理或发包人在结算过程中以各种理由拒绝认可签证内容计入工程价款的，承包方可考虑将签证费用通过工程索赔路径，按照建设工程施工合同约定的索赔程序或提起诉讼或申请仲裁予以救济。[①]

85. 超出结算协议索赔

结算协议生效后，承包人依据协议要求支付工程价款，发包人以承包人原因导致工程存在质量问题或逾期竣工为由，要求拒付、减付工程价款或赔偿损失的，不予支持，但结算协议另有约定的除外。

结算协议生效后，承包人以发包人原因导致工程延期为由，要求赔偿停工、窝工等损失的，不予支持，但结算协议另有约定的除外。

当事人签订结算协议不影响承包人依据约定或法律、行政法规规定承担质量保修责任。[②]

➤ 建议指引

结算完成后的索赔问题。对承包人在结算过程中的索赔纠纷，如果发包人已经对索赔事项进行了处理，且参照《建设工程价款结算暂行办法》（财建〔2004〕369号）第14条和2013版《建设工程工程量清单计价规范》（GB/T 50500—2013）第9.13.6条的规定，工程结算包含施工合同价款、合同价款调整内容以及索赔事项，工程结算的目的在于建设工程项目施工完毕后对建设施工合同履行过程中合同双方债权债务进行最终确认，工程结算实际是双方当事人对合同履行中存在争议的最终协商一致的结果，原则上一方当事人在完成工程价款结算后不能另外以存在索赔事项为由而提出索赔。

---

① 参见《四川省律师协会、重庆市律师协会关于律师办理建设工程合同纠纷疑难业务指引》第 5.2 条。

② 参见《陕西省高级人民法院关于审理建设工程施工合同纠纷案件若干问题的解答》（陕高法〔2020〕113 号）第 5 条。

但如果存在结算协议等文件中明确约定保留提起索赔诉讼的权利、承包人在结算中提出索赔请求但发包人恶意不予处理或结算后新发生的索赔事项等情形，建议承包人在结算后另行向发包人提起索赔。①

86. 合同与招标文件不一致时的结算依据

当事人签订的建设工程施工合同与招标文件、投标文件、中标通知书载明的工程范围、建设工期、工程质量、工程价款不一致，一方当事人请求将招标文件、投标文件、中标通知书作为结算工程价款的依据的，人民法院应予支持。②

但是，不能认为违背了招投标文件、中标文件签订的工程施工合同就当然无效，只有就有关工程范围、建设工期、工程质量、工程价款等实质性内容约定不一致的，才可能导致工程施工合同无效。其他有关违约责任、争议解决条款等即使不一致，也不必然导致建设工程施工合同无效。建设工程施工合同关于工程范围、建设工期、工程质量、工程价款等方面对招投标文件、中标文件内容进行了非实质性变更的，也不必然导致工程施工合同无效。对于非实质性变更的把握，应当考虑具体变更的内容、外部客观情况、当事人的主观意思等综合因素。另外，工程中标后，如果建设工程合同的基础条件发生了招投标活动中无法预见的、不属于商业风险的重大变化，继续按照中标通知书签订并履行合同对于当事人一方明显不公平的，受不利影响的当事人依据《民法典》第533条的规定，与对方重新协商达成的建设工程施工合同，一般应认定为有效。③

招标人与中标人另行签订的建设工程施工合同约定的实质性内容与中标合同不一致的，应以中标合同作为结算依据。但因客观情况发生了招投标时

---

① 参见《四川省律师协会、重庆市律师协会关于律师办理建设工程合同纠纷疑难业务指引》第5.6条。
② 参见《建工司法解释（一）》第22条。
③ 参见《广西壮族自治区高级人民法院关于建设工程的十二则问答》（2023年6月19日）解答7。

难以预见的变化而另行订立施工合同的除外。①

> ➢ 建议指引

处理必须招标的工程项目,通过招投标方式签订中标合同且合同有效,中标合同与另行签订的建设工程施工合同的计价依据约定不一致或矛盾时,依据《建工司法解释(一)》第2条的规定,应以中标合同约定的计价依据为准。②

87. 非必须招标的工程项目合同不一致时的结算依据

发包人对依法不属于必须招标的建设工程招标后,与承包人另行订立的建设工程施工合同背离中标合同的实质性内容,当事人请求以中标合同作为结算建设工程价款依据的,人民法院应予支持,但发包人与承包人因客观情况发生了在招标投标时难以预见的变化而另行订立建设工程施工合同的除外。③

> ➢ 建议指引

处理非必须招标的建设工程项目,但通过招投标方式签订中标合同且合同有效时,中标合同与另行签订的建设工程施工合同的计价依据约定不一致或矛盾的,依据《建工司法解释(一)》第2条、第23条的规定,应以中标合同约定的计价依据为准,但发包人与承包人因客观情况发生了在招投标时难以预见的变化而另行约定的除外。

通过招投标方式签订中标合同,但中标合同与招标文件、投标文件、中标通知书不一致或有矛盾时,可依据《建工司法解释(一)》第2条、第22条的规定,以招标文件、投标文件、中标通知书所载计价依据主张结算工程价款。④

---

① 参见《湖南省高级人民法院关于审理建设工程施工合同纠纷案件若干问题的解答》第7条。
② 参见《四川省律师协会、重庆市律师协会关于律师办理建设工程合同纠纷疑难业务指引》第4.1.6条。
③ 参见《建工司法解释(一)》第23条。
④ 参见《四川省律师协会、重庆市律师协会关于律师办理建设工程合同纠纷疑难业务指引》第4.1.6条。

88. 数份无效合同共存时的结算依据

当事人就同一建设工程订立的数份建设工程施工合同均无效，但建设工程质量合格，一方当事人请求参照实际履行的合同关于工程价款的约定折价补偿承包人的，人民法院应予支持。

实际履行的合同难以确定，当事人请求参照最后签订的合同关于工程价款的约定折价补偿承包人的，人民法院应予支持。①

在当事人存在多份建设工程施工合同且均无效的情况下，一般应参照符合当事人真实意思表示并实际履行的合同作为工程价款结算依据；在无法确定实际履行合同时，可以根据两份争议合同之间的差价，结合工程质量、当事人过错、诚实信用原则等予以合理分配。②

当事人已经基于其中一份合同达成结算单的，如当事人无法举证证明存在欺诈、胁迫等撤销事由，应认定该结算单有效。③

案例9：邓某诉某置业公司建设工程施工合同纠纷案——在多份无效合同中对实际履行合同的认定④

【裁判要旨】

当事人就同一建设工程订立的数份建设工程施工合同均无效，但建设工程质量合格，应当结合当事人的真实意思表示认定实际履行的合同。

【基本案情】

2014年11月14日、2014年12月10日、2017年10月17日，邓某借用某建筑公司资质与某置业公司分别签订三份施工合同，承包案涉工程。2018年7月17日，案涉工程竣工验收合格。后因工程价款纠纷，邓某起诉请求某

---

① 参见《建工司法解释（一）》第24条。
② 参见江苏省第一建筑安装集团股份有限公司与唐山市昌隆房地产开发有限公司建设工程施工合同纠纷案，载《最高人民法院公报》2018年第6期。
③ 参见《河北省高级人民法院关于印发〈建设工程施工合同案件审理指南〉的通知》第6条。
④ 参见《河南高院：建设工程合同纠纷案件典型案例》，载微信公众号"豫法阳光"2024年3月25日，https://mp.weixin.qq.com/s/GHxmZxs1wtx0irH2laUESg。

置业公司支付工程价款。诉讼中，双方当事人均认可合同二不是当事人的真实意思表示，但对于按照合同一还是合同三进行结算，双方产生争议。一审信阳市平桥区人民法院委托鉴定机构对工程造价进行鉴定，鉴定机构出具鉴定意见：依据合同一工程造价鉴定金额为77827023.73元，依据合同三工程造价鉴定金额为84054874.63元。一审、二审法院均采信依据合同三所作出的工程造价鉴定意见即84054874.63元。某置业公司不服，申请对本案再审。河南省高级人民法院审查后，裁定指令再审。

信阳市中级人民法院再审认为，因邓某借用某建筑公司资质承包案涉工程，故上述三份合同因违反国家强制性法律规定，均为无效。合同一明确约定在办理招投标手续后签订的施工合同只用于办理手续，与该合同的约定不一致时，以该合同的约定为准。2017年10月19日，某置业公司与某建筑公司共同签署《证明》，约定合同三只作为办理建设工程施工许可证合同备案使用，不作为结算依据。根据合同一和《证明》的约定，当事人的真实意思表示是，合同三只作备案使用，不作为结算依据。且双方签订合同三时，案涉工程已经接近竣工，合同一是实际履行的合同。故依法判决采信依据合同一所作出的工程造价鉴定意见即77827023.73元。

> ## 建议指引

多份无效合同约定不一致或有矛盾时，依据《建工司法解释（一）》第24条的规定，应以实际履行的合同作为计价依据结算工程价款，当无法判断实际履行合同具体为哪一份时，则应以最后签署的合同约定的计价依据进行结算工程价款。

同一份施工合同下，合同组成文件约定的计价依据不一致或相矛盾时，可按合同约定解释顺序主张计价依据。如仍不能判断时，当事人可依据《民法典》第544条规定的"当事人对合同变更的内容约定不明确的，推定为未变更"以及《民法典》第142条第1款规定的"有相对人的意思表示的解释，应当按照所使用的词句，结合相关条款、行为的性质和目的、习惯以及诚信原则，确定意思表示的含义"来推定双方当事人的真实意思表示。①

89. 合同无效时工程价款的处理

建设工程施工合同无效，但是建设工程经验收合格的，可以参照合同关于工程价款的约定折价补偿承包人。

建设工程施工合同无效，且建设工程经验收不合格的，按照以下情形处理：

（1）修复后的建设工程经验收合格的，发包人可以请求承包人承担修复费用。

（2）修复后的建设工程经验收不合格的，承包人无权请求参照合同关于工程价款的约定折价补偿。

发包人对因建设工程不合格造成的损失有过错的，应当承担相应的责任。②

建设工程施工合同无效，发包人与承包人均有权请求参照合同约定支付折价补偿款；承包人要求另行按照定额结算或者据实结算的，人民法院不予支持。③

90. 合同无效不影响结算协议的效力

当事人有权通过协议方式确定合同无效后的权利义务。建设工程施工合同无效并不必然导致建设工程施工合同关系终止后当事人就工程价款（折价补偿款）支付方式、支付时间、未按约定支付的违约责任所签订的合同无效。《民法典》第793条第1款规定："建设工程施工合同无效，但是建设工程经验收合格的，可以参照合同关于工程价款的约定折价补偿承包人。"根据该规定，建设工程施工合同无效，但是建设工程经验收合格的，发包人与

---

① 参见《四川省律师协会、重庆市律师协会关于律师办理建设工程合同纠纷疑难业务指引》第4.1.6条。
② 参见《民法典》第793条。
③ 参见《河北省高级人民法院关于印发〈建设工程施工合同案件审理指南〉的通知》第5条。

承包人就工程价款（折价补偿款）的数额、支付方式和时间作出约定，是当事人的权利，是自愿原则的体现，并不违反法律的强制性规定。故建设工程施工合同无效不影响结算协议的效力。①

当事人就建设工程价款自行达成结算协议后，又以建设工程施工合同无效为由，否定结算协议确定的工程价款的，不予支持。②

当事人在建设工程施工合同之外签订的结算协议具有独立性，建设工程施工合同是否有效不影响结算协议的效力，结算协议可以作为确定工程价款的依据。③

91. 折价补偿款的计算标准

双方当事人在合同中的约定一定程度上代表了双方当事人对于合同签订和履行的合理预期以及对于相关合同风险的预先安排，在建设工程施工合同无效，没有更加科学、合理、简便有效的折价补偿标准的情况下，参照建设工程施工合同关于工程价款的约定折价补偿承包人具有相当的合理性。这种方式可以在保证建设工程质量的前提下，确保双方当事人均不能从无效合同中获得超出合同有效时的利益，符合当事人的合理预期和我国建筑市场的实际，能够保证案件裁判的社会效果。

《民法典》第793条第1款虽然使用了"可以参照"的表述，但如果工程建设未发生大规模设计改变，或者合同中有关工程价款约定不存在严重违背当事人真实意思表示等情况，人民法院在具体裁判中，不宜任意将"可以参照"理解为可以参照，也可以不参照。④

---

① 参见《建设工程施工合同无效不影响结算协议的效力》，载最高人民法院民事审判第一庭编：《民事审判指导与参考》总第89辑，人民法院出版社2022年版，第261页。
② 参见《湖南省高级人民法院关于审理建设工程施工合同纠纷案件若干问题的解答》第8条。
③ 参见《陕西省高级人民法院关于审理建设工程施工合同纠纷案件若干问题的解答》（陕高法〔2020〕113号）第3条；《山东高院民一庭关于审理建设工程施工合同纠纷案件若干问题的解答》（2020年8月15日）第2条。
④ 参见《建设工程施工合同无效但工程竣工并交付使用的，应当依法参照合同关于工程价款的约定计算折价补偿款》，载最高人民法院民事审判第一庭编：《民事审判指导与参考》总第90辑，人民法院出版社2022年版，第253～254页。

合同中关于工程价款计价方法、计价标准等与工程价款数额有关的约定可以作为折价补偿的依据。①

92. 定额价与市场价的取舍

鉴定机构分别按照定额价和市场价作出鉴定结论的，在确定工程价款时，一般应以市场价确定工程价款。这是因为，以定额为基础确定工程造价大多未能反映企业的施工、技术和管理水平，定额标准往往跟不上市场价格的变化，而建设行政主管部门发布的市场价格信息，更贴近市场价格，更接近建筑工程的实际造价成本，且符合《合同法》② 的有关规定，③ 对双方当事人更公平。④

第二节　垫资和利息

93. 垫资和垫资利息的标准

当事人对垫资和垫资利息有约定，承包人请求按照约定返还垫资及其利息的，人民法院应予支持，但是约定的利息计算标准高于垫资时的同类贷款利率或者同期贷款市场报价利率的部分除外。

当事人对垫资没有约定的，按照工程欠款处理。

当事人对垫资利息没有约定，承包人请求支付利息的，人民法院不予支持。⑤

---

① 参见《陕西省高级人民法院关于审理建设工程施工合同纠纷案件若干问题的解答》（陕高法〔2020〕113号）第1条。
② 该法现已废止。
③ 引用的法条为原《合同法》第62条第2项，现为《民法典》第511条第2项。
④ 参见齐河环盾钢结构有限公司与济南永君物资有限责任公司建设工程施工合同纠纷案，载《最高人民法院公报》2012年第9期。
⑤ 参见《建工司法解释（一）》第25条。

94. 工程价款利息的标准

当事人对欠付工程价款利息计付标准有约定的，按照约定处理。没有约定的，按照同期同类贷款利率或者同期贷款市场报价利率计息。① 计算标准不得超过依法应保护的民间借贷的最高利率。②

发包人是机关、事业单位和大型企业的，承包人是中小企业的，对逾期利息的约定利率低于《保障中小企业款项支付条例》规定的，按照《保障中小企业款项支付条例》规定的约定逾期利息的最低利率计算；对逾期利息没有约定的，按照《保障中小企业款项支付条例》规定的每日利率5‰计算。③

大型企业与中小企业对欠付款项利息计付标准有约定的，按约定处理；约定违法或者没有约定的，按照全国银行间同业拆借中心公布的一年期贷款市场报价利率计息。大型企业以合同价款已包含对逾期付款补偿为由要求减轻违约责任，经审查抗辩理由成立的，人民法院可予支持。④

建设工程施工合同对发包人逾期支付工程价款既约定了违约金，又约定了逾期付款利息，承包人同时主张逾期付款违约金和利息的，应予支持。但发包人主张合同约定的违约金和利息之和过分高于实际损失，请求予以适当减少的，应以实际损失为基础，兼顾合同的履行情况、当事人的过错程度以及预期利益等综合因素，根据公平原则和诚实信用原则予以确定。⑤

---

① 参见《建工司法解释（一）》第26条。
② 参见《陕西省高级人民法院关于审理建设工程施工合同纠纷案件若干问题的解答》（陕高法〔2020〕113号）第7条第1款；《山东高院民一庭关于审理建设工程施工合同纠纷案件若干问题的解答》（2020年8月15日）第3条。
③ 参见《陕西省高级人民法院关于审理建设工程施工合同纠纷案件若干问题的解答》（陕高法〔2020〕113号）第7条第2款。
④ 参见《最高人民法院关于大型企业与中小企业约定以第三方支付款项为付款前提条款效力问题的批复》（法释〔2024〕11号）第2条。
⑤ 参见《山东省高级人民法院关于审理建设工程施工合同纠纷案件若干问题的解答》（2020年11月4日）第14条。

95. 工程价款利息的起算时间

利息从应付工程价款之日开始计付。当事人对付款时间没有约定或者约定不明的，下列时间视为应付款时间：

（1）建设工程已实际交付的，为交付之日。

（2）建设工程没有交付的，为提交竣工结算文件之日。

（3）建设工程未交付，工程价款也未结算的，为当事人起诉之日。①

当事人在建设工程施工合同或者在合同履行过程中就建设工程施工所达成的一切协议如会议纪要、补充协议、结算协议等文件中，对付款时间的约定对当事人具有法律效力。上述协议与建设工程施工合同约定不一致的或上述协议就同一事项约定不一致的，应当以签署时间在后的协议约定为准。②

第三节 管理费

96. 无效合同的管理费

第一种意见，不予支持。转包合同、违法分包合同及借用资质合同均违反法律的强制性规定，属于无效合同。前述合同关于实际施工人向承包人或者出借资质的企业支付管理费的约定，应为无效。实践中，有的承包人、出借资质的企业会派出财务人员等个别工作人员从发包人处收取工程价款，并向实际施工人支付工程价款，但不实际参与工程施工，既不投入资金，也不承担风险。实际施工人自行组织施工，自负盈亏，自担风险。承包人、出借资质的企业只收取一定比例的管理费。该管理费实质上并非承包人、出借资

---

① 参见《建工司法解释（一）》第 27 条。
② 参见《陕西省高级人民法院关于审理建设工程施工合同纠纷案件若干问题的解答》（陕高法〔2020〕113 号）第 8 条。

质的企业对建设工程施工进行管理的对价，而是一种通过转包、违法分包和出借资质违法套取利益的行为。此类管理费属于违法收益，不受司法保护。因此，合同无效，承包人或者出借资质的建筑企业请求实际施工人按照合同约定支付管理费的，不予支持。① 实际施工人以建设工程施工合同无效为由请求返还的，人民法院不予支持。② 实际施工人请求转包人、违法分包人、出借资质的建筑施工企业支付的工程价款中包含管理费的，对于管理费部分不予支持。③

第二种意见，区分对待。建设工程施工合同因非法转包、违法分包或挂靠行为无效时，对于该合同中约定的由转包方收取"管理费"的处理，应结合个案情形根据合同目的等具体判断。该"管理费"属于工程价款的组成部分，而转包方也实际参与了施工组织管理协调的，可参照合同约定处理；对于转包方纯粹通过转包牟利，未实际参与施工组织管理协调，合同无效后主张"管理费"的，应不予支持。合同当事人以作为合同价款的"管理费"应予收缴为由主张调整工程价款的，不予支持。基于合同的相对性，非合同当事人不能以转包方与转承包方之间有关"管理费"的约定主张调整应支付的工程价款。④

建设工程施工合同无效，合同约定的管理费原则上不予支持。当事人主张的，法院可以根据合同系借用资质或转包、违法分包等不同类型，结合出借资质人、转包人、违法分包人是否履行管理职责因素予以适当支持，一般

---

① 参见《合同无效，承包人请求实际施工人按照合同约定支付管理费的，不予支持》，载最高人民法院民事审判第一庭编：《民事审判指导与参考》总第87辑，人民法院出版社2021年版，第166页；《重庆市高级人民法院、四川省高级人民法院关于审理建设工程施工合同纠纷案件若干问题的解答》第6条第2款。
② 参见《重庆市高级人民法院、四川省高级人民法院关于审理建设工程施工合同纠纷案件若干问题的解答》第6条第1款。
③ 参见《重庆市高级人民法院、四川省高级人民法院关于审理建设工程施工合同纠纷案件若干问题的解答》第6条第3款。
④ 参见贺小荣主编：《最高人民法院第二巡回法庭法官会议纪要》（第2辑），人民法院出版社2021年版，第233~257页。最高人民法院第六巡回法庭解答亦有相似的观点（最高人民法院第六巡回法庭编：《最高人民法院第六巡回法庭裁判规则》，人民法院出版社2022年版，第5页）。类似观点亦可参见《福建省高级人民法院关于建设工程施工合同纠纷疑难问题解答》第12条；《广西壮族自治区高级人民法院关于建设工程的十二则问答》（2023年6月19日）问题3。

不宜超过总工程价款的 3%。①

案例 1：晁某诉某建筑安装有限公司建设工程施工合同纠纷案——建设工程转包合同无效情况下管理费的认定②

【裁判要旨】

建设工程转包合同因违反法律强制性规定而无效，其中关于管理费的约定也应无效。但在工程已验收合格的情况下，如转包方也实际参与了施工组织、管理协调，产生了一定的管理成本，则可以参照合同约定，结合施工情况酌情予以支持。

【基本案情】

某建筑安装有限公司作为案涉项目总承包方与晁某签订《施工合同》，将其承建的案涉项目中的 19 号、11 号、12 号住宅楼工程交给晁某施工，该《施工合同》约定，承包人除必须上交各种税费外，还需向总包单位上交 0.5% 的公司管理费，作为公司机关经营运转经费。合同签订后，晁某进行实际施工，涉案工程已竣工验收合格。因某建筑安装有限公司未按约支付工程价款，晁某诉至法院。

濮阳市中级人民法院二审认为，案涉《施工合同》关于管理费的约定应为无效。但某建筑安装有限公司在施工现场设立了项目管理机构，派驻了相关人员，投入了必要的设备支持，进行了现场管理，产生了管理费用支出，应参照合同约定标准扣减相应管理费。

案例 2：丰都某建筑公司诉某涂料公司建设工程施工合同纠纷——出借资质、未实际参与施工的建筑施工企业请求支付管理费，不予支持③

【裁判要旨】

出借资质的建筑施工企业，只是以其名义申办建设许可、竣工、验收等

---

① 参见《湖南省高级人民法院关于审理建设工程施工合同纠纷案件若干问题的解答》第 11 条。
② 参见《河南高院：建设工程合同纠纷案件典型案例》，载微信公众号"豫法阳光"2024 年 3 月 25 日，https://mp.weixin.qq.com/s/GHxmZxs1wtx0irH2laUESg。
③ 参见《重庆市第三中级人民法院建设工程典型案例》，载微信公众号"重庆市第三中级人民法院"2023 年 12 月 21 日，https://mp.weixin.qq.com/s/4rRFWduyos9purArqZ1F_w。

手续，并未实际参与施工、参与工程管理的，其请求实际施工人按照无效建设工程施工合同约定支付管理费，不予支持。本案中，虽然出借资质的企业不是直接向实际施工人收取管理费，但是其通过发包人扣留以图变相收取的方式，仍然不能获得支持。在出借资质的企业不能获取管理费的情况下，发包人扣留的管理费也应退还给实际施工人。

【基本案情】

2016年4月2日，某涂料公司与丰都某建筑公司签订《建设工程施工合同》。2016年5月31日，丰都某建筑公司与孙某根据前述施工合同签订《施工项目内部承包合同书》，将案涉工程土建部分交给孙某施工，工程应交国家各种税费由孙某全额承担，由丰都某建筑公司从工程价款中代扣，孙某向公司交工程总造价0.8%的管理费。2016年6月6日，某涂料公司直接与孙某签订《试车间建筑承包合同书》，约定将案涉工程交由孙某实际施工，合同金额2551822元。某涂料公司负担建筑安装发票的税费，孙某负担挂靠单位的管理费（总造价的0.8%）。2016年6月10日，孙某就涉案工程基础部分开始了实际施工，同年该涉案工程基础部分竣工。2017年7月20日，某涂料公司和孙某就工程进行结算。2019年3月18日，某涂料公司给丰都某建筑公司出具欠条，其中载明欠管理费35200元（已支付14960元），以上款项于2019年6月底结算清结。案涉工程所有施工、竣工、验收等手续均是以施工单位丰都某建筑公司的名义办理，工程已验收合格。案涉工程的工程价款均是某涂料公司支付给实际施工人。丰都某建筑公司诉至法院，要求根据欠条载明的内容，由某涂料公司向其支付管理费等。

丰都县人民法院判决：驳回丰都某建筑公司的诉讼请求。判决后，双方未上诉，判决生效。

【裁判理由】

丰都某建筑公司作为具有建筑资质的施工单位，其与发包方某涂料公司签订建设工程施工合同后，双方并未实际按合同约定进行发包和施工，而是某涂料公司与孙某签订《施工项目内部承包合同书》，丰都某建筑公司又与孙某签订《试车间建筑承包合同书》，因该建筑承包合同和内部承包合同违反法律禁止性规定，均系无效合同。签订该合同后，仅孙某对案涉工程的基础部分进行了实际施工并以丰都某建筑公司名义验收合格，某涂料公司也按合同约定价款与孙某结算工程价款并进行了支付。丰都某建筑公司在整个施工过程中并未到现场来指导施工，也未安排项目经理现场管理施工，丰都某建筑公司仅作为名义上对外的施工人通过转包牟利收取管理费，故该管理费不应支持。

第四节 借 款

97. 借款并入结算

建设工程施工合同履行过程中，当事人出具借条预支工程进度款，发包人或承包人在结算工程价款过程中主张抵扣借款本金及利息的，应当一并处理。①

第五节 抵 债

98. 以房抵债并入结算

工程价款结算时，发包人与承包人约定以承包人建设的房屋抵冲工程价款的，在案件结算中应一并予以处理。除非承包人能够证明存在发包人拒绝履行以房抵债义务或其他履行障碍情形。②

---

① 参见《湖南省高级人民法院关于审理建设工程施工合同纠纷案件若干问题的解答》第14条。
② 参见《湖南省高级人民法院关于审理建设工程施工合同纠纷案件若干问题的解答》第15条。

> **建议指引**

以房抵款作为工程价款的一种支付形式，如以房抵款协议无效或者不符合生效要件，则不存在新债消灭旧债和协议实际履行的问题，相当于工程价款债务支付不成功，债务人应当继续履行支付工程价款的责任。

以房抵款协议达成后，可参照《最高人民法院第五巡回法庭法官会议纪要》相关内容主张以房抵款协议有效且不存在履行障碍，债权人不能要求债务人履行旧债，除非以房抵款协议明确约定债权人有选择权。

债务履行期限届满后达成以房抵款协议，且已办理了房屋备案登记或预告登记或不动产权登记时，可参照《全国法院民商事审判工作会议纪要》第44条的规定，主张此时以房抵债视为已付工程价款。

债务履行期限届满前达成以房抵款协议，如已办理了房屋备案登记或预告登记或不动产权登记时，通常按《最高人民法院关于适用〈中华人民共和国民法典〉有关担保制度的解释》第68条规定的让与担保进行处理，除非在履行期限届满后重新达成新的以房抵款协议；新达成的以房抵款协议仍须参照《全国法院民商事审判工作会议纪要》第44条的规定，识别串通损害第三方合法权益或虚假诉讼情形对效力的影响。[①]

第六节 罚 款

99. 罚款的性质

建设工程施工合同约定发包人对承包人的违约行为处以罚款的，应定性为违约金条款，当事人申请调整的，根据《民法典》第585条的规定予以处理。[②]

---

① 参见《四川省律师协会、重庆市律师协会关于律师办理建设工程合同纠纷疑难业务指引》第4.8条。

② 参见《湖南省高级人民法院关于审理建设工程施工合同纠纷案件若干问题的解答》第27条；《河北省高级人民法院关于印发〈建设工程施工合同案件审理指南〉的通知》第34条。

建设工程施工合同约定对承包人的违约行为罚款的，应按照具体约定内容，对罚款的性质作出区分：（1）建设工程施工合同约定承包人存在工期迟延、工程质量缺陷或未达到合同约定的工程质量标准、转包或违法分包等违约行为，发包人可对承包人罚款的，该约定可以视为当事人在合同中约定的违约金条款。[①]（2）建设工程施工合同约定对承包人实施除履行合同义务之外的行为进行罚款的，不予支持。[②]

第七节 奖 励

100. 工程未获奖则不退还保证金的约定无效

发包方与承包方在招标文件中约定的工程质量标准为合格，工程中标后发包方又同中标人另行约定，如工程未拿到"鲁班奖"将不予退还履约保证金，该约定已经构成了对中标合同实质性内容的变更，应无效。依据《民法典》第788条第1款的规定："建设工程合同是承包人进行工程建设，发包人支付价款的合同。"承包人负有按期保质完成施工任务的义务，享有按合同约定受领工程价款的权利；发包人享有按合同约定接收符合约定质量标准的建设工程产品的权利，负有按合同约定支付工程价款的义务。由此可见，于建设工程合同而言，其合同实质性内容一般包括工程价款、工程质量、工程期限等。"鲁班奖"是全国范围内的建筑行业最高质量奖，从法律性质上讲，这种奖励所依附的标准并不属于国家强制性标准，而是行业领域所鼓励的标准。在招标投标合同已经约定为工程合格标准的情况下，发包方与承包方又另行约定必须拿到"鲁班奖"，否则就扣除履约保证金，此种承诺所赋予承

---

① 参见《陕西省高级人民法院关于审理建设工程施工合同纠纷案件若干问题的解答》（陕高法〔2020〕113号）第6条。

② 参见《山东省高级人民法院关于审理建设工程施工合同纠纷案件若干问题的解答》（2020年11月4日）第13条。

包方的义务已经高于招标投标合同约定的义务，实际上已经改变了招标投标文件所约定的工程质量标准。根据《招标投标法》第46条第1款"招标人和中标人应当自中标通知书发出之日起三十日内，按照招标文件和中标人的投标文件订立书面合同。招标人和中标人不得再行订立背离合同实质性内容的其他协议"的规定，上述约定应认定无效。[①]

第八节　款项支付

101. 进度款的支付

根据《建设工程价款结算暂行办法》第14条的规定，建设工程完工后，双方应按照约定的合同价款及合同价款调整内容以及索赔事项，进行工程竣工结算。因此，建设工程已完工并经验收合格，具备结算条件的，应当组织竣工结算。承包人仅提出工程进度款及利息请求的，不予支持。根据《建设工程价款结算暂行办法》第13条的规定，发包人不按合同约定支付工程进度款，双方又未达成延期付款协议，导致施工无法进行，承包人可停止施工，由发包人承担违约责任。因此，承包人仅请求发包人支付工程进度款的，不予支持。因发包人未按合同约定支付工程进度款，如承包人解除合同的，双方当事人应当按照合同约定进行结算。发包人对承包人的施工质量提出异议或有初步证据证明承包人的施工质量存在问题，则必须审查承包人施工质量是否合格，在确定承包人已完工程质量合格的情形下，对工程价款有异议的，可以委托建设工程价款鉴定。[②]

[①] 参见最高人民法院民事审判第一庭编：《民事审判实务问答》，法律出版社2021年版，第85～86页。

[②] 参见《福建省高级人民法院关于建设工程施工合同纠纷疑难问题解答》第27条。

102. 委托代建关系的付款责任主体

采取委托代建模式进行工程开发建设的，工程价款的给付义务人应当根据建设工程合同的约定确定。

委托人（建设单位）、代建人、使用人在代建合同中关于工程价款给付义务人的约定，除非承包人认可，否则该约定对承包人没有约束力。在代建法律关系中对工程价款的给付义务人没有约定委托人（建设单位）、代建人、使用人三方共同作为发包人与承包人签订建设工程合同的情况下，委托人（建设单位）、代建人、使用人三方应向承包人共同承担支付工程价款的义务；委托人（建设单位）或者使用人向代建人支付了部分或全部工程价款，但代建人未向承包人支付相应的工程价款的，委托人（建设单位）或者使用人并不能因此免除付款责任。

委托人（建设单位）或者使用人没有作为发包方与承包人签订建设工程合同的，如果建设工程合同履行过程中存在委托人（建设单位）或者使用人直接向承包人支付工程价款、设计变更施工方案或者增减工程量并直接对承包人进行指示、参与施工现场管理等情形，足以认定委托人（建设单位）或者使用人已经加入建设工程合同的履行中，承包人起诉要求委托人（建设单位）或者使用人与代建方共同承担支付工程价款义务的，人民法院应予支持。

代建人以自己的名义在委托人的授权范围内与承包人订立的施工合同，承包人在订立合同时知道代建人与委托人之间的代建关系的，根据《民法典》第925条[①]的规定，该施工合同直接约束委托人和承包人；但是，有确切证据证明该合同只约束代建人和承包人的除外。根据委托代建合同的约定，代建人享有对委托人（建设单位）或者使用人代建费用债权，承包人如果认为代建人怠于行使该债权影响其到期工程价款债权，依照《民法典》第535条的规定提起代位权诉讼的，人民法院应予受理并在查明相关案件事实后作

---

① 《民法典》第925条规定："受托人以自己的名义，在委托人的授权范围内与第三人订立的合同，第三人在订立合同时知道受托人与委托人之间的代理关系的，该合同直接约束委托人和第三人；但是，有确切证据证明该合同只约束受托人和第三人的除外。"

出相应的裁判。①

103. "背靠背"支付条款

大型企业②在建设工程施工、采购货物或者服务过程中，与中小企业约定以收到第三方向其支付的款项为付款前提的，因其内容违反《保障中小企业款项支付条例》第6条、第8条的规定，人民法院应当根据《民法典》第153条第1款的规定，认定该约定条款无效。在认定合同约定条款无效后，人民法院应当根据案件具体情况，结合行业规范、双方交易习惯等，合理确定大型企业的付款期限及相应的违约责任。③

合同中约定的"工程价款待业主支付后再予支付"的内容，属于附期限支付工程价款的约定，需要考虑约定该条款时双方当事人的期限利益。但转包人或违法分包人不能因为该条款的约定而怠于向发包人主张权利，使合同相对人的期限利益长期得不到实现。因此，无论转包或违法分包合同是否有效，如果转包人或违法分包人在合同履行中怠于行使权利主张债权，妨碍转包或违法分包合同相对人权利的实现，其又依据该条款约定抗辩不支付工程价款，则不予支持。转包人或违法分包人在合同履行中是否存在怠于行使权利情形的认定，可以参照代位权制度的相关规定，并由实际施工人承担举证责任。实践中，一些合同中还约定有"发包人不向承包人支付工程价款，承包人也不向实际施工人支付"等条款内容，属于附条件支付工程价款的约定，需要考虑该条款约定的付款条件是否成就以及是否存在阻碍条件成就的情形。如果在合同履行中存在转包人或违法分包人怠于向发包人行使权利主张债权，使合同所附的成就条件得不到实现的情形，而转包人或违法分包人

---

① 参见最高人民法院第六巡回法庭编：《最高人民法院第六巡回法庭裁判规则》，人民法院出版社2022年版，第8~9页；《广西壮族自治区高级人民法院关于建设工程的十二则问答》（2023年6月19日）解答10。

② 《保障中小企业款项支付条例》第3条第1款规定："本条例所称中小企业，是指在中华人民共和国境内依法设立，依据国务院批准的中小企业划分标准确定的中型企业、小型企业和微型企业；所称大型企业，是指中小企业以外的企业。"

③ 参见《最高人民法院关于大型企业与中小企业约定以第三方支付款项为付款前提条款效力问题的批复》（法释〔2024〕11号）第1条、第2条。

依据该条款约定抗辩不支付工程价款,则属于以不作为的方式阻碍条件成就,不予支持。①

案例1:四川某建筑公司诉重庆某建设公司建设工程分包合同纠纷案——"背靠背"条款的效力认定与限制适用②

【裁判要旨】

在建设工程施工合同领域,"背靠背"条款通常是指总包人与分包人约定,待总包人与发包人进行结算且发包人支付全部或者一定比例的工程价款后,总包人再按比例向分包人支付工程价款。"背靠背"条款原则上对当事人具有法律约束力,但总包人仍负有及时与发包人办理结算、催收工程价款的义务,在总包人怠于履行上述义务,却以合同存在"背靠背"条款为由拒绝向分包人支付工程价款的情况下,应当认定总包人恶意阻却工程价款支付条件成就。

【基本案情】

四川某建筑公司诉称:重庆某建设公司与四川某建筑公司签订《专业分包合同》,约定分包内容为某停车场沥青路面施工。其后,四川某建筑公司按约履行义务,双方已对完成工程量进行结算,但重庆某建设公司并未按结算金额的97%足额支付工程价款。故请求判令重庆某建设公司支付四川某建筑公司工程欠款1244814.56元及相应利息。

重庆某建设公司辩称:双方所签《专业分包合同》约定有"背靠背"条款,工程价款支付条件尚未成就,故请求判决驳回四川某建筑公司的诉讼请求。

法院经审理查明:2021年1月13日,重庆某建设公司与四川某建筑公司签订《专业分包合同》,约定:建设单位为某区建委,施工内容为某停车场沥青路面;单个停车场摊铺完工90日内支付至结算金额的97%;支付工程价款的前提条件是重庆某建设公司从建设单位处收取了四川某建筑公司应

---

① 参见《河南省高级人民法院民四庭关于建设工程合同纠纷案件疑难问题的解答》第5条。
② 参见《重庆市高级人民法院发布建设工程合同纠纷典型案例》,载微信公众号"重庆市高级人民法院"2023年12月28日,https://mp.weixin.qq.com/s/XrEA8eUM5feeuK7-imEpYw。

收的工程价款，如建设单位未支付款项，则重庆某建设公司亦不支付工程价款。2022年12月9日，双方签订《结算协议》确认工程结算金额为6334860.37元。另外，重庆某建设公司已付工程价款490万元。另查明，2020年4月21日，某区建委与重庆某建设公司签订《施工合同》，约定建成案涉停车场项目，竣工验收合格且资料移交后支付实际已完成合格工程量价款的70%，结算审计后付至审定金额的97%，留3%的建设工程质量保证金。审理中，重庆某建设公司陈述，案涉工程已竣工验收合格，其已于2022年12月向某区建委提交结算资料，但未以诉讼方式向某区建委主张工程价款。

一审法院判决：重庆某建设公司向四川某建筑公司支付工程欠款1244814.56元及相应利息。一审宣判后，重庆某建设公司提起上诉。二审法院判决：驳回上诉，维持原判。

【裁判理由】

法院生效裁判认为：本案的争议焦点为重庆某建设公司支付剩余工程价款的条件是否成就。双方约定的以建设单位支付总包工程价款作为支付分包工程价款条件的条款，实质上属于"背靠背"条款。该条款系双方当事人真实意思表示，未违反法律、行政法规的强制性规定，应属合法有效。在签订"背靠背"条款的情况下，重庆某建设公司亦负有及时向建设单位主张工程价款的义务，以确保其与四川某建筑公司之间的合同得以顺利履行。本案中，在案涉工程已竣工验收合格并符合结算条件的情况下，重庆某建设公司向某区建委提交结算资料后并未积极推进审计工作，也未通过诉讼等方式向某区建委主张工程价款，应当认定重庆某建设公司怠于履行办理结算、催收工程价款的义务，应当视为付款条件已经成就。

➢ 建议指引

根据总包单位向分包单位付款以收到业主单位工程价款为前提和总包单位向分包单位付款以总包工程价款已经办理结算为前提两个因素，可将"背靠背"条款区分为工程价款支付时间的背靠背条款和工程价款结算的背靠背条款两种类型。

分包合同有效时，可主张"背靠背"条款有效。"背靠背"条款其性质无论是"附条件"或"附期限",还是"附条件+附期限","背靠背"条款约定的内容原则上都可约束分包合同当事人。但如果总包单位拖延向业主办理结算或怠于行使其到期债权致使分包单位不能及时取得工程价款,即使"背靠背"条款有效,仍建议分包单位依据《民法典》第159条的规定,以总包单位不正当地阻止条件成就为由,请求突破"背靠背"条款的约定,径行向总包单位主张工程价款费用。①

104. "先票后款"支付条款

支付工程价款义务和开具发票义务是两种不同性质的义务,不具有对等关系。② 施工合同中承包人先开具发票、发包人后付款的约定,对双方当事人具有约束力,发包人可以据此主张先履行抗辩,不承担开具发票前的因未支付工程价款而产生的违约责任。但发包人支付工程价款是主要合同义务,在诉讼阶段再以此为由抗辩不支付工程价款缺乏正当性。在案件审理时,应向发包人释明提出由承包人开具发票的诉讼请求,一并处理。经释明,发包人仍不请求承包人开具发票而坚持抗辩不支付工程价款的,不予支持。③

发包人以承包人未开具发票为由拒绝支付工程价款的,人民法院不予支持。当事人另有明确约定的除外。承包人起诉要求发包人支付工程价款,发包人以要求承包人开具发票为由提起反诉的,人民法院可以一并审理。④

案例2:某设计公司诉某开发公司建设工程设计合同纠纷案——"先票后款"条款的效力认定⑤

【裁判要旨】

当事人明确约定一方未开具发票,另一方有权拒绝支付工程价款的,该

---

① 参见《四川省律师协会、重庆市律师协会关于律师办理建设工程合同纠纷疑难业务指引》第4.7条。
② 参见《山东省高级人民法院关于审理建设工程施工合同纠纷案件若干问题的解答》(2020年11月4日)第10条。
③ 参见《河南省高级人民法院民四庭关于建设工程合同纠纷案件疑难问题的解答》第28条。
④ 参见《湖南省高级人民法院关于审理建设工程施工合同纠纷案件若干问题的解答》第16条。
⑤ 参见《重庆市高级人民法院发布建设工程合同纠纷典型案例》,载微信公众号"重庆市高级人民法院"2023年12月28日,https://mp.weixin.qq.com/s/XrEA8eUM5feeuK7-imEpYw。

约定对当事人具有约束力。收款方请求付款方支付工程价款时，付款方可以行使先履行抗辩权，但为减少当事人诉累，收款方在诉讼中明确表示愿意开具发票，人民法院可以判决收款方在开具发票后再由付款方向其支付工程价款。

【基本案情】

某设计公司诉称：某开发公司与某设计公司签订《景观设计合同》，约定由某设计公司承包案涉项目的设计工作。合同签订后，某设计公司依约履行合同，项目现已竣工，但某开发公司拖欠部分设计费未付。故请求判令某开发公司支付剩余设计费199700元。

某开发公司辩称，某设计公司至今未开具设计费199700元的对应发票，未达合同约定的支付设计费条件。

法院经审理查明：某开发公司与某设计公司签订《景观设计合同》，约定设计费总额含税价1997000元，某开发公司付款前，某设计公司应提交税率为6%的增值税专用发票，否则某开发公司可以暂缓支付设计费而不承担逾期付款的违约责任。合同签订后，某设计公司完成设计等工作，案涉项目已竣工验收合格。另外，某设计公司已提交金额为1797300元的增值税专用发票，某开发公司亦已支付该部分设计费，尚欠设计费199700元未付。

一审法院判决：某开发公司支付某设计公司设计费199700元，付款前某设计公司须先向某开发公司开具金额为199700元的增值税专用发票。该判决已发生法律效力。

【裁判理由】

法院生效裁判认为，本案中，某设计公司已按约完成设计等工作，案涉工程项目亦经验收合格交付使用，某开发公司应按合同约定支付设计费尾款199700元。根据合同约定，付款前某设计公司须开具增值税专用发票，该约定并不违反法律强制性规定，合法有效。某开发公司要求某设计公司开具增值税专用发票后再付款，系主张先履行抗辩权，具有正当性。但在诉讼中，某设计公司明确表示同意开具符合合同约定的增值税专用发票，为减少当事人诉累，法院判决某设计公司在向某开发公司开具增值税专用发票后再由某开发公司支付某设计公司设计费。

案例3：重庆某实业有限公司诉重庆某房地产开发有限公司建设工程合同纠纷案——合同明确约定未开票有权拒付工程价款的，承包人未开具发票，发包人未支付工程价款不构成违约[①]

【裁判要旨】

发包人以承包人未开具发票为由拒付工程价款，属于行使先履行抗辩权，但该抗辩范围应限于对等义务关系，支付工程价款系建设工程施工合同的主要义务，开具工程价款发票系建设工程施工合同附随义务，非主要义务，不能对抗支付工程价款的主要合同义务，原则上不能适用先履行抗辩权。但双方在合同中明确约定，承包人未开具发票发包人有权拒付工程价款的，应视为双方将开票与付款设立为对等义务，对双方具有约束力。承包人在未履行先合同义务即开票义务的情况下，无权主张发包人承担未及时付款的违约责任。

【基本案情】

2018年2月5日，重庆某实业有限公司与重庆某房地产开发有限公司双方签订了《栏杆制作安装工程施工合同》，约定重庆某房地产开发有限公司将重庆市某区栏杆工程发包给重庆某实业有限公司具体施工，承包人取得每笔分期支付的工程价款必须提供正式发票，无正式工程的发票，发包人有权拒绝挂账并拒绝付款。2021年1月15日，重庆某实业有限公司与重庆某房地产开发有限公司签订《工程结算审计定案表》，定案表中载明，案涉工程审定结算金额为472606.39元，建设工程质量保证金14178.19元，工程保修期起止时间为2019年12月27日与2021年12月26日。2022年2月23日，原告、被告签订《工程类结算协议书》，协议书载明，工程总价款为472606.39元，本工程重庆某实业有限公司已提供发票金额为316828.47元，工程结算总价款减去重庆某房地产开发有限公司已付工程价款320978.54元、

---

① 参见《重庆市第三中级人民法院建设工程典型案例》，载微信公众号"重庆市第三中级人民法院"2023年12月21日，https://mp.weixin.qq.com/s/4rRFWduyos9purArqZ1F_w。

建设工程质量保证金14178.19元，重庆某房地产开发有限公司应付剩余工程价款为137449.66元，重庆某实业有限公司提供剩余部分金额的发票后60日内重庆某房地产开发有限公司支付剩余工程价款的100%，剩余部分在工程保修期满重庆某实业有限公司向重庆某房地产开发有限公司提出书面申请后30日内按原合同约定支付。后双方因为工程价款的结算产生争议，重庆某实业有限公司诉至法院要求重庆某房地产开发有限公司支付工程价款并承担逾期付款违约责任。重庆某房地产开发有限公司抗辩认为重庆某实业有限公司未开具正式的发票，依合同约定付款条件不成就，其有权拒绝付款。

重庆市涪陵区人民法院判决：(1) 重庆某房地产开发有限公司支付重庆某实业有限公司工程尾款（含建设工程质量保证金）147477.78元及利息；(2) 重庆某实业有限公司就工程建设工程质量保证金14178.19元对重庆某房地产开发有限公司的"栏杆工程"项目的折价或拍卖、变卖价款优先受偿；(3) 驳回重庆某实业有限公司的其他诉讼请求。宣判后，重庆某房地产开发有限公司提出上诉，因未缴纳上诉费，二审裁定按自动撤回上诉处理。一审判决自裁定送达之日起发生法律效力。

【裁判理由】

法院生效裁判认为，《栏杆制作安装工程施工合同》是双方当事人的真实意思表示，不违反法律和行政法规的禁止性规定，对双方当事人均具有约束力。经双方于2021年1月15日最终结算，该案涉工程总价款472606.39元，扣除税金调整差额、建设工程质量保证金和重庆某房地产开发有限公司已支付工程进度款，尚欠工程价款133299.59元。双方当事人约定每笔分期支付的工程价款必须提供正式发票，收到正式发票后60日内支付，无正式工程的发票，重庆某房地产开发有限公司有权拒绝挂账并拒绝付款。双方通过自行约定的方式将开具发票和支付工程价款设立为对等关系，该约定不违反法律强制性规定，应为合法有效。在重庆某实业有限公司提供正式工程价款之前，重庆某房地产开发有限公司有权拒绝付款，未开发票的部分不构成违约。本案立案后，重庆某实业有限公司于2023年7月21日开出剩余工程价款发票，剩余工程价款133299.59元应在2023年9月19日前支付，工程保修期应从工程竣工验收合格移交给发包人即 2019 年 12 月 27 日起算 2 年。

> **建议指引**

建设工程施工合同中约定了"先票后款",但未明确约定发包人有权因承包人未开具发票而拒绝付款的,发包人"未开具发票而拒绝付款"的抗辩不能成立。

施工合同有效并约定"先票后款","先票后款"条款一般对发包方、承包方具有约束力。但是,因发包人支付工程价款是合同主要义务,而承包人开具发票是承包人取得工程价款的附属义务,所以在诉讼过程中,发包人以未开具发票为由而拒绝付款的抗辩一般不能成立。发包人对承包人未开具发票事宜,可通过提出开具发票或主张税金损失的反诉或另诉进行处理。

但如果施工合同有效且明确约定未开具发票的后果为发包人享有拒绝支付工程价款的权利,那么原则上建议发包人根据该条款对承包人的工程价款支付诉求提出抗辩。①

105. 商业汇票支付未果时的处理

商业汇票只是发包人支付工程价款的一种方式。一般情况下,承包人接受发包人开出商票并到期兑付的,或者已将商票背书转让的,应视为发包人已付工程价款。承包人持有的商票到期未能兑付或出票人拒绝兑付的,除因承包人未按照提示付款期限提示付款等其自身过错被拒绝兑付外,发包人的付款行为并未实际完成,仍应承担相应数额的付款责任。因此,承包人有权将未兑付商票金额计入欠付工程价款中一并起诉,也有权按照票据纠纷另行主张权利。基于诉讼便利原则和诉讼权利处分原则,在承包人已经起诉的情况下,可将未兑付商票金额计入欠付工程价款中一并处理,同时应当判令承包人退还商票,不应再告知当事人依票据纠纷另行主张权利。②

---

① 参见《四川省律师协会、重庆市律师协会关于律师办理建设工程合同纠纷疑难业务指引》第 4.6 条。

② 参见《河南省高级人民法院民四庭关于建设工程合同纠纷案件疑难问题的解答》第 17 条。

106. 逾期付款与停（窝）工损失的因果关系

建设工程逾期完工，发包人要求承包人承担违约责任。承包人则抗辩称，导致工期延误的原因是发包人未及时支付建设工程价款。实务中发包人逾期支付建设工程价款与承包人停（窝）工的因果关系认定不统一。发包人未按照合同约定支付建设工程价款，是否导致承包人停（窝）工、延误工期，应当根据不同的情况作出不同的认定：

（1）合同约定垫资施工的，逾期支付建设工程价款与停（窝）工之间没有必然因果关系。但是逾期支付建设工程价款的，应当按照合同约定承担违约责任。

（2）合同约定逾期支付工程进度款一定天数后，可以停工的，在约定天数届满后，发包人仍未支付工程进度款的，开始认定停工日期，同时应当办理停工签证，未办理签证的，不予支持。但是有证据证明真实停工的除外。

（3）合同未约定逾期支付工程进度款可以停工的，承包人在发包人逾期支付工程进度款后，办理停工签证手续的，以签证确认的停工日期开始计算扣除逾期天数及停（窝）工损失。[1]

107. 逾期付款与拒付工程

承包人以发包人拖延结算或欠付工程价款为由拒绝交付工程的，不予支持。发包人拒付工程价款，承包人可以通过主张建设工程价款优先受偿权实现权利，而不能采取扣押等方式拒绝交付建设工程。建设工程施工合同明确约定发包人欠付工程价款可以拒绝交付工程的，从其约定。但是，欠付工程价款数额不大或拒绝交付部分工程严重影响整个工程使用的，不予支持。[2]

108. 逾期完工与发包人承担的购房人违约金

建设工程施工合同被确认无效后，发包人主张因承包人工期延误应赔偿

---

[1] 参见《福建省高级人民法院关于建设工程施工合同纠纷疑难问题解答》第34条。
[2] 参见《福建省高级人民法院关于建设工程施工合同纠纷疑难问题解答》第36条。

其与第三人签订的房屋买卖合同因逾期交房发生的违约损失，承包人对工期延误存在过错，损失已经实际发生，且损失发生与承包人逾期交工行为有因果关系，可以纳入无效合同过错责任赔偿范围。根据承包方订立、履行合同中的过错责任大小及诚实信用原则，依据《民法典》第157条的规定判令其承担相应的责任。①

承包人逾期完工造成发包人赔偿购房人逾期交房违约金的，应当由承包人进行赔偿。建设工程施工合同中没有约定逾期完工违约金的，发包人实际赔付购房人逾期交房违约金后，发包人向承包人主张赔偿该部分损失的，应当支持。建设工程施工合同已经约定逾期完工违约金，但不足以填补发包人实际赔付购房人的逾期交房违约金时，依据《民法典》第585条第2款"约定的违约金低于造成的损失的，人民法院或者仲裁机构可以根据当事人的请求予以增加"的规定，发包人有权要求承包人承担超出逾期完工违约金部分的损失，请求增加违约金数额应以发包人实际损失额为限。需要注意的是，逾期交房违约金是发包人与购房者之间的约定，如果约定的赔偿比例明显过高，则需要进行综合考量后，酌情予以认定。②

第九节　债权转让

109. 建设工程价款债权转让

建设工程施工合同是双务合同。建设工程竣工验收合格后，合同双方通过决算，明确了建设工程结算价款，且完成了交付施工资料、质量保修等义务的，此时发包人按照合同约定支付的价款是纯债权，承包人可以单方决定转让结算的债权。但是，如果承包人与发包人未经结算，承包人在合同中有

---

① 参见《河北省高级人民法院关于印发〈建设工程施工合同案件审理指南〉的通知》第11条。
② 参见《福建省高级人民法院关于建设工程施工合同纠纷疑难问题解答》第35条。

权利也有义务的话,承包人转让建设工程施工合同项下的工程价款,系概括转让,必须经合同相对方同意。否则,转让对发包人不发生效力。在审判实践中,建设工程价款的受让人向发包人主张债权,或发包人对建设工程质量和建设工程价款具体数额等提出异议时,为查明案件事实,可以将承包人列为第三人。[1]

第十节　居间费

110. 居间费

当事人订立、履行合同,应当遵守法律法规,不得扰乱社会秩序,损害社会公共利益。居间合同约定的居间事项系促成签订违反法律法规强制性规定的无效建设工程施工合同的,该居间合同因扰乱建筑市场秩序,损害社会公共利益,应属无效合同,居间方据此主张居间费用的,人民法院不予支持。[2]

---

[1] 参见《福建省高级人民法院关于建设工程施工合同纠纷疑难问题解答》第11条。
[2] 参见张正国诉江苏红战建设工程有限公司等居间合同纠纷案,载《最高人民法院公报》2023年第5期。

第五章

工程鉴定

第一节 鉴定的启动和审查

111. 鉴定的启动

当事人对工程造价、质量、修复费用等专门性问题有争议，人民法院认为需要鉴定的，应当向负有举证责任的当事人释明。当事人经释明未申请鉴定，虽申请鉴定但未支付鉴定费用或者拒不提供相关材料的，应当承担举证不能的法律后果。①

当事人就建设工程造价、建设工程工期及停窝工损失、建设工程质量等事实的专门性问题发生争议的，可以向人民法院申请鉴定。②

当事人申请建设工程造价鉴定的，应当在举证期限届满前向人民法院提出。当事人逾期提出鉴定申请的，人民法院应当参照《民事诉讼法解释》第101条、第102条规定的逾期举证的相关规则予以处理。③

---

① 参见《建工司法解释（一）》第32条第1款。
② 参见《江苏省高级人民法院建设工程施工合同纠纷案件委托鉴定工作指南》（江苏省高级人民法院审判委员会纪要〔2019〕5号）第1条第1款。
③ 参见《重庆市高级人民法院关于建设工程造价鉴定若干问题的解答》（渝高法〔2016〕260号）第4条。

案例：陈某与某建筑公司、某局建设工程施工合同纠纷案——实际施工人无结算依据经释明后仍拒绝司法鉴定的，应当承担举证不能的法律后果①

【裁判要旨】

法院应当根据当事人的申请，结合双方争议事项，遵循必要性、关联性、可行性和鉴定范围最小化原则启动鉴定、确定鉴定事项。在现有证据无法作为认定工程造价有效依据的情况下，法院经审查认为需要鉴定的，应首先向负有举证责任的当事人释明，经释明后当事人仍不申请鉴定，致使待证事实无法查明的，应当承担举证不能的法律后果。

【基本案情】

2013年，发包方某局与承包人某建筑公司签订《BT合同》，双方约定采取"BT"模式合作，即由发包人某局作为案涉项目的回购主体，按约回购该项目。同年9月，承包人某建筑公司与实际施工人陈某签订《项目工程内部承包合同》，约定以内部承包方式，由陈某垫资建设，工程造价以工程实际结算价为准。案涉项目在施工过程中于2014年8月通过招投标程序，发包方某局与承包人某建筑公司签订《建设工程施工合同》完善招投标手续。2015年9月，案涉工程由陈某承建完工，经竣工验收并交由发包人某局使用。陈某认为应以案涉项目《审计报告及工程结算审定签署表》的征求意见稿作为最终结算依据，但某局与某建筑公司对该报告均不予认可。因此，三方未能就案涉工程量和工程价款协商一致，陈某诉至法院主张某建筑公司、某局支付工程价款及利息。

【裁判结果】

一审判决驳回陈某的诉讼请求。二审判决驳回上诉，维持原判。

【裁判理由】

黔东南州岑巩县人民法院经审理认为，实际施工人陈某因不具备建筑企

---

① 参见《贵州高院发布建设工程合同纠纷典型案例》，载微信公众号"贵州高院"2023年5月30日，https://mp.weixin.qq.com/s/T－V_uYkNfP8GG5s－cgSsxw。

业资质，故其与承包人某建筑公司签订的《项目工程内部承包合同》无效。陈某提交的《审计报告及工程结算审定签署表》（复印件）仅用于发包方某局内部申报项目资金，同时某局与某建筑公司对该证据均不认可，故不能作为认定案涉工程造价的依据。而委托审计机构出具的《结算审计报告书》，因建筑公司与陈某均不认可，同时未将部分施工项目所涉工程价款计入，故报告书亦不能作为认定案涉工程的最终造价依据。法院在开庭前、庭审中、庭审后3次向陈某释明是否申请对案涉工程造价进行鉴定，但陈某仍坚持不申请，故其应承担举证不能的法律后果，对其主张的诉讼请求，依法不予支持。

【典型意义】

建设工程造价具有项目组成复杂、工程价款认定专业性、技术性强等特点，因此在当事人对工程造价不能达成一致意见且根据各方举示证据又无法确定工程造价的情形下，需借助专业机构对工程造价争议中涉及的专门性事实问题出具鉴定意见，从而为当事人的主张提供有效证据作为依据，亦为法院裁判提供明确依据。本案中，法院在实际施工人提交的证据无法证明工程造价且经释明仍不申请鉴定的情况下，根据举证责任分配原则依法驳回其诉讼请求。本案对于在审理涉工程造价认定的案件中明确当事人举证责任、引导当事人依法有效举证、顺利推进案件审理进程、公平合理地认定施工合同当事人权利义务具有典型意义。

> ➢ **建议指引**

1. 当事人申请

一般情况下，对需要鉴定的事项负有举证责任的一方当事人应当申请鉴定，当事人举证责任的分配应遵守《民事诉讼法》第67条第1款和《最高人民法院关于民事诉讼证据的若干规定》等相关规定。

2. 裁判者依职权启动

特殊情况下，负有证明责任一方当事人未申请鉴定（含经裁判者释明后当事人仍未申请的情形），或者拒绝申请鉴定，但是待证事实属于专门性技术问题和有关法律、司法解释规定所需要明确的情形，且涉及可能损害国家利益、社会公共利益、恶意串通损害他人合法利益的，裁判者可依职权启动司法鉴定。

3. 裁判者释明

当事人应申请鉴定而未申请时，依据《最高人民法院关于民事诉讼证据的若干规定》第30条第1款和《建工司法解释（一）》第32条第1款等相关规定，在裁判者释明后仍不申请司法鉴定的，将承担举证不能的法律后果。①

112. 鉴定申请审查判断规则

建设工程合同纠纷案件专业性较强，诉讼标的额大，且审理周期长，要注意避免以鉴代审和拒绝裁判情况的发生。在当事人未申请鉴定的情况下，对显而易见的工程质量问题或者通过其他方式能够认定工程价款的，为了避免鉴定周期过长、鉴定费用高昂给当事人造成诉累，人民法院应根据举证责任分配原则对于能够查明的案件事实及时作出裁判，不得拒绝裁判。同时，要避免仅对无争议部分作出裁判，而对有争议部分告知当事人另行主张权利，不利于一次性解决纠纷。②

申请鉴定的事项，与争议事实没有关联，或者不涉及案件基本事实的认定，或者对诉争事项的裁量没有意义，缺乏鉴定必要性的，鉴定申请不予准许。③

人民法院在对当事人的鉴定申请予以审查时，应当在听取对方当事人的意见后，对鉴定事项是否明确、鉴定事项与待证事实是否存在关联性、鉴定是否具有可行性、计价原则和计价方式如何确定等内容进行审查。④

---

① 参见《四川省律师协会、重庆市律师协会关于律师办理建设工程合同纠纷疑难业务指引》第8.1条。
② 参见《广西壮族自治区高级人民法院关于建设工程的十二则问答》（2023年6月19日）解答6。
③ 参见《江苏省高级人民法院建设工程施工合同纠纷案件委托鉴定工作指南》（江苏省高级人民法院审判委员会纪要〔2019〕5号）第2条。
④ 参见《重庆市高级人民法院关于建设工程造价鉴定若干问题的解答》（渝高法〔2016〕260号）第5条。

> 建议指引

对启动鉴定申请或鉴定的内容和范围有异议的，当事人应当及时提出书面异议并提供相关证据材料。①

113. 二审程序中申请鉴定

一审诉讼中负有举证责任的当事人未申请鉴定，虽申请鉴定但未支付鉴定费用或者拒不提供相关材料，二审诉讼中申请鉴定，人民法院认为确有必要的，应当依照《民事诉讼法》第 170 条第 1 款第 3 项②的规定处理。③

114. 再审程序中申请鉴定

当事人在再审申请审查期间提出鉴定申请的，不予准许。④

115. 鉴定申请不予准许的情形

严格审查拟鉴定事项是否属于查明案件事实的专门性问题，有下列情形之一的，人民法院不予委托鉴定：

（1）通过生活常识、经验法则可以推定的事实。

（2）与待证事实无关联的问题。

（3）对证明待证事实无意义的问题。

（4）应当由当事人举证的非专门性问题。

（5）通过法庭调查、勘验等方法可以查明的事实。

（6）对当事人责任划分的认定。

---

① 参见《四川省律师协会、重庆市律师协会关于律师办理建设工程合同纠纷疑难业务指引》第 8.1.5 条。
② 现为《民事诉讼法》（2024 年 1 月 1 日实施）第 177 条第 1 款第 3 项"原判决认定基本事实不清的，裁定撤销原判决，发回原审人民法院重审，或者查清事实后改判"。
③ 参见《建工司法解释（一）》第 32 条第 2 款。
④ 参见《江苏省高级人民法院建设工程施工合同纠纷案件委托鉴定工作指南》（江苏省高级人民法院审判委员会纪要〔2019〕5 号）第 1 条。

(7) 法律适用问题。

(8) 测谎。

(9) 其他不适宜委托鉴定的情形。①

当事人约定按照固定价结算工程价款，一方当事人请求对建设工程造价进行鉴定的，人民法院不予支持。② 但超出承包人约定承担的风险范围的除外。③

当事人在诉讼前已经就建设工程价款结算达成协议，诉讼中一方当事人申请对工程造价进行鉴定的，人民法院不予准许。④ 但有证据证明双方达成的结算文件无效、被依法撤销的除外。⑤

当事人在诉讼前共同委托有关机构、人员对建设工程造价出具咨询意见，诉讼中一方当事人不认可该咨询意见申请鉴定的，人民法院应予准许，但双方当事人明确表示受该咨询意见约束的除外。⑥ "双方当事人明确表示受该咨询意见约束"，是指当事人对工程造价进行结算，应当共同确认形成结算文件。⑦ 当事人仅以在诉讼前共同与咨询机构签订工程造价咨询合同或者接收工程造价报告为由，主张将造价报告作为结算依据的，不予支持。

当事人约定发包人无正当理由未在约定期限内对竣工结算文件作出答复视为认可竣工结算文件的，建设工程经竣工验收合格发包人提出质量异议，或者建设工程未经竣工验收合格发包人擅自使用后提出质量异议的，以及当事人没有证据或者理由足以反驳另一方当事人就专门性问题自行委托有关机

---

① 参见《最高人民法院关于人民法院民事诉讼中委托鉴定审查工作若干问题的规定》（法〔2020〕202号）第1条。

② 参见《建工司法解释（一）》第28条。

③ 参见《江苏省高级人民法院建设工程施工合同纠纷案件委托鉴定工作指南》（江苏省高级人民法院审判委员纪要〔2019〕5号）第3条第4项。

④ 参见《建工司法解释（一）》第29条。

⑤ 参见《重庆市高级人民法院关于建设工程造价鉴定若干问题的解答》（渝高法〔2016〕260号）第2条。

⑥ 参见《建工司法解释（一）》第30条。

⑦ 参见《陕西省高级人民法院关于审理建设工程施工合同纠纷案件若干问题的解答》（陕高法〔2020〕113号）第4条；《山东高院民一庭关于审理建设工程施工合同纠纷案件若干问题的解答》（2020年8月15日）第9条。

构或者人员出具的意见的,且没有相反证据予以反驳或者推翻的,当事人的鉴定申请不予准许。①

116. 鉴定申请可予准许的情形

具有下列情形之一,当事人申请进行建设工程造价鉴定,人民法院经审查认为根据当事人举示的证据不能自行确定建设工程造价的,可予准许:

(1) 合同约定采用固定总价方式确定工程造价,同时对固定总价包含的风险范围、风险费用的计算方法以及风险范围以外的合同价格的调整方法作出了约定,需要确定风险范围以外的工程造价的。

(2) 合同约定采用固定单价方式确定工程造价,需要通过鉴定方式确定工程造价的。

(3) 合同约定采用成本加酬金方式确定工程造价,需要通过鉴定方式确定建设成本及酬金的。

(4) 合同约定采用可调价格方式确定工程造价,需要通过鉴定方式确定工程造价的。

(5) 建设工程未完工,需要通过鉴定方式确定已完工程造价的。

(6) 合同未约定工程价款的确定方法,需要通过鉴定方式确定工程造价的。

(7) 人民法院认为需要通过鉴定方式确定工程造价的其他情形。②

双方当事人在诉前共同委托建设工程造价中介机构作出咨询意见,经质证后,人民法院认为该咨询意见客观、真实,鉴定程序合法的,应当予以采信。一方当事人在诉讼中请求进行司法鉴定的,人民法院一般不予准许。但有证据证明存在当事人与建设工程造价中介机构恶意串通、损害对方当事人利益、鉴定事项与待证事实不具有关联性等情形,该咨询意见确不应被采信

---

① 参见《江苏省高级人民法院建设工程施工合同纠纷案件委托鉴定工作指南》(江苏省高级人民法院审判委员会纪要〔2019〕5号) 第3条第5项。
② 参见《重庆市高级人民法院关于建设工程造价鉴定若干问题的解答》(渝高法〔2016〕260号) 第1条。

的，人民法院应当根据举证规则确定由承担举证证明责任的一方当事人申请司法鉴定。一方当事人认为双方共同委托建设工程造价中介机构作出的咨询意见存在算术性错误、个别鉴定资料采信不当等瑕疵而申请进行司法鉴定，人民法院经审查后认为该咨询意见可以补正的，可根据具体情况予以补正。难以补正的，应当对该当事人提起的司法鉴定申请予以准许。①

117. 单方委托出具的咨询意见的采信规则

一方当事人自行委托建设工程造价中介机构对建设工程造价作出的咨询意见，人民法院原则上不予采信，但该咨询意见经质证，另一方当事人未提出异议，或者提出的异议明显不能成立的，人民法院对该咨询意见可以予以采信。人民法院对一方当事人自行委托建设工程造价中介机构作出的咨询意见不予采信，且根据当事人举示的证据不能自行确定建设工程造价，确需进行建设工程造价鉴定的，应当根据举证规则向承担举证证明责任的一方当事人履行释明义务，告知其提出鉴定申请。②

118. 确定鉴定事项与鉴定材料质证

人民法院准许当事人的鉴定申请后，应当根据当事人申请及查明案件事实的需要，确定委托鉴定的事项、范围、鉴定期限等，并组织当事人对争议的鉴定材料进行质证。③ 未经质证的材料，不得作为鉴定的根据。④

当事人无法联系、公告送达或当事人放弃质证的，鉴定材料应当经合议庭确认。对当事人有争议的材料，应当由人民法院予以认定，不得直接交由

---

① 参见《重庆市高级人民法院关于建设工程造价鉴定若干问题的解答》（渝高法〔2016〕260号）第8条。
② 参见《重庆市高级人民法院关于建设工程造价鉴定若干问题的解答》（渝高法〔2016〕260号）第7条。
③ 参见《建工司法解释（一）》第33条。
④ 参见《江苏省高级人民法院建设工程施工合同纠纷案件委托鉴定工作指南》（江苏省高级人民法院审判委员会纪要〔2019〕5号）第5条第1款；《最高人民法院关于人民法院民事诉讼中委托鉴定审查工作若干问题的规定》（法〔2020〕202号）第4条。

鉴定机构、鉴定人选用。①

人民法院决定进行建设工程造价鉴定的，原则上应当根据当事人的申请确定鉴定事项。人民法院认为当事人申请的鉴定事项不符合合同约定或者相关法律、法规规定，或者与待证事实不具备关联性的，应当指导当事人选择正确的鉴定事项，并向当事人说明理由以及拒不变更鉴定事项的后果。经人民法院向当事人说明拒不变更鉴定事项的后果后，当事人仍拒不变更的，对当事人的鉴定申请应当不予准许，并根据举证规则由其承担相应的不利后果。

建设工程造价鉴定过程中，当事人、鉴定人对鉴定事项有异议的，应当向人民法院提交书面意见，并说明理由。人民法院应当对当事人、鉴定人提出的异议进行审查，异议成立的，应当向当事人释明变更鉴定事项；异议不成立的，书面告知当事人、鉴定人异议不成立，鉴定人应当按照委托的鉴定事项进行鉴定。②

人民法院收到当事人提交的鉴定资料后，应当组织当事人进行质证。当事人提交的鉴定资料繁多、杂乱，人民法院认为确有必要的，可以委托鉴定人对鉴定资料予以整理后再进行质证。质证时，当事人应当围绕鉴定资料的真实性、合法性以及与鉴定事项的关联性陈述意见。鉴定人可以参加质证程序。经人民法院允许后，鉴定人可以就鉴定的相关问题向当事人发问。质证后，人民法院应当结合当事人发表的质证意见对当事人提交的资料能否作为鉴定资料作出认定，并将当事人无异议或者人民法院认为应当作为鉴定依据的鉴定资料移交给鉴定人。人民法院对当事人提交的资料能否被采信暂时难以认定，需要在庭审后结合其他证据一并作出认定的，可以将存在争议的鉴定资料提交给鉴定人，由鉴定人就存在争议的鉴定资料所涉及的工程造价予

---

① 参见《最高人民法院关于人民法院民事诉讼中委托鉴定审查工作若干问题的规定》（法〔2020〕202号）第4条、第5条。
② 参见《重庆市高级人民法院关于建设工程造价鉴定若干问题的解答》（渝高法〔2016〕260号）第10条。

以单列。①

当事人对施工合同效力、结算依据、签证文件的真实性及效力等问题存在争议的，应由人民法院进行审查并确认是否作为结算依据。

人民法院准许当事人对工程价款进行鉴定的申请后，应当根据当事人申请及查明案件事实的需要，确定委托鉴定的事项及范围，并组织双方当事人对争议的鉴定资料进行质证，确定鉴定依据。

当事人对对方提交的鉴定资料无法达成一致意见的，人民法院不能简单以当事人不予认可为由否认该鉴定资料的真实性，人民法院应依法对争议的资料进行审查并确定是否可以作为鉴定资料使用。②

119. 委托鉴定范围、鉴定期限的确定

人民法院在审理建设工程合同纠纷案件中对外委托和组织司法鉴定工作，应依照《人民法院司法鉴定工作暂行规定》（法发〔2001〕23号）、《人民法院对外委托司法鉴定管理规定》（法释〔2002〕8号）、《最高人民法院关于人民法院民事诉讼中委托鉴定审查工作若干问题的规定》（法〔2020〕202号）的相关规定，认真审查拟鉴定事项是否属于待查明案件事实的专门性问题。有关工程价款数额的确定和工程质量等方面的问题，如果当事人不能协商一致或者通过其他方式达成解决方案，人民法院可以根据当事人的申请对外委托鉴定。对于明显不属于专门性事实问题的，依法不应委托鉴定。拟鉴定事项所涉鉴定技术和方法没有科学可靠性的，也不应委托鉴定。委托鉴定的，应根据鉴定事项的难易程度、鉴定材料准备情况等，合理确定鉴定期限；鉴定机构、鉴定人因特殊情况需要延长鉴定期限的，应提出书面申请，由人民法院根据具体情况决定是否延长。③

---

① 参见《重庆市高级人民法院关于建设工程造价鉴定若干问题的解答》（渝高法〔2016〕260号）第18条。
② 参见《河北省高级人民法院关于印发〈建设工程施工合同案件审理指南〉的通知》第18条。
③ 参见最高人民法院第六巡回法庭编：《最高人民法院第六巡回法庭裁判规则》，人民法院出版社2022年版，第6页；《广西壮族自治区高级人民法院关于建设工程的十二则问答》（2023年6月19日）问题5。

120. 争议事实的鉴定范围

当事人对部分案件事实有争议的，仅对有争议的事实进行鉴定，但争议事实范围不能确定，或者双方当事人请求对全部事实鉴定的除外。①

当事人仅对部分工程造价存在争议，或者人民法院根据当事人举示的证据能够自行确定部分工程造价，需要通过鉴定方式确定争议部分或者人民法院无法确定部分工程造价的，应当仅对当事人存在争议部分或者人民法院无法确定部分的工程造价进行鉴定。但当事人存在争议部分或者人民法院无法确定部分的工程造价与当事人无争议部分或者人民法院可确定部分的工程造价不可分，客观上需要对工程造价进行整体鉴定的除外。

工程造价是否可分，由人民法院在听取当事人、鉴定人意见后作出认定。人民法院认为有必要的，可以向建设工程造价管理总站、建设工程造价管理协会等专业机构咨询。②

> ➢ 建议指引

1. 工程质量鉴定

工程质量鉴定事项一般包括但不限于：（1）建设工程质量鉴定（已完工工程、在建未完工工程）；（2）建设工程灾损鉴定（在建工程对周边环境、已建成工程的影响）；（3）建设工程其他专项质量鉴定：建（构）筑物渗漏鉴定、建筑日照间距鉴定、建筑节能施工质量鉴定、建筑材料鉴定，工程设计工作量和质量鉴定、周边环境对建设工程的损伤或影响鉴定、装修工程质量鉴定、绿化工程质量鉴定，市政工程质量鉴定、工业设备安装工程质量鉴定、水利工程质量鉴定、交通工程质量鉴定、铁路工程质量鉴定、信息产业工程质量鉴定、民航工程质量鉴定、石化工程质量鉴定，等等；（4）修复方案质量鉴定；（5）其他工程质量鉴定事项。在申请工程质量司法鉴定时，可

---

① 参见《建工司法解释（一）》第31条。
② 参见《重庆市高级人民法院关于建设工程造价鉴定若干问题的解答》（渝高法〔2016〕260号）第3条。

就修复方案和修复费用一并提出鉴定申请,亦可在后续审理中,根据已查明的质量问题的具体情况,再行提出对该质量问题的修复方案以及修复费用的鉴定申请。

2. 工程工期鉴定

工期鉴定事项一般包括但不限于:(1)因承包人原因造成的工期延误司法鉴定;(2)非承包人原因造成的工期顺延司法鉴定;(3)不可抗力原因造成的工期延误司法鉴定;(4)工期共同延误的原因力、因果关系和责任份额承担的司法鉴定;(5)其他工程工期鉴定事项。工期鉴定目前较难实现,建议可以聘请专家辅助人参与工程工期鉴定,对工期专门性问题提出专家辅助人意见和对工期司法鉴定意见提出质证意见。

3. 工程造价鉴定

工程造价鉴定事项一般包括但不限于:(1)已完工程造价鉴定;(2)停工、窝工损失鉴定;(3)工程质量不合格修复费用鉴定、维修费用鉴定;(4)工程维保另行委托情形下的费用鉴定;(5)未完工项目费用鉴定;(6)未完工部分的可得利润鉴定;(7)工程变更费用的鉴定;(8)合同外新增工程、计日工费用的鉴定;(9)工程竣工结算费用的鉴定;(10)撤场损失鉴定;(11)其他造价司法鉴定。[①]

4. 鉴定范围

司法鉴定坚持鉴定范围最小化原则,鉴定前应尽量排除无争议项,只对有争议项进行鉴定。对待证事实能不通过鉴定就可以确定的,则不做鉴定;能够进行部分鉴定的,则不进行全部鉴定;必须通过鉴定才能确定的,可事先做好鉴定方法、鉴定依据的论证与确认,事先审查鉴定必需的基础性技术资料。成本人员可与裁判者主动沟通,缩小鉴定范围,避免不必要扩大鉴定范围而造成鉴定费用增加与鉴定时限的延长。[②]

[①] 参见《四川省律师协会、重庆市律师协会关于律师办理建设工程合同纠纷疑难业务指引》第8.2.1条。

[②] 参见《四川省律师协会、重庆市律师协会关于律师办理建设工程合同纠纷疑难业务指引》第8.2.2条。

121. 委托鉴定书须列明的事项

向司法鉴定部门移送鉴定、依法选定鉴定机构时，主审法官应当以书面形式明确委托书须列明的以下事项：

（1）委托鉴定的具体事项。

（2）建设工程造价、建设工程工期或停窝工损失、建设工程质量等鉴定的具体范围。

（3）通过鉴定解决的争议和争议要点。

（4）鉴定期限的具体要求。

（5）其他根据案件情况需明确的事项。①

第二节 鉴定过程和方法

122. 鉴定的方式方法

拟鉴定事项所涉鉴定技术和方法争议较大的，应当先对其鉴定技术和方法的科学性、可靠性进行审查。所涉鉴定技术和方法没有科学性、可靠性的，不予委托鉴定。②

建设工程的计量应当按照合同约定的工程量计算规则、图纸及变更指示、签证单等确定。

通常情况下，建设工程造价可以通过以下方式确定：

（1）固定总价合同中，需要对风险范围以外的工程造价进行鉴定的，应当根据合同约定的风险范围以外的合同价格的调整方法确定工程造价。

---

① 参见《江苏省高级人民法院建设工程施工合同纠纷案件委托鉴定工作指南》（江苏省高级人民法院审判委员会纪要〔2019〕5号）第5条第2款。

② 参见《最高人民法院关于人民法院民事诉讼中委托鉴定审查工作若干问题的规定》（法〔2020〕202号）第2条。

(2) 固定单价合同中，工程量清单载明的工程以及工程量清单的漏项工程、变更工程均应根据合同约定的固定单价或根据合同约定确定的单价确定工程造价；工程量清单外的新增工程，合同有约定的从其约定，未作约定的，参照工程所在地的建设工程定额及相关配套文件计价。

(3) 合同约定根据建设工程定额及相关配套文件计价，或者约定根据建设工程定额及相关配套文件下浮一定比例计价的，从其约定。

(4) 可调价格合同中，合同对计价原则以及价格的调整方式有约定的，从其约定；合同虽约定采用可调价格方式，但未对计价原则以及价格调整方式作出约定的，参照工程所在地的建设工程定额及相关配套文件计价。

(5) 合同未对工程的计价原则作出约定的，参照工程所在地的建设工程定额及相关配套文件计价。

(6) 建设工程为未完工程的，应当根据已完工程量和合同约定的计价原则来确定已完工程造价。如果合同为固定总价合同，且无法确定已完工程占整个工程的比例的，一般可以根据工程所在地的建设工程定额及相关配套文件确定已完工程占整个工程的比例，再以固定总价乘以该比例来确定已完工程造价。[①]

> **建议指引**

鉴定方法的选择属于鉴定中裁判权的延伸，当事人对鉴定方法有提出意见的权利。

在诉讼、仲裁过程中，对鉴定方法的确定一般遵循以下规则：(1) 鉴定方法不宜由鉴定机构自行、径行决定，防止以鉴代审；(2) 当鉴定涉及较为复杂的专业技术方法时，可以考虑请专家辅助人协助确定鉴定方法；(3) 在工程造价鉴定中，当事人之间的结算约定是否有效或多个不一致的结算约定如何采信，应由裁判者决定，鉴定机构或鉴定人员不应擅自否定、变更当事人之间的结算约定，或擅自对不一致的结算约定做出选择，也不得径行采用

[①] 参见《重庆市高级人民法院关于建设工程造价鉴定若干问题的解答》（渝高法〔2016〕260号）第11条。

定额或当事人约定之外的其他方法结算；（4）在合同没有约定或约定不明的情况下，鉴定机构在经裁判者要求或同意的前提下可以遵循行业惯例，参照签订建设工程施工合同时当地建设行政主管部门发布的计价方法或者计价标准进行鉴定。

当事人在鉴定过程中要主动与裁判者、鉴定人沟通，提出确定鉴定方法的依据，包括但不限于法律依据、合同依据、技术规范依据和证据依据等，不能由鉴定机构径行决定鉴定方法，避免以鉴代审的情形发生。对鉴定事项、鉴定范围和鉴定方法有异议的，可及时向裁判者提出书面异议，争取让裁判者结合案情及时进行合议或评议并作出决定。①

123. 鉴定方法异议的处理

建设工程造价鉴定过程中，当事人、鉴定人对鉴定方法有异议的，应当向人民法院提交书面意见，并说明理由。人民法院应当在审查当事人、鉴定人意见后，对当事人、鉴定人提出的异议进行审查。异议成立的，书面告知鉴定人变更鉴定方法；异议不成立的，书面告知当事人、鉴定人异议不成立，鉴定人仍应根据人民法院确定的鉴定方法进行鉴定。②

124. 鉴定勘验

建设工程造价鉴定过程中，鉴定人认为需要对建设工程是否实际施工、实际施工的方式、数量以及施工现场状况等进行现场勘验的，应当告知人民法院。人民法院经审查后，认为确需进行现场勘验的，应当组织当事人、鉴定人进行现场勘验。

现场勘验应当形成勘验笔录，由当事人、鉴定人以及人民法院工作人员

---

① 参见《四川省律师协会、重庆市律师协会关于律师办理建设工程合同纠纷疑难业务指引》第8.2.3条。
② 参见《重庆市高级人民法院关于建设工程造价鉴定若干问题的解答》（渝高法〔2016〕260号）第12条。

签字后提交给鉴定人作为鉴定依据。①

125. 鉴定机构的义务

人民法院委托鉴定，应当依法出具委托书，并在鉴定开始前要求鉴定机构签署承诺书。

鉴定机构接受委托后，应当在委托法院确定的鉴定期限内完成鉴定，并提交鉴定报告。鉴定机构无正当理由未按期完成鉴定的，委托法院可以解除委托，责令退还鉴定费用，并视情节取消鉴定机构参与司法鉴定遴选的资格。②

> ➤ 建议指引

可参照《全国人民代表大会常务委员会关于司法鉴定管理问题的决定》第2条、第4条和《司法鉴定机构登记管理办法》的相关规定，判断鉴定机构及鉴定人的资质等条件是否符合要求。在工程质量鉴定中如果涉及工程修复方案的鉴定，可申请选择设计资质不低于案涉工程原设计单位资质的鉴定机构。原设计单位同时具有相应鉴定资质的，一般情况下应优先选择，当事人提出异议的除外。③

126. 鉴定材料的提交范围和主体及异议

鉴定程序启动后，人民法院应当与鉴定单位共同确定需要提交的鉴定资料，并形成鉴定资料清单。鉴定资料清单应当载明鉴定资料的名称、提交主体等内容，鉴定资料清单所列资料应当与鉴定事项存在关联性。

鉴定资料清单形成后，人民法院应当及时向当事人送达。鉴定资料的提

---

① 参见《重庆市高级人民法院关于建设工程造价鉴定若干问题的解答》（渝高法〔2016〕260号）第20条。
② 参见《江苏省高级人民法院建设工程施工合同纠纷案件委托鉴定工作指南》（江苏省高级人民法院审判委员会纪要〔2019〕5号）第6条。
③ 参见《四川省律师协会、重庆市律师协会关于律师办理建设工程合同纠纷疑难业务指引》第8.1.6.2条。

交范围、提交主体原则上应当根据鉴定资料清单确定。①

当事人对鉴定资料清单载明的提交范围、提交主体提出异议的，人民法院应当根据以下情形分别作出处理：

（1）当事人认为需要提交鉴定资料清单外的资料的，原则上应予准许，与鉴定事项不具备关联性的，人民法院可在质证后予以剔除。

（2）当事人认为鉴定资料清单所列资料与鉴定事项不具备关联性的，仍应根据鉴定资料清单要求提交，确与鉴定事项不具备关联性的，人民法院可在质证后予以剔除。

（3）当事人认为鉴定资料清单所列资料在对方当事人控制之下的，可以申请人民法院责令对方当事人提交。申请理由成立的，人民法院应当责令对方当事人提交。

（4）当事人认为鉴定资料由国家有关部门保存，或者涉及国家秘密、商业秘密、个人隐私，因客观原因确不能自行提交的，可以申请人民法院调取或者向人民法院申请律师调查令，是否准许由人民法院决定。②

127. 鉴定材料的提交方法

当事人应当将鉴定资料提交给人民法院，由人民法院组织质证后提交给鉴定人，而不得直接提交给鉴定人。当事人直接将鉴定资料提交给鉴定人的，鉴定人应当告知当事人将鉴定资料提交给人民法院或者将鉴定资料转交给人民法院。未经人民法院组织质证，鉴定人直接根据当事人提交的鉴定资料作出鉴定意见的，人民法院应当对该鉴定意见不予采信，并重新进行鉴定或者对相关鉴定资料质证后由鉴定人重新出具鉴定意见。③

---

① 参见《重庆市高级人民法院关于建设工程造价鉴定若干问题的解答》（渝高法〔2016〕260号）第14条。
② 参见《重庆市高级人民法院关于建设工程造价鉴定若干问题的解答》（渝高法〔2016〕260号）第15条。
③ 参见《重庆市高级人民法院关于建设工程造价鉴定若干问题的解答》（渝高法〔2016〕260号）第17条。

> 建议指引

1. 鉴定材料的准备

当事人可根据鉴定事项和范围的需要,提供案件相关的地质勘察报告、工程招投标文件、中标通知书、建设工程施工合同(补充协议)、开工报告、施工组织设计、施工图设计文件审查报告、施工图纸(或竣工图纸)、图纸会审记录、设计变更单、工程签证单、工程变更单、工程洽商记录、工程会议纪要、工程验收记录、单位工程竣工报告、单位工程验收报告、工程质量检测报告、工程计量单、工程结算单、进度款支付单、工程结算审核书等。

2. 鉴定材料的质证

鉴定材料涉及工程量及工程价款等事实的质证结果,对鉴定意见有决定性作用,这要求鉴定材料具有真实性、合法性和关联性,需要经过裁判者的审核判断。依据《建工司法解释(一)》第33条的规定,人民法院准许当事人的鉴定申请后,可主张人民法院根据当事人申请及查明案件事实的需要,明确委托鉴定的事项、范围、鉴定期限等,并组织当事人对争议的鉴定材料进行质证。

当事人可对鉴定材料的三性及证明目的、证明对象、证明力大小进行质证。未经质证的材料,不得作为鉴定的依据。经质证认为不能作为鉴定依据的,依据该材料作出的鉴定意见不得作为裁判的依据。[①]

128. 提交鉴定材料的期限

人民法院向当事人送达鉴定资料清单时,应当告知当事人提交鉴定资料的期限。当事人应当在指定期限内向人民法院提交鉴定资料。确难在指定期限内提交鉴定资料的,可在指定期限届满前向人民法院申请延长提交期限,是否准许由人民法院决定。

---

① 参见《四川省律师协会、重庆市律师协会关于律师办理建设工程合同纠纷疑难业务指引》第8.3条。

当事人逾期提交鉴定资料的，人民法院应当参照《民事诉讼法解释》第101条、第102条规定的逾期举证的相关规则予以处理。①

129. 补充鉴定材料

建设工程造价鉴定过程中，鉴定人认为需要补充提交鉴定资料的，应当向人民法院发送书面函件。书面函件应当载明需要补充提交鉴定资料的名称、提交主体以及与鉴定事项的关系。人民法院经审查认为确须补充提交的，可以责令当事人限期提交。人民法院收到当事人补交的鉴定资料后，应组织当事人进行质证，并对鉴定资料进行认定后移交鉴定人。②

鉴定机构认为鉴定材料不全需要委托法院补充的，应当在接受委托之日起10日内向委托法院一次性提交补充所需材料的书面清单。

委托法院应当在收到材料补充清单之日起20日内，对照清单要求，组织当事人举证质证，并将经质证的相关材料移送鉴定机构。证据材料较多且当事人争议较大的，经分管庭长同意可以延长10日。③

> 建议指引

1. 补充鉴定适用情形

参照《最高人民法院关于人民法院民事诉讼中委托鉴定审查工作若干问题的规定》、《司法鉴定程序通则》、2017版《建设工程造价鉴定规范》（GB/T 51262—2017）关于补充鉴定适用情形的规定，补充鉴定适用情形包括以下情况：（1）裁判者增加新的鉴定要求的；（2）裁判者发现委托的鉴定事项有遗漏的；（3）裁判者就同一委托鉴定事项又提供或者补充了新的证据材料的；（4）鉴定人通过出庭作证，或自行发现有缺陷的；（5）鉴定意见和鉴定意见书的其他部分相互矛盾的；（6）鉴定意见书中对同一认定意见使用不确定性表述

---

① 参见《重庆市高级人民法院关于建设工程造价鉴定若干问题的解答》（渝高法〔2016〕260号）第16条。
② 参见《重庆市高级人民法院关于建设工程造价鉴定若干问题的解答》（渝高法〔2016〕260号）第19条。
③ 参见《江苏省高级人民法院建设工程施工合同纠纷案件委托鉴定工作指南》（江苏省高级人民法院审判委员会纪要〔2019〕5号）第7条。

的；(7) 鉴定意见书有其他明显瑕疵的；(8) 其他需要补充鉴定的情形。

2. 补充鉴定的程序启动

经当事人要求或者由裁判者书面告知鉴定机构可启动补充鉴定程序，由原鉴定机构出具补充鉴定意见。

3. 补充鉴定意见的使用方式

补充鉴定是对于原鉴定意见中出现的鉴定依据采用不当、鉴定数据存在错误等瑕疵情形的补充、修正和完善的鉴定过程。原则上补充鉴定意见不是独立的鉴定程序，原鉴定意见与补充鉴定意见可结合起来共同构成建设工程造价、质量或工期等鉴定事项的专门性问题的判断，两者结合是一个完整的证据。[1]

130. 瑕疵鉴材的排除

人民法院应当组织当事人对鉴定意见进行质证。鉴定人将当事人有争议且未经质证的材料作为鉴定依据的，人民法院应当组织当事人就该部分材料进行质证。经质证认为不能作为鉴定依据的，根据该材料作出的鉴定意见不得作为认定案件事实的依据。[2]

131. 鉴定事项无法鉴定

当事人申请鉴定的，由各方当事人协商确定具备鉴定资质的鉴定机构；协商不成的，由各方当事人推荐的具备鉴定资质的鉴定机构及本辖区或本省、省外建立的鉴定机构名册中摇号选择一家首选鉴定机构、两家备选鉴定机构。当事人在确定鉴定机构时应对鉴定机构的资质、鉴定能力提出意见，否则视为接受协商或摇号的结果。在正选鉴定机构明确表示无法鉴定的情况下，依次征询备选鉴定机构的意见。经摇号选择的鉴定机构均表示无法鉴定的，各方当事人一致同意重新选择鉴定机构或聘请若干专家组成鉴定组进行鉴定的，

---

[1] 参见《四川省律师协会、重庆市律师协会关于律师办理建设工程合同纠纷疑难业务指引》第8.8条。

[2] 参见《建工司法解释（一）》第34条。

予以支持。各当事人无法达成一致意见的，认定申请鉴定事项无法鉴定。

申请鉴定事项无法鉴定的，应依据举证责任的分配原则、双方当事人的过错程度和全案证据情况，认定案件的基本事实。①

132. 鉴定人对合同效力证据采信的意见

建设工程造价鉴定中，鉴定人应当对与建设工程造价相关的专门性问题出具鉴定意见。鉴定人在鉴定中认为需要对合同或者合同条款的效力、合同条文的理解、证据的采信等法律性问题作出认定的，应当向人民法院提交书面意见，并说明理由，由人民法院作出认定。人民法院对相关问题作出认定后，应当书面答复鉴定人。

人民法院认为暂时难以对合同或者合同条款的效力、合同条文的理解、证据的采信等法律性问题作出认定，需要在庭审后结合其他证据作出综合认定的，可以要求鉴定人出具多种鉴定意见或者将有争议的事项予以单独列出。②

133. 鉴定依据补充确定

鉴定过程中，鉴定机构认为应当由人民法院确定的事项而要求委托法院确定的，应当及时以书面形式征询委托法院的意见，委托法院应当及时作出书面答复。

委托法院认为鉴定机构要求确定的事项，不属于必须由人民法院确定且宜由鉴定机构进行专业鉴别的，可以要求鉴定机构分析鉴别。必要时，委托法院、鉴定机构可以协同建设工程案件咨询专家或者行业管理部门研讨确定。③

---

① 参见《福建省高级人民法院关于建设工程施工合同纠纷疑难问题解答》第39条。
② 参见《重庆市高级人民法院关于建设工程造价鉴定若干问题的解答》（渝高法〔2016〕260号）第13条。
③ 参见《江苏省高级人民法院建设工程施工合同纠纷案件委托鉴定工作指南》（江苏省高级人民法院审判委员会纪要〔2019〕5号）第8条。

134. 鉴定机构可要求人民法院明确的事项

下列事项，鉴定机构可以要求委托法院予以明确：

（1）可以作为鉴定依据的合同、签证、函件、联系单等书证的真实性及其证据效力。

（2）合同没有约定、约定不明，或者约定之间存在矛盾，需要进行合同解释明确鉴定依据的。

（3）无效合同中可以参照作为结算依据的条款。

（4）确定质量标准的依据。

（5）约定工期与实际工期认定的依据。

（6）当事人在鉴定过程补充证据材料或者对证据材料有实质性异议需要重新质证认证的。

（7）鉴定所需材料缺失，需要明确举证不能责任承担的。

（8）对未全部完工工程等需先确定鉴定方法的。

（9）其他需要由人民法院予以明确、作出决定的事项。[1]

第三节　鉴定意见及其他辅助事项

135. 初步鉴定意见

鉴定人在出具正式鉴定意见前，应当出具初步鉴定意见，征求人民法院和当事人的意见。

收到初步鉴定意见后，人民法院应当及时向当事人送达，并要求当事人在一定期限内提交书面意见。当事人应当就鉴定意见与鉴定事项是否相符、

---

[1] 参见《江苏省高级人民法院建设工程施工合同纠纷案件委托鉴定工作指南》（江苏省高级人民法院审判委员会纪要〔2019〕5号）第9条。

计价原则和计价方式是否科学、鉴定依据是否合法、鉴定意见是否存在错漏等提出意见。当事人提交书面意见后，人民法院认为有必要的，可以组织当事人、鉴定人进行听证，听取当事人、鉴定人的意见。

人民法院将当事人提交的书面意见、听证意见反馈给鉴定人后，鉴定人应当结合当事人提交的书面意见、听证意见对初步鉴定意见进行修正，并及时出具正式的鉴定意见。①

鉴定人出具初步鉴定意见后，当事人又申请补交鉴定资料的，人民法院原则上应当不予同意。但当事人补交的鉴定资料对建设工程造价存在重大影响的，人民法院可以同意，但应参照《民事诉讼法解释》第101条、第102条规定的逾期举证的相关规则予以处理。②

136. 分别作出鉴定意见

人民法院在委托鉴定时可要求鉴定机构根据当事人所主张的不同结算依据分别作出鉴定结论，或者要求鉴定机构对存疑部分的工程量及价款鉴定后单独列项，供审判时审核认定使用，也可由人民法院就争议问题先作出明确结论后再启动鉴定程序。③

137. 鉴定意见质证和审查的方法

鉴定意见应当经当事人质证才能作为认定事实的依据，可由当事人对鉴定机构或鉴定人的资质、鉴定范围是否准确、鉴定程序是否合法、鉴定材料是否可靠、鉴定方法是否科学、鉴定意见是否存在错漏等发表质证意见。具有下列情形之一的，鉴定意见不能作为认定事实的依据：

（1）鉴定人员与一方当事人存在利害关系，影响鉴定的公正性的。

（2）鉴定人员未实际参与鉴定，仅在鉴定报告上署名的。

---

① 参见《重庆市高级人民法院关于建设工程造价鉴定若干问题的解答》（渝高法〔2016〕260号）第21条。
② 参见《重庆市高级人民法院关于建设工程造价鉴定若干问题的解答》（渝高法〔2016〕260号）第23条。
③ 参见《河北省高级人民法院关于印发〈建设工程施工合同案件审理指南〉的通知》第19条。

（3）经人民法院通知，鉴定人拒不出庭作证的。

（4）其他不应采信的情形。①

> **建议指引**

1. 鉴定意见的审查

依据《最高人民法院关于民事诉讼证据的若干规定》《人民法院对外委托司法鉴定管理规定》《最高人民法院关于人民法院民事诉讼中委托鉴定审查工作若干问题的规定》等规范性文件的规定，当事人审查鉴定意见可从鉴定事项、鉴定机构、鉴定人、鉴定材料、鉴定依据和鉴定意见书内容等多个方面进行，具体审查内容包括：（1）鉴定事项与委托鉴定事项是否一致，是否存在鉴定机构私下扩大或者缩小鉴定事项范围的情况；（2）鉴定机构和人员是否具备鉴定的资质；（3）鉴定的内容是否超过鉴定机构和人员的鉴定能力；（4）鉴定机构和人员是否在鉴定意见书中签章或签字等；（5）鉴定材料是否经过质证、关键鉴定材料是否确实存在、是否满足《最高人民法院关于民事诉讼证据的若干规定》规定的鉴定条件；（6）鉴定依据是否准确并经过质证、是否属于委托鉴定期间范围内的有效鉴定依据等；（7）鉴定意见内容是否存在错误、是否符合《最高人民法院关于人民法院民事诉讼中委托鉴定审查工作若干问题的规定》第36条的规定等。

2. 鉴定意见的质证

对鉴定意见的质证可就鉴定意见是否具有证据的真实性、合法性和关联性，是否具有证明力及证明力的大小和证明目的进行质证。具体而言，质证内容可在前述鉴定意见审查结果的基础上，依据《最高人民法院关于民事诉讼证据的若干规定》第40条，《司法鉴定程序通则》第31条等规定的关于鉴定机构和鉴定人的资质、鉴定机构的执业范围、鉴定程序是否合法、鉴定意见的形式合法性、鉴定材料是否经过质证、鉴定意见是否具有充分依据

---

① 参见《山东省高级人民法院关于审理建设工程施工合同纠纷案件若干问题的解答》（2020年11月4日）第6条。《重庆市高级人民法院关于建设工程造价鉴定若干问题的解答》（渝高法〔2016〕260号）第24条认为，鉴定意见的质证方法还包括"计价原则和计价方式是否科学"。

（鉴定意见依据合同/协议、法律法规规章、行业规范以及现场数据等底层数据和规范性文件）等角度进行质证。确有必要的，可要求鉴定人出庭接受当事人质询。

在质证过程中可考虑引入专家辅助人，帮助当事人从专业角度发表对鉴定意见的质证意见。①

138. 鉴定人出庭

当事人对鉴定意见有异议或者人民法院认为鉴定人有必要出庭的，人民法院应当通知鉴定人出庭作证。鉴定人出庭作证的，经人民法院准许，当事人可以就鉴定意见向鉴定人发问。②

> ➤ 建议指引

1. 申请鉴定人出庭作证

当事人可依据《民事诉讼法》第81条的规定向人民法院申请鉴定人出庭作证或向人民法院提出异议后请求人民法院依职权通知鉴定人出庭。依据《最高人民法院关于民事诉讼证据的若干规定》第38条和第39条的规定，若出庭费用包含在鉴定费用中，则申请当事人无须预交出庭费用；反之，则应当预交鉴定人出庭费用。

2. 鉴定人拒不出庭作证的结果

依据《民事诉讼法》第81条的规定，经人民法院依法通知，司法鉴定人拒不出庭作证的，鉴定意见不得作为裁判者判断事实的根据。但拒不出庭原因系申请人拒绝缴纳预交出庭费用的除外。

3. 异议当事人对鉴定人的质询

异议当事人对鉴定人询问可注意质询前、质询中和质询后3个部分的准备和应对工作。在质询前保证已经先行向裁判者提交了异议文件，并以异议

---

① 参见《四川省律师协会、重庆市律师协会关于律师办理建设工程合同纠纷疑难业务指引》第8.5.2条。
② 参见《重庆市高级人民法院关于建设工程造价鉴定若干问题的解答》（渝高法〔2016〕260号）第24条。

文件为基础准备质询提纲或相关的佐证或反证证据资料。在质询中注意出庭鉴定人与鉴定意见中的鉴定人身份是否一致；按照从鉴定意见的程序性问题到鉴定意见的实体性问题的逻辑从证据真实性、合法性、关联性等关乎鉴定意见程序上能否采用的角度进行询问。询问后如果鉴定人的答复确实存在专业错误、回避询问内容等情况的，可根据案件情况建议裁判者对鉴定采取补充鉴定或重新鉴定的方式予以完善或纠正。①

139. 鉴定意见的审查

建设工程案件除形式、程序等方面审查外，还应特别注重以下实质内容的审查：

（1）鉴定事项及范围是否与委托相符。

（2）鉴定材料是否全面完整并经法定程序质证。

（3）鉴定依据是否正确合理。

（4）鉴定方法是否科学，是否符合实际状况。

（5）鉴定过程是否符合法律规定及技术规范要求。

（6）鉴定意见书的结论是否明确具体，分析过程与结论是否具有逻辑性及确定性，是否与已查明认定的事实存在矛盾。

（7）鉴定程序以及鉴定意见书的形式等是否符合法定要求。

需要注意的是，鉴定意见书存在鉴定意见和鉴定意见书的其他部分相互矛盾、同一认定意见使用不确定性表述、鉴定意见书有其他明显瑕疵等情形的，视为未完成委托鉴定事项，应当要求鉴定人补充鉴定或重新鉴定。补充鉴定或重新鉴定仍不能完成委托鉴定事项的，应当责令鉴定人退回已经收取的鉴定费用。②

---

① 参见《四川省律师协会、重庆市律师协会关于律师办理建设工程合同纠纷疑难业务指引》第8.6条。

② 参见《福建省高级人民法院关于建设工程施工合同纠纷疑难问题解答》第37条。

140. 鉴定意见确定性要求

鉴定机构接受鉴定委托，应当出具肯定或否定的确定性鉴定意见，原则上不得出具选择性鉴定意见。

鉴定机构认为只能出具选择性鉴定意见的，应及时以书面方式与委托法院进行沟通。委托法院同意出具选择性鉴定意见的，鉴定机构方可出具选择性鉴定意见。[1]

案例：西安公司与德荣公司、德兴公司建设工程施工合同纠纷案——责令鉴定机构明确鉴定意见[2]

【裁判要旨】

鉴定机构对当事人争议的工程造价出具不明确的意见，不能据以认定待证事实的，不能作为证据使用，应根据《最高人民法院关于民事诉讼证据的若干规定》第40条的规定，要求鉴定机构对鉴定结论作出解释、说明或者补充，明确其意见，并出庭接受当事人的质询。否则应责令其退还鉴定费用，并依照《民事诉讼法》的规定对鉴定机构进行处罚。

【基本案情】

2011年1月25日，西安公司与德荣公司签订《建设工程施工合同》一份，主要约定由西安公司包工包料施工德荣公司开发的龙岩"依云水岸"项目建筑工程及水电安装工程。涉案工程于2014年6月26日通过综合竣工验收。

诉讼中，由于双方对西安公司施工的工程造价争议较大，人民法院根据德荣公司的申请委托福建华夏工程造价咨询有限公司进行工程造价鉴定。2018年4月28日，华夏公司出具鉴定意见认为，西安公司已完成的"依云水岸"项目工程可确定部分造价（含土建工程、水电安装）139131610元

---

[1] 参见《江苏省高级人民法院建设工程施工合同纠纷案件委托鉴定工作指南》（江苏省高级人民法院审判委员会纪要〔2019〕5号）第10条。
[2] 参见《福建法院建设工程施工合同纠纷十大典型案例》，载微信公众号"福建高院"2022年9月22日，https://mp.weixin.qq.com/s/CPFEc4AuZzEaISaDjGheBw。

（其中土建部分125537874元、安装部分13593736元）。存在争议部分造价：（1）塔吊部分。西安公司主张3187150元，德荣公司主张2455941元，差额731209元。（2）外墙面砖部分。西安公司主张5922748元，德荣公司主张5017693元，差额905055元。（3）玻化微珠保温砂浆配合比部分。西安公司主张2778345元，德荣公司主张2195666元，差额582679元。（4）环境保护费（垃圾外运）部分，双方均主张由其施工，涉及造价209655元。德荣公司预支付华夏公司鉴定费96万元。

由于鉴定机构未明确具体的意见，一审据以作出的判决认定基本事实不清，被二审法院裁定发回重审。

本案原一审中，德荣公司向华夏公司预交了鉴定费96万元。重审时，当事人因鉴定费用较高均不愿意重新申请鉴定，合议庭研究讨论认为，为减轻当事人负担，应当致函鉴定机构华夏公司，责令鉴定机构对本案的工程造价重新进行审核认定，并出具明确的意见，若其拒绝重新审核认定，则鉴定费用予以追回。华夏公司按照法院要求重新出具鉴定意见，对争议部分造价提出了明确的鉴定意见，并降低鉴定费用，实际收取583909元。

【裁判结果】

一审法院依据鉴定机构重新出具的鉴定意见作出判决，双方均提出上诉。二审中双方当事人以鉴定意见为基础达成调解协议。

【处理思路】

鉴定机构出具的工程造价鉴定意见，对争议的鉴定事项只简单罗列当事人的主张，未进行分析判断并出具专业意见的，不能作为证据使用。依据《最高人民法院关于民事诉讼证据的若干规定》第40条第1款的规定，鉴定意见不能作为证据使用的，可以重新进行鉴定。一审法院重审认为，本案鉴定机构没有明确其意见，系鉴定人不履行鉴定职责，并非鉴定人不具备相应资格或鉴定程序严重违法，可以要求鉴定机构明确其意见。如果鉴定人拒不出具明确意见的鉴定结论或不出庭接受当事人质询的，可以责令其退回鉴定费用并进行处罚。故发函原鉴定机构明确指出，根据《司法鉴定程序通则》第2条的规定，司法鉴定是指在诉讼活动中鉴定人运用科学技术或者专门知识对诉讼涉及的专门性问题进行鉴别和判断并提供鉴定意见的活动,鉴定机构应当明确鉴定意见,否则应退回鉴定费用。后鉴定机构按照法院要求重新作出明确的鉴定意见,为案件的处理提供了事实依据。

【法官点评】

司法鉴定是由人民法院委托作出的,法院应当加强与鉴定机构的沟通,及时予以指引、审查和监督,避免"以鉴代审"的情况。一要合理确定鉴定事项。确定鉴定事项不能仅凭当事人提交的鉴定申请,还应当围绕案件争议焦点,结合检材、鉴定方法等具体情况明确鉴定事项,尽量提高鉴定过程的可操作性,更好地实现鉴定意见的证明作用。二要加强对鉴定人和鉴定时间的审查监督。在质证、勘查、询问等行为的过程中核实鉴定人身份,避免"挂名鉴定"的现象。对于无正当理由"久鉴不定"的情况,要及时适用《最高人民法院关于民事诉讼证据的若干规定》第35条的规定,另行委托鉴定人进行鉴定,责令原鉴定人退还鉴定费用。三要确保鉴定意见明确。鉴定意见属于《民事诉讼法》规定的七种证据类型之一。鉴定意见不明确,不能证明待证事实是否真实的,系与待证事实缺乏关联性,不能作为证据使用。案例中鉴定机构第一次出具的鉴定意见针对部分鉴定事项仅简单罗列当事人的主张,未予鉴定,也未明确意见,即属于以上情形。本案中,人民法院向鉴定机构发函,释明相关法律后果,明确鉴定要求,责令鉴定机构重新出具鉴定意见。通过这种做法,补正了鉴定意见的证据能力和证明力,明确了案件事实,最终推动了案件的调解解决。

141. 鉴定报告规范性要求

对鉴定机构出具的鉴定报告,委托法院应当对照《最高人民法院关于民事诉讼证据的若干规定》第36条的规定,审查鉴定报告的内容构成和形式要件是否符合要求。符合的应当及时将副本送交当事人,并指定当事人提出异议的期限;不符合的应当径行退回鉴定机构重新出具。

对鉴定事项的鉴定意见,鉴定机构应当在鉴定报告中分类、逐项说明,明确所依据的具体证据、法律、法规和规范性文件名称以及发布机关、文号、具体条款等内容；援引有关原理、方法作出判断的，应当注明出处。①

142. 鉴定报告完整性要求

鉴定机构与委托法院的往来函件应当作为鉴定报告的附件。经委托法院准许或者按委托法院要求，鉴定机构进行现场勘验制作的勘验笔录，应当作为鉴定报告的附件。

勘验笔录，应当详细记录勘验的时间、地点、勘验人、在场人及勘验的经过、结果，并由勘验人、在场人签名或者盖章。

鉴定意见最终出具前须征求当事人意见，当事人提出异议的，鉴定机构应当在鉴定报告中作出解释、说明。②

143. 当事人异议规范要求

当事人对鉴定报告的内容有异议的，应当在人民法院指定期限内以书面方式明确说明异议的具体内容及其依据，并提交或者列举相关证据，对计算方法有异议的，应当说明采用不同计算方法的理由及依据。

对当事人的异议，鉴定机构应当以书面形式作出解释、说明或者补充。③

144. 鉴定意见存在问题的处理

人民法院发现鉴定意见存在鉴定依据采用不当、鉴定数据存在错漏等情形，可以由鉴定人通过出具补充鉴定意见的方式予以纠正的，应当书面告知鉴定人，由鉴定人出具补充鉴定意见。

人民法院认为存在鉴定意见与鉴定事项不符、未按照人民法院确定的鉴定方法鉴定、鉴定程序违法等情形，难以通过出具补充鉴定意见的方式予以

---

① 参见《江苏省高级人民法院建设工程施工合同纠纷案件委托鉴定工作指南》（江苏省高级人民法院审判委员会纪要〔2019〕5号）第11条。
② 参见《江苏省高级人民法院建设工程施工合同纠纷案件委托鉴定工作指南》（江苏省高级人民法院审判委员会纪要〔2019〕5号）第12条。
③ 参见《江苏省高级人民法院建设工程施工合同纠纷案件委托鉴定工作指南》（江苏省高级人民法院审判委员会纪要〔2019〕5号）第13条。

纠正的,应当进行重新鉴定。[①]

> **建议指引**

1. **重新鉴定适用情形**

依据《最高人民法院关于民事诉讼证据的若干规定》《司法鉴定程序通则》关于重新鉴定的情形的规定,重新鉴定的适用情形包括以下情况:(1)原司法鉴定机构或司法鉴定人不具有从事原委托事项鉴定执业资格的;(2)原司法鉴定机构超出登记的业务范围组织鉴定的;(3)原司法鉴定人按规定应回避没有回避的;(4)鉴定意见明显依据不足的;(5)法律规定或者裁判者认为需要重新鉴定的其他情形。

2. **重新鉴定的程序启动**

当事人提出申请并经裁判者准许后可重新启动鉴定程序。原则上为节约诉讼资源、缩短裁判进程,裁判者一般不会同意当事人要求重新鉴定的申请。若当事人提出的重新鉴定理由属于法定重新鉴定情形的,并且不可以通过补正、补充鉴定或者补充质证、重新质证等方法解决的,裁判者才会准许重新鉴定的申请。

3. **重新鉴定意见使用方式**

依据《最高人民法院关于民事诉讼证据的若干规定》第40条的规定,虽然重新鉴定与原鉴定两者鉴定范围一致,但两者属于相互独立的两个鉴定程序,且重新鉴定不以原鉴定为基础,亦不依据原鉴定意见书中确定的事实,而是由鉴定机构对原鉴定事项重新鉴定。当事人可主张重新鉴定意见按照独立完整的鉴定意见作为案件证据。

4. **重新鉴定人员的回避**

2017版《建设工程造价鉴定规范》(GB/T 51262—2017)第5.13.2条规定:"进行重新鉴定时,鉴定人有下列情形之一的,必须回避:1.有本规范第3.5.3条规定情形的;2.参加过同一鉴定事项的初次鉴定的;3.在同一鉴

[①] 参见《重庆市高级人民法院关于建设工程造价鉴定若干问题的解答》(渝高法〔2016〕260号)第25条。

定事项的初次鉴定过程中作为专家提供过咨询意见的。"对此，重新鉴定过程中原初次鉴定的鉴定人或专家辅助人应当回避。①

145. 鉴定未完成的认定与处理

委托法院认为鉴定机构未完成鉴定，或者鉴定报告遗留过多不确定项，鉴定机构无正当理由拒绝继续完成或补充鉴定的，委托法院经向三名建设工程案件咨询专家咨询，认为鉴定机构可以作出鉴定意见的，鉴定机构应当退还收取的鉴定费用。

鉴定机构不能完成鉴定的，经合议庭讨论决定，可以委托备选鉴定机构或者重新选定鉴定机构进行鉴定。备选鉴定机构存在法定回避等不适宜担任鉴定人的情形的，应当依照程序重新选定鉴定机构。②

146. 鉴定事项辅助确定机制

具备下列情形之一，经双方当事人和选定鉴定机构同意，委托法院可以通知鉴定机构派员作为专家辅助人参与证据交换，辅助确定鉴定事项：

（1）当事人在诉辩初期即申请司法鉴定的。

（2）证据材料较多且当事人争议较大的。

（3）证据材料涉及较强专业性问题判断的。

鉴定机构应当按委托法院要求派员从建设工程专业角度指导当事人举证、质证，并对应当委托鉴定的事项提出意见和建议。③

> **建议指引**

申请专家辅助人出庭的目的是以其在特殊领域具有的知识、经验和技能，帮助当事人对专业性或专门性问题进行分析和提出意见，尤其是在协助对鉴

---

① 参见《四川省律师协会、重庆市律师协会关于律师办理建设工程合同纠纷疑难业务指引》第8.9条。
② 参见《江苏省高级人民法院建设工程施工合同纠纷案件委托鉴定工作指南》（江苏省高级人民法院审判委员会纪要〔2019〕5号）第14条。
③ 参见《江苏省高级人民法院建设工程施工合同纠纷案件委托鉴定工作指南》（江苏省高级人民法院审判委员会纪要〔2019〕5号）第15条。

定意见质证和对鉴定人询问中可发挥专业作用，能够帮助裁判者对专业性或专门性问题进行准确理解和适用。

首先，当事人申请专家辅助人出庭首先可委托有一定专业影响力的专家辅助人，以便提供更权威、更有说服力的专业意见；其次，需重视专家辅助人对案件鉴定争议事实的全面了解，充分知晓双方当事人的争议意见，便于其发挥专业优势，与对方当事人或鉴定人据理力争；最后，专家辅助人出庭亦应当作出客观、公正、科学的专家意见，不宜因接受一方当事人出庭而利用其专业知识发表偏颇、不客观甚至虚假的专业意见。①

147. 鉴定终止辅助费用的负担

鉴定机构派员参与辅助确定鉴定事项，在鉴定开始之前，当事人自行和解、达成调解，或者发现鉴定没有必要进行的，鉴定机构退还预收的鉴定费用，委托法院应当根据纠纷解决情况和鉴定机构参与程度，决定当事人应当向鉴定机构支付的合理费用。②

---

① 参见《四川省律师协会、重庆市律师协会关于律师办理建设工程合同纠纷疑难业务指引》第8.7.2条。
② 参见《江苏省高级人民法院建设工程施工合同纠纷案件委托鉴定工作指南》（江苏省高级人民法院审判委员会纪要〔2019〕5号）第16条。

第六章

建设工程价款优先受偿权

第一节 建设工程价款优先受偿权的主体和客体

148. 建设工程价款优先受偿权的主体

与发包人订立建设工程施工合同的承包人，依据《民法典》第807条的规定请求其承建工程的价款就工程折价或者拍卖的价款优先受偿的，人民法院应予支持。[①]

149. 建设工程债权受让人与优先受偿权

第一种意见，建设工程价款优先受偿权随债权一并转让。建设工程价款优先受偿权所设立的立法本意系解决拖欠建设工程价款问题，以推动承包人价款债权的实现，建设工程价款优先受偿权依附于工程价款债权，具有从属性，不具有人身属性，故承包人将建设工程价款债权转让的，建设工程价款优先受偿权随之转让。[②]

建设工程承包人转让其在施工中形成的债权，受让人基于债权的转让而取得工程价款债权，因而其应当享有该建设工程价款的优先受偿权。建设工程价款优先受偿权系法定优先权，法定优先权属于担保物权，具有一定的追及效力，其功能是担保工程价款优先支付，该权利依附所担保的工程而存在，

[①] 参见《建工司法解释（一）》第35条。
[②] 参见《湖南省高级人民法院关于审理建设工程施工合同纠纷案件若干问题的解答》第20条；《福建省高级人民法院关于建设工程施工合同纠纷疑难问题解答》第20条。

即使被担保的工程发生转让,也不影响承包人建设工程价款优先受偿权的行使。肯定受让人享有建设工程价款优先受偿权,也有利于建设工程债权的流转。虽然债权受让人享有建设工程价款优先受偿权与承包人和建筑工人的利益看似无直接关系,但承包人在债权转让中获得的对价亦可用于结算建筑工人的工资,建设工程债权的流转能够间接促进承包人和建筑工人加速获偿。①

第二种意见,建设工程价款优先受偿权不随债权一并转让。建设工程价款优先受偿权属于法定优先权,行使主体应限定为与发包人形成建设工程施工合同关系的承包人,建设工程价款债权转让后,受让人主张对建设工程价款享有优先受偿权的,人民法院不予支持。②

> 建议指引

1. 工程债权受让人

工程债权,是指发包方、承包方关于建设工程项目,发包方、承包方确认应付承包人的工程价款或依据生效裁判文书确认发包人应付承包人的工程价款,包括工程价款、利息、违约金、损害赔偿金等。工程债权受让人并不必然享有建设工程价款优先受偿权。

多数观点认为,依据《民法典》第547条第1款的规定,建设工程价款债权允许转让,建设工程价款优先受偿权作为债权的从权利也应一并转让,建设工程价款优先受偿权并不具有人身专属性,因此,工程价款受让人在受让主权利的工程价款债权时,应当也受让了作为从权利的建设工程价款优先受偿权。根据风险与收益相对等的原则,建设工程价款债权受让人在支付相应对价并承担工程价款拖欠的风险后,也应享有建设工程价款优先受偿权。③

少数观点认为,建设工程价款受让人并非承包人,《建工司法解释

---

① 参见最高人民法院民事审判第一庭编:《民事审判实务问答》,法律出版社2021年版,第54~55页。

② 参见《重庆市高级人民法院、四川省高级人民法院关于审理建设工程施工合同纠纷案件若干问题的解答》第17条。

③ 参见《四川省律师协会、重庆市律师协会关于律师办理建设工程合同纠纷疑难业务指引》第7.1.2条。

（一）》第35条和《民法典》第807条已明确规定只有与发包人订立建设工程施工合同的承包人才享有建设工程价款优先受偿权，受让人不享有建设工程价款优先受偿权。

2. 民事强制执行程序中工程价款债权转让时的受让人

生效法律文书所确定的债权转让后，受让人可依据《人民法院办理执行案件规范》第51条[①]和《最高人民法院关于民事执行中变更、追加当事人若干问题的规定》第9条关于受让人在取得债权后应当及时根据相关规定申请变更、追加为申请执行人的规定，向人民法院申请变更申请执行人，法院的执行依据为原生效判决。但工程债权较为特殊，受让后的工程价款是否享有建设工程价款优先受偿权在实务中存在较大争议。当事人应知晓在不予支持受让人享有建设工程价款优先受偿权的地区，执行法院出具变更申请执行人的裁定存在不确定性。[②]

150. 合同效力与建设工程价款优先受偿权

建设工程施工合同无效，不应影响建设工程价款优先受偿权的行使。建设工程价款优先受偿权的立法目的是保护劳动者的利益。因为在发包人拖欠承包人的工程价款中，有相当部分是承包人应当支付给工人的工资和其他劳务费用。在无效建设工程施工合同中，上述有关费用也已实际支出，应当由发包人予以支付。即便合同无效，认定承包人就该笔费用享有优先受偿权，依然有利于促进劳动者利益的保护，符合建设工程价款优先受偿权制度的立法目的。《建工司法解释（一）》第38条规定："建设工程质量合格，承包人请求其承建工程的价款就工程折价或者拍卖的价款优先受偿的，人民法院应予支持。"该条明确规定承包人的建设工程价款优先受偿权与建设工程质量是否合格相关，不与合同效力直接相关。[③]

[①]《人民法院办理执行案件规范》现已废止，现行有效的法律文件为《人民法院办理执行案件规范》（第2版），条文为第57条第1款。
[②] 参见《四川省律师协会、重庆市律师协会关于律师办理建设工程合同纠纷疑难业务指引》第7.1.3条。
[③] 参见最高人民法院民事审判第一庭编：《民事审判实务问答》，法律出版社2021年版，第60页。

建设工程价款优先受偿权不受施工合同效力的影响，施工合同无效，承包人仍可享有建设工程价款优先受偿权。①

案例1：海峡公司与和昌公司建设工程施工合同纠纷案——未取得建设工程规划许可证的合同效力及是否享有建设工程价款优先受偿权的认定②

【裁判要旨】

对于未取得建设工程规划许可证等审批手续的工程项目，当事人签订建设工程施工合同的，应当认定合同无效。承包人以发包人能够办理审批手续而未办理为由主张合同有效的，应当举证证明发包人持有办理建设工程规划许可证的所有材料、相关行政部门在收到发包人持有的材料后能够颁发建设工程规划许可证、发包人存在故意不办理建设工程规划许可证的行为，否则应当承担举证不能的不利后果。

承包人就工程折价或者拍卖的价款享有优先受偿权的前提是该工程不存在按照其性质不宜折价、拍卖的情形。建设工程因未取得规划部门颁发的许可证，无法折价、拍卖，承包人主张优先受偿权的，依法不予支持。

【基本案情】

2014年3月18日，海峡公司与和昌公司签订一份《工程建设施工合同》。合同对工程概况、工程承包范围、合同工期、质量标准、合同价款等双方之间的权利义务进行了相应约定。海峡公司依约进行施工，因和昌公司未办理相关许可证件导致相关行政主管部门多次责令海峡公司停止施工。和昌公司至今已支付给海峡公司款项1.13亿元。因海峡公司向一审法院提出司法鉴定申请，一审法院依法委托福建省建融工程咨询有限公司进行相关鉴定，其出具《工程造价鉴定报告书》载明"1.根据法院提供的鉴定资料及现场勘查，本工程已完成项目工程造价为260567418元；2.我司根据海峡公司提供的证据清单中的索赔资料进行鉴定，鉴定出索赔造价为10883552元，是否赔

---

① 参见《山东高院民一庭关于审理建设工程施工合同纠纷案件若干问题的解答》（2020年8月15日）第10条。

② 参见《福建法院建设工程施工合同纠纷十大典型案例》，载微信公众号"福建高院"2022年9月22日，https://mp.weixin.qq.com/s/CPFEc4AuZzEaISaDjGheBw。

付由法院判决"。海峡公司为此预付本案鉴定费用共计1132611元。

一审法院依法向泉州市城乡规划局调查核实案涉工程是否依法取得建设工程规划许可证等证件。泉州市城乡规划局一直未书面函复，但电话函复案涉工程并无相关规划许可证件。

【裁判结果】

一审判决认定讼争《工程建设施工合同》无效，海峡公司对讼争工程不享有建设工程价款优先受偿权。二审判决就该两项内容予以维持。

【裁判理由】

城市规划事关经济、社会发展等社会公共利益。《城乡规划法》第40条第1款规定："在城市、镇规划区内进行建筑物、构筑物、道路、管线和其他工程建设的，建设单位或者个人应当向城市、县人民政府城乡规划主管部门或者省、自治区、直辖市人民政府确定的镇人民政府申请办理建设工程规划许可证。"该规定系效力性强制规范。因此，对于未取得建设工程规划许可证等审批手续的工程项目，当事人签订建设工程施工合同的，应当认定合同无效。《最高人民法院关于审理建设工程施工合同纠纷案件适用法律问题的解释（二）》[①] 第2条规定："当事人以发包人未取得建设工程规划许可证等规划审批手续为由，请求确认建设工程施工合同无效的，人民法院应予支持，但发包人在起诉前取得建设工程规划许可证等规划审批手续的除外。发包人能够办理审批手续而未办理，并以未办理审批手续为由请求确认建设工程施工合同无效的，人民法院不予支持。"本案中，双方当事人均确认，本案建设工程项目至今未取得建设工程规划许可证。海峡公司主张案涉工程建设工程规划许可证已经具备办理条件，和昌公司却迟迟不办理。但是海峡公司未举证证明和昌公司能够办理审批手续而未办理，且讼争工程至今尚未取得建设工程规划许可证是客观事实，因此，讼争《工程建设施工合同》无效。讼争建设工程因未取得规划部门颁发的许可证，涉案建筑工程系不可折价、拍卖的工程。因此，海峡公司对讼争工程不享有建设工程价款优先受偿权。

---

① 该司法解释现已废止。

【法官点评】

本案由于未取得建设工程规划许可证衍生出两个层次的问题，一个是合同效力问题，另一个是建设工程价款优先受偿权问题。

首先，关于合同效力。法律和司法解释对于未取得建设工程规划许可证等规划审批手续的建设工程施工合同的效力已有明确规定，但对于承包人以发包人能够办理审批手续而未办理为由主张合同有效的，应如何认定，尚不明确。本案将举证责任分配给承包人，符合"谁主张，谁举证"的举证责任分配原则。

其次，关于建设工程价款优先受偿权。未取得建设工程规划许可证的建筑属于违章建筑。对于违章建筑的处理方式通常包括：停止建设、限期改正并处罚款、限期拆除、没收实物或违法收入等。而在违法建筑被相关部门行使公权力拆除或自行拆除前，违法建筑仍具有一定的使用价值。对于承包人是否对违章建筑享有建设工程价款优先受偿权的问题，有观点认为承包人对违章建筑不享有建设工程价款优先受偿权。也有观点认为，被认定为违章建筑并不意味着该建筑就完全丧失了价值，对于一些能通过补办手续转为合法建筑的，应当保护承包人的建设工程价款优先受偿权。本案明确了承包人享有建设工程价款优先受偿权的前提是其建设完成的建设工程依法可以流转。违章建筑因不宜折价、拍卖，故承包人对违章建筑不享有建设工程价款优先受偿权。此外，从请求权基础角度来看，根据《建工司法解释（一）》的规定，可知违章建筑因未取得建设工程规划许可证等规划审批手续，相关建设工程合同会被认定为无效。若合同无效，承包人将会丧失行使建设工程价款优先受偿权的请求权基础，因此，承包人对违章建筑不享有建设工程价款优先受偿权。

本案的审理对于规范建筑市场具有一定的指导意义。实践中大量存在先施工后办理建设审批手续的情形，造成建筑行业的乱象。通过本案的裁判指引，有利于引导承包人在签订合同前，注意审查项目工程是否已取得建设用地规划许可证、建设工程规划许可证等行政审批手续，避免因建设工程被认定为违章建筑而导致后续陷入不利的局面，规范建筑企业依法依规办理行政审批手续。

> 建议指引

建设工程价款优先受偿权行使，有以下前提条件。

1. 建设工程质量合格

依据《建工司法解释（一）》第38条、第39条的规定，建设工程质量合格是承包人行使建设工程价款优先受偿权的前提条件，而建设工程竣工情况并不必然影响建设工程价款优先受偿权的行使。

依据《建筑法》第3条、第52条的规定，建筑工程的质量必须符合国家有关建筑工程安全标准。在司法实践中，当合同约定的工程质量标准高于国家法定的质量标准时，若工程质量达到国家法定的质量标准但不符合合同约定的质量标准，承包人在此情形下通常可以享有建设工程价款优先受偿权，但仍旧存在一定争议。

多数观点认为，建设工程质量合格的标准为国家对建设工程进行竣工验收的最低法定标准，只要建设工程质量合格，工程即可交付使用，这样能够保障人民群众的生命、财产安全。采用高于建设工程质量合格的标准，则会使承包人建设工程价款优先受偿权制度的立法目的难以实现，而建设工程质量符合国家标准低于合同约定的质量标准，则不影响承包人行使建设工程价款优先受偿权。

2. 不宜折价拍卖的工程

工程如果在法院执行阶段无法进行拍卖，将导致承包人权利落空。对于不宜折价拍卖的工程类型，常见情形包括："三无"建筑，且无法将审批手续补正的；国家机关办公用房，军事建筑，以公益目的建设的学校、医院，市政道路，桥梁，铁路等。①

151. 违章建筑不具有建设工程价款优先受偿权

建设工程价款优先受偿权制度系以建设工程的交换价值优先清偿承包人

---

① 参见《四川省律师协会、重庆市律师协会关于律师办理建设工程合同纠纷疑难业务指引》第7.2条。

享有的建设工程价款债权。承包人享有建设工程价款优先受偿权的前提是其建设完成的建设工程依法可以流转。对此，《民法典》第807条规定："发包人未按照约定支付价款的，承包人可以催告发包人在合理期限内支付价款。发包人逾期不支付的，除根据建设工程的性质不宜折价、拍卖外，承包人可以与发包人协议将该工程折价，也可以请求人民法院将该工程依法拍卖。建设工程的价款就该工程折价或者拍卖的价款优先受偿。"根据该条规定，承包人享有建设工程价款优先受偿权的条件是建设工程宜折价、拍卖。违章建筑不宜折价、拍卖，故承包人对违章建筑不享有建设工程价款优先受偿权。①

> **建议指引**

"三无"建筑由于缺少土地使用手续、规划许可手续和施工许可手续，即使具有使用价值和使用功能，但由于发包人与承包人双方的违法建设行为，依据《土地管理法》《城乡规划法》等相关法律规定，"三无"建筑应限期拆除，建设工程价款优先受偿权的客体也将不存在或无法稳定存在，且"三无"建筑本身不可能用于协议折价或拍卖、变卖。因此，"三无"建筑物的承包人在庭审辩论终结前未取得相关手续的不享有建设工程价款优先受偿权。判决生效后，"三无"建筑通过补办相关手续合法化的，建议承包人考虑依据《民事诉讼法》第207条"有新的证据，足以推翻原判决、裁定的"相关规定向人民法院提起再审。②

152. 实际施工人与建设工程价款优先受偿权

建设工程价款优先受偿权是在发包人经承包人催告支付工程价款后的合理期限内仍未支付工程价款的情况下，承包人享有的与发包人协议将该工程折价或者请求人民法院将该工程依法拍卖，并就该工程折价或者拍卖的价款

---

① 参见《最高人民法院民事审判第一庭2021年第21次专业法官会议纪要》，载最高人民法院民事审判第一庭：《民事审判指导与参考》总第87辑，人民法院出版社2022年版。

② 参见《四川省律师协会、重庆市律师协会关于律师办理建设工程合同纠纷疑难业务指引》第7.1.1条。

优先受偿的权利。《民法典》第 807 条规定："发包人未按照约定支付价款的，承包人可以催告发包人在合理期限内支付价款。发包人逾期不支付的，除根据建设工程的性质不宜折价、拍卖外，承包人可以与发包人协议将该工程折价，也可以请求人民法院将该工程依法拍卖。建设工程的价款就该工程折价或者拍卖的价款优先受偿。"《建工司法解释（一）》第 35 条规定："与发包人订立建设工程施工合同的承包人，依据民法典第八百零七条的规定请求其承建工程的价款就工程折价或者拍卖的价款优先受偿的，人民法院应予支持。"依据上述规定，只有与发包人订立建设工程施工合同的承包人才享有建设工程价款优先受偿权。实际施工人不属于"与发包人订立建设工程施工合同的承包人"，不享有建设工程价款优先受偿权。[①]

案例 2：张某某与某水利水电公司、某农旅投公司等建设工程施工合同纠纷案——建设工程价款优先受偿权行使主体的认定[②]

【裁判要旨】

建设工程价款优先受偿权作为法定优先权，是指在发包人经承包人催告支付工程价款后合理期限内仍未支付工程价款时，承包人享有的与发包人协议将该工程折价或者请求人民法院将该工程依法拍卖，并就该工程折价或者拍卖价款优先受偿的权利。因其具有优于普通债权和抵押权的权利属性，故对其权利的享有和行使必须具有明确的法律依据，不得随意扩大建设工程价款优先受偿权的主体范围。依据《民法典》第 807 条以及《建工司法解释（一）》第 35 条的规定，只有与发包人订立建设工程施工合同的承包人才享有建设工程价款优先受偿权。实际施工人不属于"与发包人订立建设工程施

---

① 参见《最高人民法院民事审判第一庭 2021 年第 21 次专业法官会议纪要》，载最高人民法院民事审判第一庭编：《民事审判指导与参考》总第 87 辑，人民法院出版社 2022 年版。最高人民法院第六巡回法庭解答（最高人民法院第六巡回法庭编：《最高人民法院第六巡回法庭裁判规则》，人民法院出版社 2022 年版，第 9 页）、《河南省高级人民法院民四庭关于建设工程合同纠纷案件疑难问题的解答》第 27 条、《广西壮族自治区高级人民法院关于建设工程的十二则问答》（2023 年 6 月 19 日）问题 11 也持相同观点。

② 参见《贵州高院发布建设工程合同纠纷典型案例》，载微信公众号"贵州高院"2023 年 5 月 30 日，https://mp.weixin.qq.com/s/T-V_uYkNfP8GG5s-cgSsxw。

工合同的承包人",不享有建设工程价款优先受偿权。

【基本案情】

某农旅投公司通过公开招标将"某老年养护楼建设项目"采用勘察、设计及施工(EPC)总承包的方式发包给某水利水电公司等单位进行勘察、设计及施工总承包。某水利水电公司等单位中标后,与某农旅投公司签订了《某老年养护楼建设项目工程总承包合同》。其后,某水利水电公司与张某某签订了《建设工程施工分包合同》,合同约定张某某承包某水利水电公司承建的某老年养护楼第二标段工程项目。分包合同签订后,张某某对案涉工程进行施工,施工过程中,张某某与某水利水电公司及某建筑劳务公司签订《钢管扣件及物资移交协议》,约定张某某退出案涉工程,将未完工程交由第三方施工。因某水利水电公司欠付工程价款,张某某诉至法院请求某水利水电公司支付剩余工程价款,并主张对案涉建设工程价款享有优先受偿权。

【裁判结果】

一审判决某水利水电公司支付张某某工程价款及逾期付款利息,驳回张某某关于建设工程价款优先受偿权的诉讼请求。二审判决驳回上诉、维持原判。

【裁判理由】

六盘水市六枝特区人民法院经审理认为,司法解释虽表明实际施工人可突破合同相对性要求发包人在欠付承包人工程价款范围内承担责任,但未明确实际施工人享有建设工程价款优先受偿权。建设工程价款优先受偿权的请求权主体是与发包人存在直接合同关系的承包人,故对张某某关于对所施工工程拍卖、变卖所得价款主张优先受偿权之请求,无事实和法律依据,不予支持。

【典型意义】

建设工程价款优先受偿权的设立是为了解决长期以来我国建筑市场上存在的拖欠建设工程价款问题而提出的法律对策。在实际施工人只享有部分工程价款的情况下,要求发包人同意折价或者由实际施工人就工程拍卖价款优先受偿，对发包人不公平；在借用资质（挂靠）的情况下，如允许实际施工人享有建设工程价款优先受偿权，实属变相鼓励出借资质的行为，也不利于建设行政主管部门对建筑企业资质的管理。本案确定了享有建设工程价款优先受偿权的主体为与发包人直接订立建设工程施工合同的合法承包人，明确了实际施工人不享有建设工程价款优先受偿权，对审判实践中建设工程价款优先受偿权行使主体的认定具有典型意义。

> 建议指引

依据《建工司法解释（一）》第35条和《民法典》第807条的规定，实际施工人原则上不享有建设工程价款优先受偿权。[①]

153. 发包人明知情形下的挂靠人建设工程价款优先受偿权

依据《民法典》第807条以及《建工司法解释（一）》第35条的规定，只有与发包人订立建设工程施工合同的承包人才享有建设工程价款的优先受偿权。尽管在发包人明知挂靠的情况下，挂靠人与发包人形成事实上的建设工程施工合同关系，但挂靠人仍不属于"与发包人订立建设工程施工合同的承包人"，不享有建设工程价款优先受偿权。[②]

154. 消防工程价款的优先受偿权

消防工程是建设应具备的预防火灾和减少火灾危害工程。《消防法》第9条规定："建设工程的消防设计、施工必须符合国家工程建设消防技术标准。建设、设计、施工、工程监理等单位依法对建设工程的消防设计、施工质量负责。"消防工程属于建设工程的必备部分，包括火灾自动报警系统、自动灭火系统、消火栓系统、防烟排烟系统以及应急广播和应急照明、安全疏散设施等。消防工程既可由建设工程总包人负责，也可由发包人直接发包

---

① 参见《四川省律师协会、重庆市律师协会关于律师办理建设工程合同纠纷疑难业务指引》第7.1.4条。

② 参见《福建省高级人民法院关于建设工程施工合同纠纷疑难问题解答》第15条。

给专业的消防工程承包人。消防工程承包人在行使建设工程价款优先受偿权时受到一定的限制。这种限制表现在以下两点：一是只有直接向发包人承包消防工程的专业技术承包人，才依法享有建设工程价款优先受偿权；二是消防工程的承包人只能在其承包的消防工程给整个工程增值的范围内行使建设工程价款优先受偿权。①

155. 不宜折价、拍卖的工程范围

《民法典》第807条规定的"根据建设工程的性质不宜折价、拍卖"的建设工程一般包括：违章建筑，工程质量不合格且难以修复的建筑，法律禁止抵押的不动产，非营利法人的教育设施、医疗卫生设施和其他公益设施，以及不宜单独折价拍卖的分部、分项工程等。②

156. 装饰装修工程价款的优先受偿权

装饰装修工程具备折价或者拍卖条件，装饰装修工程的承包人请求工程价款就该装饰装修工程折价或者拍卖的价款优先受偿的，人民法院应予支持。③

装饰装修的承包人就建设工程价款主张优先受偿权应具备折价或者拍卖条件，应理解为装饰装修的承包人就建设工程价款主张优先受偿权的同时应举证证明案涉装饰装修工程可单独评估且与其他工程一并拍卖。④

工程为家庭居室装饰装修、工程质量不合格、发包人对该建筑物不享有所有权或者处分权的情形，不适用装饰装修工程的承包人不能请求工程价款就该装饰装修工程折价或者拍卖的价款优先受偿。⑤

---

① 参见《福建省高级人民法院关于建设工程施工合同纠纷疑难问题解答》第16条。
② 参见《广西壮族自治区高级人民法院关于建设工程的十二则问答》（2023年6月19日）问题11。
③ 参见《建工司法解释（一）》第37条。
④ 参见《湖南省高级人民法院关于审理建设工程施工合同纠纷案件若干问题的解答》第19条。
⑤ 参见《天津市高级人民法院关于审理建设工程施工合同纠纷案件相关问题的审判委员会纪要》（2020年12月9日）第5条。

157. 未竣工建设工程但质量合格时价款的优先受偿权

未竣工的建设工程质量合格，承包人请求其承建工程的价款就其承建工程部分折价或者拍卖的价款优先受偿的，人民法院应予支持。①

158. 房屋网签状态下的建设工程价款优先受偿权

建设工程价款优先受偿权不因工程建成的房屋已经办理商品房预售合同网签而消灭，如符合建设工程价款优先受偿权的成立要件，承包人仍有权就工程折价或者拍卖的价款优先受偿。《民法典》第807条规定："发包人未按照约定支付价款的，承包人可以催告发包人在合理期限内支付价款。发包人逾期不支付的，除根据建设工程的性质不宜折价、拍卖外，承包人可以与发包人协议将该工程折价，也可以请求人民法院将该工程依法拍卖。建设工程的价款就该工程折价或者拍卖的价款优先受偿。"《建工司法解释（一）》第35条至第42条进一步明确了行使建设工程价款优先受偿权的条件。由此可见，建设工程价款优先受偿权是承包人的法定权利，在符合法律及司法解释规定的条件时，建设工程价款优先受偿权就已经成立。商品房预售合同网签是为规范商品房预售而采用的行政管理手段，并非法律规定的不动产物权设立、变更、转让和消灭的公示方式，不能产生物权变动的效力，亦不导致承包人原本享有的建设工程价款优先受偿权因此不成立或者消灭。承包人行使建设工程价款优先受偿权时与房屋买受人之间发生权利冲突的，属于权利顺位问题，可另行解决。②

159. 建设用地使用权不是建设工程价款优先受偿权的客体

建设用地使用权不是建设工程价款优先受偿权的客体。由于我国实行"房地一体主义"，所以如果承包人行使建设工程价款优先受偿权对某个建设

---

① 参见《建工司法解释（一）》第39条。
② 参见《建设工程价款优先受偿权不因工程建成的房屋已经办理网签而消灭》，载最高人民法院民事审判第一庭编：《民事审判指导与参考》总第87辑，人民法院出版社2022年版。

工程进行拍卖，则建设工程及占用范围内的建设用地使用权是一体拍卖的。那么拍卖的全部款项是不是都可以作为承包人工程价款的补偿？这是在司法实践中比较常见的问题。如果要对这一问题做出准确的回答，则我们必须结合《民法典》第807条的立法目的以及建设工程价款优先受偿权的性质来进行考察。《民法典》第807条规定："发包人未按照约定支付价款的，承包人可以催告发包人在合理期限内支付价款。发包人逾期不支付的，除根据建设工程的性质不宜折价、拍卖外，承包人可以与发包人协议将该工程折价，也可以请求人民法院将该工程依法拍卖。建设工程的价款就该工程折价或者拍卖的价款优先受偿。"由此可知，建设工程价款优先受偿权是法定优先权，原因在于，在整个工程建设过程中，承包人的建筑材料和劳动力已经被物化在建设工程当中，它的所有投入已经转化为建设工程，与建设工程不可分离。因此，根据添附制度的原理，承包人对建设工程价款享有优先受偿的权利。建设用地是建设工程的载体，但是承包人对在建工程本身没有任何的投入，或者说承包人的建筑材料与劳动力并没有被物化在建设用地上。从这个角度来讲，建设用地使用权不应该作为建设工程价款优先受偿权的客体。①

建设用地使用权不属于建设工程价款优先受偿权的客体，承包人请求对建设工程占用范围内的建设用地使用权的价值享有建设工程价款优先受偿权的，不予支持。②

160. 基坑工程的建设工程价款优先受偿权

建设工程中，基坑工程承包人投入的建筑材料和劳动力已物化到建筑物中，与建筑物不可分割，基坑施工合同的承包人应享有建设工程价款优先受偿权。对于同一建设工程，可能存在多个承包人，承包人完成的工程属于建设工程，且共同完成的建设工程易于折价、拍卖的，则应依法保障承包人的

---

① 参见最高人民法院民事审判第一庭编：《民事审判实务问答》，法律出版社2021年版，第62~63页。

② 参见《河北省高级人民法院关于印发〈建设工程施工合同案件审理指南〉的通知》第25条。

建设工程价款优先受偿权。根据建筑行业管理规范和办法，深基坑工程施工包括支护结构施工、地下水和地表水控制、土石方开挖等内容，故基坑支护、降水、土石方挖运工程施工合同的承包人，要求在未受偿建设工程价款范围内享有优先受偿权的，人民法院应予支持。①

第二节　建设工程价款优先受偿权的内容

161. 建设工程价款优先受偿权与其他权利的顺位关系

承包人根据《民法典》第807条的规定享有的建设工程价款优先受偿权优于抵押权和其他债权。②

商品房消费者以居住为目的购买房屋并已支付全部价款，主张其房屋交付请求权优先于建设工程价款优先受偿权、抵押权以及其他债权的，人民法院应当予以支持。只支付了部分价款的商品房消费者，在一审法庭辩论终结前已实际支付剩余价款的，可以适用上述规定。③

在房屋不能交付且无实际交付可能的情况下，商品房消费者主张价款返还请求权优先于建设工程价款优先受偿权、抵押权以及其他债权的，人民法院应当予以支持。④

> **建议指引**

商品房消费者房屋交付请求权和价款返还请求权。依据《最高人民法院关于商品房消费者权利保护问题的批复》（法释〔2023〕1号）第2条和第3条的规定，商品房消费者主张的房屋交付请求权和价款返还请求权优先

---

① 参见四川中成煤炭建设（集团）有限责任公司与成都泓昌嘉泰房地产有限公司建设工程施工合同纠纷案，载《最高人民法院公报》2023年第3期。
② 参见《建工司法解释（一）》第36条。
③ 参见《最高人民法院关于商品房消费者权利保护问题的批复》（法释〔2023〕1号）第2条。
④ 参见《最高人民法院关于商品房消费者权利保护问题的批复》（法释〔2023〕1号）第3条。

于建设工程价款优先受偿权。

162. 建设工程价款优先受偿的范围

承包人建设工程价款优先受偿的范围依照国务院有关行政主管部门关于建设工程价款范围的规定确定。

承包人就逾期支付建设工程价款的利息、违约金、损害赔偿金等主张优先受偿的，人民法院不予支持。[1]

承包人的建设工程价款优先受偿范围包括直接费用以及企业管理费、利润、规费、税金等间接费用在内的全部建设工程价款。发包人从建设工程价款中预扣的建设工程质量保证金，属于建设工程价款的一部分，虽该保证金系为工程质量保证期内出现质量问题时保证工程及时得到修复而预留，但属于优先受偿范围[2]。对于承包方单独另行交纳的建设工程质量保证金，因不属于工程价款，不享有优先受偿权。[3]

《最高人民法院关于建设工程价款优先受偿权问题的批复》[4] 第3条规定："建筑工程价款包括承包人为建设工程应当支付的工作人员报酬、材料款等实际支出的费用，不包括承包人因发包人违约所造成的损失。"承包人所主张的因发包人违约造成的停窝工损失和材料价差损失，不属于建设工程价款优先受偿权的权利行使范围，承包人请求对上述两部分款项行使优先受偿权的，人民法院不予支持。[5]

---

[1] 参见《建工司法解释（一）》第40条；《广西壮族自治区高级人民法院关于建设工程的十二则问答》（2023年6月19日）问题11。

[2] 参见《天津市高级人民法院关于审理建设工程施工合同纠纷案件相关问题的审判委员会纪要》（2020年12月9日）第6条。

[3] 参见最高人民法院第六巡回法庭编：《最高人民法院第六巡回法庭裁判规则》，人民法院出版社2022年版，第10页；《广西壮族自治区高级人民法院关于建设工程的十二则问答》（2023年6月19日）问题11。

[4] 《最高人民法院关于建设工程价款优先受偿权问题的批复》已于2021年1月1日失效，见《最高人民法院关于废止部分司法解释及相关规范性文件的决定》（法释〔2020〕16号）。

[5] 参见中铁二十二局集团第四工程有限公司与安徽瑞讯交通开发有限公司、安徽省高速公路控股集团有限公司建设工程施工合同纠纷案，载《最高人民法院公报》2016年第4期。

案例：某建设公司诉某热力公司建设工程施工合同纠纷案——建设工程价款优先受偿权的范围认定①

【裁判要旨】

承包人只能对建设工程价款行使优先受偿权，停工损失不属于建设工程价款，承包人因发包人违约或其他原因造成的停工损失不属于建设工程价款优先权受偿的范围。

【基本案情】

2021年8月，某热力公司将市中心城区集中供热调度中心项目发包给某建设公司，双方签订了施工合同。某建设公司组织人员、机械进场施工。后工程停工，双方对某建设公司已完工程量及停工损失进行了结算，确认某建设公司已完成工程量价款为4020197.66元，截至2022年2月11日停工损失2704011.16元。某建设公司起诉请求判令某热力公司支付工程价款、停工损失共计6724208.82元，并请求判令在6724208.82元范围内就案涉工程折价、拍卖所得价款享有优先受偿权。

信阳市中级人民法院二审认为，某建设公司依约进行了施工，后双方又对已完成工程价款、停工损失进行了结算，且非某建设公司原因造成停工，因此，对某建设公司主张的工程价款、停工损失及建设工程价款优先受偿权予以支持。遂判决：某热力公司支付某建设公司工程价款4020197.66元、停工损失2704011.16元。某建设公司在6724208.82元范围内就案涉工程折价、拍卖所得价款享有优先受偿权。

二审判决作出后，某热力公司申请再审。河南省高级人民法院经审查认为，原审在确定案涉建设工程价款优先受偿权范围时，将停工损失也一并计算在内于法无据，遂裁定指令再审。

> **建议指引**

1. 停工、窝工损失的优先受偿权

产生停工、窝工损失的原因包括承包人责任事件、发包人责任事件（发

---

① 参见《河南高院：建设工程合同纠纷案件典型案例》，载微信公众号"豫法阳光"2024年3月25日，https://mp.weixin.qq.com/s/GHxmZxs1wtx0irH2laUESg。

包人违约）、发包人风险事件（政府因素、不可预见的地质条件等）。因发包人责任事件和发包人风险事件导致的停工、窝工损失依照法律规定和合同约定应当由发包人承担，但其是否属于建设工程价款优先受偿权的受偿范围，实务中存在争议。

多数观点认为，停工、窝工损失属于人员机械现场停滞损失，等同于损失赔偿金，而工程价款是施工过程中人工材料机械等物化至建筑物的投入，停工、窝工损失未物化至建筑物不属于工程价款，不属于建设工程价款优先受偿权的受偿范围。

少数观点认为，停工、窝工损失属于《建筑安装工程费用项目组成》第1条规定的费用构成要素，同时参照2013版《建设工程工程量清单计价规范》（GB/T 50500—2013）第2.0.18条、第2.0.23条、第2.0.51条、第9.1.1条第12项、第9.13.3条的规定，造价形成顺序亦属于索赔项系合同履行过程中调整的合同价款，故停工、窝工损失属于工程价款，属于建设工程价款优先受偿权的受偿范围。

2. 优质工程奖励价款、赶工奖的优先受偿权

（1）关于优质工程奖励价款

承包人为达到合同约定的优质工程标准，会采用更优的施工工艺、增加相应措施项目，可参照2013版《建设工程工程量清单计价规范》（GB/T 50500—2013）第2.0.18条、第9.1.1条第15项，主张其系合同价款的组成部分，属于优先受偿范围。

（2）关于赶工奖

对于合同履行中因发包人要求承包人赶工，承包人采取加快工程进度之措施所产生的费用，参照2013版《建设工程工程量清单计价规范》（GB/T 50500—2013）第2.0.25条、第9.1.1条第10项、第9.11.2条的规定，原则上提前竣工或赶工费系工程价款的一部分，属于优先受偿的范围。

但是对于总包合同中约定的提前完工奖励，部分观点认为该费用属于承包人单纯获利条款，因不属于工程价款而不享有建设工程价款优先受偿权。亦有部分观点认为，承包人为提前完工而实际发生了相关工程费用，提前完工奖励可列为工程价款，属于建设工程价款优先受偿权的受偿范围。①

3. 建设工程质量保证金的优先受偿权

建设工程质量保证金本质属于承包人工程价款的一部分，因此依据《民法典》第807条的规定，承包人在建设工程质量保证金数额范围内享有优先受偿权。

依据《建工司法解释（一）》第41条的规定，承包人有权依照发包方、承包方关于建设工程质量保证金约定返还时间计算建设工程质量保证金优先受偿权计算起算时间并主张优先受偿权；发包方、承包方对于建设工程质量保证金返还时间没有约定或约定不明的则依据《建工司法解释（一）》第17条的规定，计算建设工程质量保证金优先受偿权的起算时间。建设工程质量保证金分期返还的，实践中有的按每期返还的时间分别计算优先受偿权的起算点，承包人可考虑在每期建设工程质量保证金到期后的最长18个月内及时主张优先受偿权。②

第三节　实现建设工程价款优先受偿权的方式

163. 建设工程价款优先受偿权的行使期限和起算时间

承包人应当在合理期限内行使建设工程价款优先受偿权，但最长不得超过18个月，自发包人应当给付建设工程价款之日起算。③

建设工程价款优先受偿权行使期限的起算点，区分以下情形确定：

（1）建设工程施工合同对建设工程价款的支付时间、方式有约定的，以合同约定的工程价款支付时间作为起算点。

---

① 参见《四川省律师协会、重庆市律师协会关于律师办理建设工程合同纠纷疑难业务指引》第7.3条。

② 参见《四川省律师协会、重庆市律师协会关于律师办理建设工程合同纠纷疑难业务指引》第7.5条。

③ 参见《建工司法解释（一）》第41条。

（2）建设工程施工合同对建设工程价款的支付时间、方式未约定或者约定不明，建设工程已交付或者竣工结算文件依约视为发包人认可的，以交付之日或者提交竣工结算文件之日作为起算点；工程未交付，且工程价款未结算的，以起诉之日①作为起算点。

（3）建设工程施工合同解除或者终止履行，且工程价款未结算，当事人就工程价款支付事宜达成合意的，以双方约定的工程价款支付时间作为起算点。当事人未就工程价款支付事宜达成合意，但工程已交付的，以交付之日作为起算点；工程未交付的，以起诉之日作为起算点。

（4）建设工程施工合同被认定无效，但建设工程经竣工验收合格的，可参照该合同约定的应付工程价款时间认定建设工程价款优先受偿权行使期限的起算点。②

164. "合理期限"的性质与审查

《建工司法解释（一）》第 41 条规定，承包人应当在合理期限内行使建设工程价款优先受偿权，但最长不得超过 18 个月，自发包人应当给付建设工程价款之日起算。这里的"合理期限"既不是除斥期间，也不是诉讼时效，是从保护施工人和其他权利人的角度拟制的期限。当事人可以事先约定承包人行使建设工程价款优先受偿权的"合理期限"。应付款时间经发包人与承包人协商而延长的，建设工程价款优先受偿权的起算点亦随之延长。但为避免发包人与承包人恶意串通，损害银行等其他债权人利益，人民法院应主动审查承包人、发包人的主观意愿及是否存在损害第三人利益的情形。如不存在，以双方另行协商确定的付款时间作为应付款时间。如恶意串通，则应以原合同约定的付款日期为应付款时间。③

---

① 《福建省高级人民法院关于建设工程施工合同纠纷疑难问题解答》第 18 条认为，"起诉之日"以"人民法院及仲裁机构确认发包人欠付承包人工程价款"为确认标准。
② 参见《天津市高级人民法院关于审理建设工程施工合同纠纷案件相关问题的审判委员会纪要》（2020 年 12 月 9 日）第 7 条。
③ 参见《福建省高级人民法院关于建设工程施工合同纠纷疑难问题解答》第 17 条。

165. 建设工程价款优先受偿权的行使方式

根据《民法典》第807条的规定，承包人可以与发包人协议将工程折价，也可以请求人民法院将工程依法拍卖，建设工程的价款就该工程折价或者拍卖的价款优先受偿。承包人行使建设工程价款优先受偿权，既可以通过提起诉讼或者申请仲裁的方式，也可以通过直接向发包人主张权利的方式；直接向发包人主张权利的，承包人对此负有举证证明责任；以诉讼的方式行使建设工程价款优先受偿权的，人民法院可予以判决确认。①

承包人有证据证明以发函、与发包人协议折价或申请参与对建设工程变价分配等方式行使建设工程价款优先受偿权的，应予认可。②

以下属于依法行使建设工程价款优先受偿权的情形：（1）建设工程承包人提起诉讼、申请仲裁主张建设工程价款优先受偿权；（2）自行与发包人协商以该工程折价抵偿欠付工程价款；（3）申请法院将该工程拍卖以实现工程价款债权；（4）申请对建设工程拍卖款参与分配程序主张建设工程价款优先受偿权；（5）以书面形式向发包人明确表示主张优先受偿权的。③

案例1：某农业公司诉某实业公司破产债权确认纠纷案——承包人主张建设工程价款优先受偿权的方式④

【裁判要旨】

承包人在法定期限内以书面发函的方式向发包人主张建设工程价款优先受偿权，发包人予以确认的，可以认定承包人已经行使建设工程价款优先受偿权。

---

① 参见最高人民法院第六巡回法庭编：《最高人民法院第六巡回法庭裁判规则》，人民法院出版社2022年版，第10～11页；《广西壮族自治区高级人民法院关于建设工程的十二则问答》（2023年6月19日）问题11。
② 参见《湖南省高级人民法院关于审理建设工程施工合同纠纷案件若干问题的解答》第21条。
③ 参见《福建省高级人民法院关于建设工程施工合同纠纷疑难问题解答》第19条。
④ 参见《重庆市高级人民法院发布建设工程合同纠纷典型案例》，载微信公众号"重庆市高级人民法院"2023年12月28日，https://mp.weixin.qq.com/s/XrEA8eUM5feeuK7-imEpYw。

【基本案情】

某农业公司诉称：某农业公司与某实业公司签订《土石方工程施工合同》，约定由某农业公司施工完成某土石方工程。完工后，双方于2015年4月25日进行工程价款结算，某实业公司应付工程价款455285元。2016年3月25日，某农业公司向某实业公司发函主张前述工程价款的优先受偿权，某实业公司盖章予以确认。后某实业公司破产重整，破产管理人某清算公司认定某农业公司前述债权为普通债权，某农业公司提出异议未果，遂起诉请求确认某农业公司对案涉工程在某实业公司欠付工程价款455285元的范围内享有优先受偿权。

某实业公司辩称：某农业公司以发函方式主张建设工程价款优先受偿权并非法定方式，其未在法定期限内按法定方式主张建设工程价款优先受偿权，不应享有建设工程价款优先受偿权。

法院经审理查明：2013年6月，某农业公司与某实业公司签订《土石方工程施工合同》，约定由某农业公司施工完成某土石方工程，工程竣工验收后3个月内办理结算，结算完毕后4个月内支付工程总价的70%，余下30%在6个月内付清。某农业公司按约完工后，双方于2015年4月25日结算确认某实业公司应付工程价款455285元。2016年3月25日，某农业公司向某实业公司发出《关于建设工程价款优先受偿问题的函》，主张某农业公司就案涉工程享有建设工程价款优先受偿权，某实业公司收到后于2016年8月23日在该函上加盖印章予以确认。后某实业公司破产重整，破产管理人某清算公司核查确认某农业公司前述债权为普通债权，某农业公司提出异议，某清算公司确认某农业公司异议不成立，某农业公司遂诉至法院。

一审法院判决：某农业公司对案涉工程在某实业公司欠付工程价款455285元范围内享有建设工程价款优先受偿权。该判决已发生法律效力。

【裁判理由】

法院生效裁判认为，本案争议的焦点是某农业公司对案涉工程是否享有建设工程价款优先受偿权。发包人逾期不支付工程价款的，承包人可以向发包人主张建设工程价款优先受偿权，但法律并未对承包人主张建设工程价款优先受偿权的实现方式予以明确。本案中，某农业公司在与某实业公司办理结算后，以书面发函的方式向某实业公司主张建设工程价款优先受偿权，某实业公司亦在该函上加盖印章予以确认，可以认定某农业公司已有效行使建设工程价款优先受偿权，并且某农业公司行使建设工程价款优先受偿权时未超过法定期限。综上，某农业公司关于对案涉工程享有建设工程价款优先受偿权的主张成立。

案例2：重庆市某农业发展有限责任公司与重庆某实业有限公司破产债权确认纠纷案——承包人在法定期间内向发包人主张过建设工程价款优先受偿权，即可认定承包人行使了建设工程价款优先受偿权[①]

【裁判要旨】

1. 司法实践中，承包人实现建设工程价款优先受偿权的途径有非诉途径、诉讼或仲裁途径两种。法律并未规定建设工程价款优先受偿权必须以何种途径行使，因此，只要承包人在法定期间内向发包人主张过优先受偿的权利，即可认定承包人行使了建设工程价款优先受偿权。也就是说，承包人在法定期间内以书面发函的方式向发包人主张建设工程价款优先受偿权，后发包人也予以确认的，可以认定承包人对于建设工程价款优先受偿权的行使属于有效行使。这也符合建设工程价款优先受偿权的立法本意及立法目的。

2. 建设工程价款优先受偿权的对象是工程折价或者拍卖价款，而工程需折价或拍卖的前提是发包人逾期不支付工程价款。故对作为一个整体的工程价款，在分期支付工程价款的情况下，建设工程价款优先受偿权可以从发包人应付工程价款最后一期届满之日起算，以保证实现该优先受偿权。

【基本案情】

2013年6月，重庆市某农业发展有限责任公司作为承包人与重庆某实业

---

① 参见《重庆市第三中级人民法院建设工程典型案例》，载微信公众号"重庆市第三中级人民法院"2023年12月21日，https://mp.weixin.qq.com/s/4rRFWduyos9purArqZ1F_w。本案与上一案例相同，但是分析的角度不一样。

有限公司作为发包人签订了《施工合同》，工程名称是重庆武隆某酒店工程，约定付款方式为本工程竣工验收后，3个月内办理结算，在办理完结算的4个月内支付工程总价的70%，余下30%在6个月内支付完。重庆市某农业发展有限责任公司按照前述合同约定施工完毕后，与重庆某实业有限公司在2015年4月25日对工程价款进行了结算，确认重庆某实业有限公司应支付重庆市某农业发展有限责任公司的工程价款金额为455285元。2016年3月25日，重庆市某农业发展有限责任公司向重庆某实业有限公司发出《关于建设工程价款优先受偿问题的函》，主张重庆市某农业发展有限责任公司对工程价款享有建设工程价款优先受偿权，重庆某实业有限公司收到后于2016年8月23日在该函上盖章并确认重庆市某农业发展有限责任公司的建设工程价款优先受偿。重庆某实业有限公司被案外人申请重整后。其管理人核查确认重庆市某农业发展有限责任公司对中泽会展公司享有的债权成立，但重庆市某农业发展有限责任公司的该债权被确认为普通债权，不享有建设工程价款优先受偿权，并向重庆市某农业发展有限责任公司发出《重庆夏宫实业有限公司管理人债权核查告知书》。重庆市某农业发展有限责任公司不服并向管理人提出异议，管理人向重庆市某农业发展有限责任公司书面回复，再次确认重庆市某农业发展有限责任公司对债权性质的异议不成立，不享有建设工程价款优先受偿权。重庆市某农业发展有限责任公司作为原告诉至法院，要求确认重庆市某农业发展有限责任公司享有对被告重庆某实业有限公司455285元债权的优先受偿权。

重庆市第三中级人民法院判决：重庆市某农业发展有限责任公司对重庆某实业有限公司位于重庆武隆某酒店工程在欠付工程价款债权455285元范围内享有建设工程价款优先受偿权。判决后，双方未上诉，判决生效。

【裁判理由】

《最高人民法院关于审理建设工程施工合同纠纷案件适用法律问题的解释（二）》① 第17条规定："与发包人订立建设工程施工合同的承包人，根据

---

① 该司法解释现已废止。

合同法第二百八十六条规定请求其承建工程的价款就工程折价或者拍卖的价款优先受偿的，人民法院应予支持。"第19条规定："建设工程质量合格，承包人请求其承建工程的价款就工程折价或者拍卖的价款优先受偿的，人民法院应予支持。"本案中，重庆市某农业发展有限责任公司作为承包人与重庆某实业有限公司作为发包人签订了《施工合同》，重庆市某农业发展有限责任公司施工完毕后与重庆某实业有限公司就工程价款进行了结算，现没有证据证明案涉工程存在质量问题，且重庆某实业有限公司也未提出工程存在质量问题。重庆市某农业发展有限责任公司享有主张建设工程价款优先受偿权的权利。

本案中，重庆市某农业发展有限责任公司是在与重庆某实业有限公司进行结算后，以书面发函的方式向重庆某实业有限公司主张建设工程价款优先受偿权，重庆某实业有限公司在该函上确认并加盖印章。司法实践中，承包人实现建设工程价款优先受偿权的途径有非诉途径、诉讼或仲裁途径两种。法律并未规定建设工程价款优先受偿权必须以何种途径行使，因此，只要承包人在法定期间内向发包人主张过优先受偿的权利，即可认定承包人行使了优先权。也就是说，承包人在法定期间内以书面发函的方式向发包人主张建设工程价款优先受偿权，后发包人也予以确认的，可以认定承包人对于优先受偿权的行使属于有效行使。这也符合建设工程价款优先受偿权的立法本意及立法目的。

《最高人民法院关于审理建设工程施工合同纠纷案件适用法律问题的解释（二）》① 第22条规定："承包人行使建设工程价款优先受偿权的期限为六个月，自发包人应当给付建设工程价款之日起算。"本案中，重庆市某农业发展有限责任公司与重庆某实业有限公司在2015年4月25日对工程价款进行了结算，确认重庆某实业有限公司应支付重庆市某农业发展有限责任公司的工程价款金额为455285元。虽然重庆市某农业发展有限责任公司于2016年3月25日才向重庆某实业有限公司发出《关于建设工程价款优先受偿问题的

---

① 该司法解释现已废止。

函》，但重庆市某农业发展有限责任公司作为承包人与重庆某实业有限公司作为发包人签订的案涉《施工合同》约定本工程竣工验收后，3个月内办理结算，在办理完结算的4个月内支付工程总价的70%，余下30%在6个月内支付完。重庆市某农业发展有限责任公司与重庆某实业有限公司于2015年4月25日结算，按照约定结算的工程价款在2015年8月25日之前付70%，在2015年10月25日之前付剩余30%。法院认为，建设工程价款优先受偿权的对象是工程折价或者拍卖价款，而工程须折价或拍卖的前提是发包人逾期不支付工程价款。所以，对于作为一个整体的工程价款，在分期支付工程价款的情况下，建设工程价款优先受偿权可以从发包人应付工程价款最后一期届满之日起算，以保证实现该优先权。本案中，"发包人应当给付建设工程价款之日"应为2015年10月25日，重庆市某农业发展有限责任公司于2016年3月25日主张建设工程价款优先受偿权，未超过6个月的期限。虽然重庆某实业有限公司于2016年8月23日才在该函上盖章确认，该盖章时间超过了6个月，但建设工程价款优先受偿权的行使人是承包人，发包人并不具有行使权，不能以其盖章确认的时间来认定是否超过了6个月的行使期限。

综上，法院认为，重庆市某农业发展有限责任公司关于对案涉工程享有建设工程价款优先受偿权的主张成立。

➢ 建议指引

依据《民法典》第807条的规定，承包人行使建设工程价款优先受偿权的方式包括：承包人可以与发包人协议将该工程折价，也可以请求人民法院将该工程依法拍卖。建设工程的价款就该工程折价或者拍卖的价款优先受偿。

1. 商事仲裁

依据《仲裁法》的规定，建设工程价款优先受偿权纠纷属于商事仲裁机构的受案范围，仲裁裁决书自作出之日起发生法律效力，一方当事人不履行的，另一方当事人有权向人民法院申请执行。为此，承包人通过商事仲裁方式行使建设工程价款优先受偿权符合法律规定，属于有效的行权方式。

2. 诉讼（仲裁）调解确认

目前，调解具有不公开性，优先受偿权也未有登记公示的制度要求，还存在发包方、承包方利用调解制度损害第三方合法权益的可能。所以在实务中，都会谨慎对待建设工程价款优先受偿权的调解确认，承包人可优选民事判决或仲裁裁决方式确认建设工程价款优先受偿权。

3. 协议折价

当事人以协议折价方式行使优先受偿权的难点在于如何公平合理地主张建设工程价格且不损害发包人其他债权人的合法权益，即使由发包方、承包方共同聘请评估机构对建设工程价值作出科学评估，也可能因为发包人的其他债权最终未能足额受偿甚至受偿比例较低引发撤销权诉讼，承包人应谨慎选择以协议折价的方式行使建设工程价款优先受偿权。

4. 单方发函

对于承包人能否通过单方发函的形式行使建设工程价款优先受偿权，现行法律法规及司法解释没有明确规定，且实务中争议较大，承包人应谨慎选择采用单方发函方式行使建设工程价款优先受偿权。[1]

166. 执行程序中主张建设工程价款优先受偿权

承包人在有关建设工程价款的诉讼或仲裁中，未主张建设工程价款优先受偿权的，在执行程序中，承包人仍可向发包人主张建设工程价款优先受偿权。[2]

法院在执行程序中收到承包人要求行使未经生效法律文书确认的建设工程优先权申请的，可分两种情况予以处理：

一是如果被执行人对其申请的工程价款金额无异议，且经法院审查承包人提供的建设工程合同及相关材料合法有效，亦未发现承包人和被执行人恶意串通损害国家、集体和第三人利益，那么应准许其优先受偿。

二是如果被执行人对其申请的工程价款金额有异议，那么法院应当告知承包人另行诉讼，但法院对工程变价款的分配程序须待诉讼有结果后方可继

---

[1] 参见《四川省律师协会、重庆市律师协会关于律师办理建设工程合同纠纷疑难业务指引》第7.4条。

[2] 参见《福建省高级人民法院关于建设工程施工合同纠纷疑难问题解答》第21条。

续进行。

建设工程价款优先受偿权覆盖的工程价款具体金额应由审判机构或仲裁机构确定。这是因为，根据审执分立的原则，除非法律或司法解释特别授权，执行机构一般不得对实体问题进行裁判。从法律性质来看，承包人是否享有建设工程价款优先受偿权以及建设工程价款优先受偿权部分的具体金额属于实体问题，本质上应由审判机构通过诉讼程序或者由仲裁机构通过仲裁程序予以确认。值得一提的是，在司法实践中，更常见的情况并非当事人之间就建设工程价款未经诉讼即申请执行，而是当事人经过了纠纷解决程序并获得了有关工程价款的执行名义（法院的判决、仲裁机构的裁决等），但这些执行名义或者根本不确认承包人是否享有建设工程价款优先受偿权，或者不对建设工程价款中优先受偿权部分的具体金额加以明确。面对此种执行名义，执行机构往往陷入窘境。一方面，由执行机构在执行程序中确认承包人享有建设工程价款优先受偿权及其具体金额，有"以执代审""自审自执"之嫌，不符合审执分立的基本原则，也不能给当事人的权利提供充分的救济。另一方面，如果由执行机构确认优先权部分的具体金额，必然需要另行委托审计机构或者鉴定机构对工程造价及其中的优先权部分进行审计或鉴定，这将导致如下问题：一是增加当事人诉累；二是影响执行效率；三是容易出现审计结果相互矛盾的情形。事实上，审判机构在关于工程价款纠纷的裁判文书中，应当根据当事人的诉讼请求，确认承包人是否享有建设工程价款优先受偿权；如果享有，则应确认其具体金额。因此，当前在执行对建设工程价款优先受偿权未予明确的执行名义时，执行机构可首先告知承包人申请再审或另行诉讼，经审判机构对有建设工程价款优先受偿权的债权数额进行确认后，依确定的金额执行。①

执行法院依其他债权人的申请，对发包人的建设工程强制执行，承包人向执行法院主张其享有建设工程价款优先受偿权且未超过除斥期间的，视为

---

① 参见最高人民法院民事审判第一庭编：《民事审判实务问答》，法律出版社2021年版，第58~59页。

承包人依法行使了建设工程价款优先受偿权。发包人以承包人起诉时行使建设工程价款优先受偿权超过除斥期间为由进行抗辩的，人民法院不予支持。①

> 建议指引

破产程序中的建设工程价款优先受偿权。在破产程序中，仍然适用《建工司法解释（一）》第36条，即承包人享有的建设工程价款优先受偿权优先于抵押权和其他债权。依据《企业破产法》的规定，在建设工程价款优先受偿权消灭或者实现后的剩余部分，在破产程序中可用以清偿破产费用、共益债务和其他破产债权。实务中对于管理人实施的对实现建设工程价款优先受偿权有利的行为，比如在原停建的建筑工程上续建行为，产生的债务被认为是实现建设工程价款优先受偿权有益的共益债务，从而先于原承包人建设工程价款优先受偿权清偿。②

167. 调解确认建设工程价款优先受偿权

以调解方式确认建设工程价款优先受偿权的，符合法律规定的，法院可以确认，但为了防止虚假诉讼、损害案外人利益等情况出现，法院应当进行实体审查，重点审查建设工程价款优先受偿权的行使主体、行使期限、行使方式、工程价款债权的范围等实质性事项是否符合法律规定，尤其要审查是否存在当事人虚增工程价款数额、伪造竣工记录、伪造付款期限、伪造行使时间等情形。未经实体审查或者经审查不符合建设工程价款优先受偿权行使条件的，不予出具调解书。③

建设工程价款优先受偿权涉及不特定第三人，双方当事人通过调解确认建设工程价款优先受偿权，容易引发虚假诉讼，或损害抵押权人、其他债权

---

① 参见中天建设集团有限公司诉河南恒和置业有限公司建设工程施工合同纠纷案，最高人民法院指导案例171号（2021年）。
② 参见《四川省律师协会、重庆市律师协会关于律师办理建设工程合同纠纷疑难业务指引》第7.6.2条。
③ 参见《湖南省高级人民法院关于审理建设工程施工合同纠纷案件若干问题的解答》第22条；《河北省高级人民法院关于印发〈建设工程施工合同案件审理指南〉的通知》第26条。

人等其他案外人的情况，因此，双方当事人请求出具调解书对建设工程价款优先受偿权予以确认的，原则上不应准许。①

168. 放弃或者限制建设工程价款优先受偿权的效力

发包人与承包人约定放弃或者限制建设工程价款优先受偿权，损害建筑工人利益，发包人根据该约定主张承包人不享有建设工程价款优先受偿权的，人民法院不予支持。②

> 建议指引

建设工程价款优先受偿权的放弃与限制，是指承包人通过签订协议或单方面承诺等方式向发包人或特定第三人放弃或限制建设工程价款优先受偿权的行使。承包人放弃该权利后，其对发包人享有的工程价款成为普通金钱债权，清偿顺序劣后于有担保的债权，与其他无担保的普通债权处于同一清偿顺序。

有两种主要类型的建设工程价款优先受偿权受限制的情形：一种是承包人与发包人约定对其享有的建设工程价款优先受偿权的行使条件、债权数额或工程范围进行限定，该限定行为的法律效力类似于承包人对建设工程价款优先受偿权的部分放弃。另一种是承包人仅向特定第三人承诺放弃优先于该第三人债权优先受偿的权利，该放弃行为对于发包人的其他权利人没有影响，其他权利人也不能援引该承诺对抗承包人。

依据《建工司法解释（一）》第42条的规定，在不损害建筑工人利益的前提下，承包人向抵押权人作出的放弃和限制建设工程价款优先受偿权的承诺，原则上有效。但如果承包人的放弃和限制损害建筑工人的利益，那么放弃和限制无效，承包人仍然享有建设工程价款优先受偿权。③

---

① 参见《福建省高级人民法院关于建设工程施工合同纠纷疑难问题解答》第44条。
② 参见《建工司法解释（一）》第42条。
③ 参见《四川省律师协会、重庆市律师协会关于律师办理建设工程合同纠纷疑难业务指引》第7.7条。

169. 银行对建设工程价款优先受偿权的第三人撤销之诉

实务中，开发商向银行申请房地产开发贷款，银行要求该项目的承包人出具自愿放弃项目的建设工程价款优先受偿权的承诺函。在建设工程施工合同纠纷中，银行以承包人放弃建设工程价款优先受偿权为由申请加入诉讼。因建设工程施工合同纠纷案件中银行不属于第三人，银行对于建设工程价款优先受偿权提起第三人撤销之诉的，予以驳回。①

---

① 参见《福建省高级人民法院关于建设工程施工合同纠纷疑难问题解答》第45条。

第七章
实际施工人

第一节 实际施工人的界定

170. 实际施工人的类型

实际施工人,是指建设工程施工合同无效情形下实际完成建设工程施工,实际投入资金、材料和劳动力违法承包的主体,具体包括违法的专业工程分包和劳务作业分包合同的承包人、转包人,借用资质的承包人(挂靠承包人)以及多次转(分)包的承包人。① 包括施工企业、施工企业分支机构、工头等法人、非法人团体、公民个人等。②

实际施工人就是上述违法情形中实际完成了施工任务的单位或者个人。实际施工人与发包人之间没有直接的合同关系或者名义上的合同关系,实际施工人同与其签订转包合同、违法分包合同的承包人或者出借资质的建筑施工企业之间也不存在劳动人事关系或者劳务关系。③

171. 如何认定实际施工人

实际施工人,是指在依照法律规定被认定无效的施工合同中,实际完成

---

① 参见《河南高院民四庭关于建设工程施工合同纠纷中实际施工人相关问题的会议纪要》第1条。
② 参见《最高人民法院关于统一建设工程施工合同纠纷中"实际施工人"的司法认定条件的建议的答复》。
③ 参见最高人民法院第六巡回法庭编:《最高人民法院第六巡回法庭裁判规则》,人民法院出版社2022年版,第11页;《广西壮族自治区高级人民法院关于建设工程的十二则问答》(2023年6月19日)问题12。

工程建设的主体。实际施工人身份的界定,应当结合最终实际投入的资金、材料,组织工程施工等因素综合予以认定。仅从事建筑业劳务作业的农民工、劳务班组不属于实际施工人范畴,其依据《建工司法解释(一)》第 43 条的规定向发包人、转包人、违法分包人主张权利的,人民法院不予支持。[1]

认定实际施工人,应根据以下五点综合审查:一是审查是否参与合同签订,如是否直接以被挂靠人名义与发包人签订合同,是否是转包、违法分包合同签约主体;二是审查是否存在组织工程管理、购买材料、租赁机具、支付水电费等实际施工行为;三是审查是否享有施工支配权,如对项目部人财物的独立支配权,对工程结算、工程价款是否直接支付给第三人(材料供应商、机具出租人、农民工等)的决定权等;四是审查是否存在投资或收款行为;五是审查与转包人、违法分包人或出借资质的建筑施工企业之间是否存在劳动关系。[2]

以下两种情况不能认定为实际施工人:(1)与转包人、违法分包人无施工合同关系的农民工不能认定为实际施工人。(2)建筑行业俗称的"包工头"(施工队、施工班组)是不是实际施工人要区分情况。如包工头既向转包人、违法分包人承担施工合同义务,又负责招工,对招来的农民工承担支付工资义务,就应认定为实际施工人。如包工头只负责招工和管理,农民工都直接从转包人、违法分承包人处领取工资或由包工头代领、代发工资,就不应认定为实际施工人。[3]

司法案例层面的认定:

最高人民法院(2021)最高法民申 1676 号案例:判断实际施工人,应根据其是否签订转包、挂靠或者其他形式的合同承接工程施工,是否对施工工程的人工、机器设备、材料等投入物化为相应成本,并最终承担该成本等

---

[1] 参见《重庆市高级人民法院、四川省高级人民法院关于审理建设工程施工合同纠纷案件若干问题的解答》第 9 条。
[2] 参见《河南高院民四庭关于建设工程施工合同纠纷中实际施工人相关问题的会议纪要》第 2 条。《山东省高级人民法院关于审理建设工程施工合同纠纷案件若干问题的解答》(2020 年 11 月 4 日)第 1 条规定:"……当事人以实际施工人身份主张权利的,应当对其实际投入工程的资金、设备、材料、人工等事实进行举证。"
[3] 参见《河南高院民四庭关于建设工程施工合同纠纷中实际施工人相关问题的会议纪要》第 3 条。

综合因素确定。

最高人民法院（2021）最高法民申 7068 号案例：承包人签订合同后未实际组织施工，他人提供与案涉工程有关的外包以及供货合同、工程价款及材料款的付款凭证，支付项目部技术人员、管理人员等工人工资的，可认定该他人为实际施工人。

最高人民法院（2020）最高法民申 309 号案例：参与合同签订后自己筹资、租用设备、组织施工，并掌握了相对完整的施工资料，实际收取案涉工程价款的，可认定为实际施工人。

案例 1：张某某与某建筑工程公司、某房开公司建设工程施工合同纠纷案——实际施工人的认定[①]

【裁判要旨】

对实际施工人身份的认定，应当结合当事人是否自筹资金、设备、材料，组织工人施工以及是否自主经营、自负盈亏等"合同的实际履行情况""施工的实际支配权""其他相关资料"等因素综合审查确认。非建设工程实际施工人则无权直接向发包人主张工程价款。

【基本案情】

某房开公司系案涉项目发包人，某建筑工程公司承接案涉项目部分工程后，以某建筑工程公司××项目部（甲方）名义与张某某（乙方）签订《劳务包干协议》，将诉争工程分包给张某某。《劳务包干协议》约定，"甲方将贵阳市某区××小学二次结构及初装修工程发包给乙方承包。承包范围内工程采用乙方包施工、包辅助材料、包小机具（含耗材）、保质量、包工包自身收口范围内的清理工作（一次）、包二次转运、包成品保护、包管理费、包利润等一切费用的方式进行承包"。协议还对砌砖、内外墙抹灰、人工计时等项目单价进行了约定。同时，协议约定甲方委派项目经理李某某代表甲方负责施工现场的管理，并委托李某某为最终结算签字人，乙方委托张某某

[①] 参见《贵州高院发布建设工程合同纠纷典型案例》，载微信公众号"贵州高院"2023 年 5 月 30 日，https://mp.weixin.qq.com/s/T-V_uYkNfP8GG5s-cgSsxw。

为结算签字人，结算书为本工程最终结算的唯一有效依据。协议签订后，张某某按协议约定将所承接工程施工完毕。后因工程价款纠纷，张某某诉讼请求某建筑工程公司支付工程价款及利息，并请求发包人某房开公司在欠付某建筑工程公司工程价款范围内承担责任。

【裁判结果】

一审判决某建筑工程公司支付张某某工程价款及利息，某房开公司在欠付某建筑工程公司工程价款范围内承担责任。二审判决改判驳回张某某对某房开公司的诉讼请求。

【裁判理由】

贵阳市中级人民法院经审理认为，张某某对案涉工程并未自筹建设资金，亦未自行投入机械设备与购买施工材料，其仅为案涉工程提供一般劳务，并非对工程自主经营、自负盈亏的实际施工人。因此其与某建筑工程公司之间签订的《劳务包干协议》实际上构成的是劳务合同关系，凭该劳务合同关系无权突破合同相对性直接向案涉工程的发包人某房开公司主张权利。

【典型意义】

实际施工人可直接向无合同关系的发包人主张权利系基于保护弱势地位的建筑工人根本权益而设，从而成为突破债的相对性法律原则之特殊例外。为避免该条解释被滥用导致法律原则遭到肆意破坏，应当严格限定实际施工人的范围。本案从是否实际投入"人、财、物"等三个建设工程中的关键要素以及是否对工程"自主经营、自负盈亏"的责任主体角度进行分析，阐释了实际施工人应当具备的构成要件，准确把握了实际施工人的认定标准，为同类案件中实际施工人的认定提供了规则指引和适用参照。

案例2：刘某诉重庆某实业有限公司、第三人重庆市某建设工程有限公司建设工程施工合同纠纷案——实际施工人的认定[①]

【裁判要旨】

对于实际施工人的界定，可以从以下几点入手：一是产生于转包、违法

[①] 参见《重庆市第三中级人民法院建设工程典型案例》，载微信公众号"重庆第三中级人民法院"2023年12月21日，https://mp.weixin.qq.com/s/4rRFWduyos9purArqZ1F_w。

分包等行为，由此导致建设工程合同无效。有效的合同不存在实际施工人。二是存在最终投入资金、人工、材料、机械设备并完成施工的行为。三是实际施工人实施施工的对象应当是独立的单项工程，而非分部或分项工程。四是对工程享有施工支配权，在工程竣工验收合格后，与业主方、转承包方等进行单独结算，对工程质量负责。

【基本案情】

重庆某实业有限公司系案涉项目的发包人。2015年，重庆市某建设工程有限公司承接案涉项目的工程后，将案涉项目转包给了刘某。并与刘某进行约定，重庆市某建设工程有限公司将位于涪陵区的公社食堂气罐房修建、农家乐改造等4个零星工程承包给刘某，由刘某施工，该工程合同的签订、施工、竣工验收、资料报送等所有事情都是刘某在实际控制和管理，项目所有的工作成果均由刘某及其雇用的工人完成，由刘某包施工、包利润、保质量，包二次转运等一切费用进行承包。重庆市某建设工程有限公司收到重庆某实业有限公司的进度款后，扣除与刘某约定的管理费用后，全部转付刘某，刘某非本公司员工，与其无任何劳动关系和雇佣关系。协议签订后，刘某按照协议约定进行施工，2019年5月，经验收合格并交付使用。后因工程价款纠纷，刘某起诉重庆某实业有限公司，请求其在欠付重庆市某建设工程有限公司工程价款范围内承担责任。

重庆市涪陵区人民法院判决：重庆某实业有限公司在欠付第三人重庆市某建设工程有限公司工程价款范围内支付刘某工程价款992507元。判决后，双方未上诉，判决生效。

【裁判理由】

法院生效裁判认为，重庆某实业有限公司将案涉工程发包给第三人重庆市某建设工程有限公司承建，双方先后分别签订的施工承包合同不违反法律、行政法规的强制性规定，合法有效。刘某对案涉工程自筹建设资金，自行投入机械设备和购买施工材料，雇用工人进行施工，属于对工程自主经营、自负盈亏的实际施工人。根据《最高人民法院关于审理建设工程施工合同纠纷案件适用法律问题的解释（二）》① 第 24 条的规定，本案查明了重庆某实业有限公司欠付第三人的工程价款数额，判决发包人重庆某实业有限公司在欠付工程价款范围内对实际施工人刘某承担责任。

第二节　实际施工人主张权利

172. 实际施工人突破合同相对性向发包人主张权利

实际施工人以转包人、违法分包人为被告起诉的，人民法院应当依法受理。

实际施工人以发包人为被告主张权利的，人民法院应当追加转包人或者违法分包人为本案第三人，在查明发包人欠付转包人或者违法分包人建设工程价款的数额后，判决发包人在欠付建设工程价款范围内对实际施工人承担责任。②

173. 实际施工人突破合同相对性的主体限制

可以突破合同相对性原则请求发包人在欠付工程价款范围内承担责任的实际施工人不包括借用资质及多层转包和违法分包关系中的实际施工人。③

单层转包、单层违法分包的实际施工人可以依据《建工司法解释（一）》第 43 条的规定请求发包人在欠付工程价款范围内承担责任。④

---

① 该司法解释现已废止。
② 参见《建工司法解释（一）》第 43 条。
③ 参见《实际施工人不享有建设工程价款优先受偿权》，载最高人民法院民事审判第一庭编：《民事审判指导与参考》总第 87 辑，人民法院出版社 2022 年版，第 165 页；《福建省高级人民法院关于建设工程施工合同纠纷疑难问题解答》第 41 条。
④ 参见《福建省高级人民法院关于建设工程施工合同纠纷疑难问题解答》第 41 条。

174. 实际施工人代位诉讼

实际施工人依据《民法典》第535条的规定，以转包人或者违法分包人怠于向发包人行使到期债权或者与该债权有关的从权利，影响其到期债权实现，提起代位权诉讼的，人民法院应予支持。[①]

案例1：于某诉某建设公司等建设工程施工合同纠纷案——分包人怠于行使权利的，实际施工人可以提起代位权诉讼[②]

【裁判要旨】

建设工程竣工验收合格后，分包人怠于向总包人主张工程价款，进而影响实际施工人到期债权实现的，实际施工人可以提起代位权诉讼向总包人主张支付工程价款。实际施工人应得工程价款数额可以通过司法鉴定等方式确定，总包人、分包人未办理结算的，不影响实际施工人通过代位权诉讼主张权利。

【基本案情】

于某诉称：2016年1月20日，某建设公司与某供电公司签订《施工合同》，约定由某建设公司承包某电网工程。某建设公司承包案涉工程后，将施工劳务分包给郑某，郑某又将施工劳务转包给于某。后于某按约施工，并已完成大部分工程，后某建设公司单方终止协议，于某已完成部分工程价款为1300211.68元，郑某仅向于某支付工程价款49万元。因郑某怠于向某建设公司主张债权，于某主张代位行使相应权利，故请求判令某建设公司支付工程价款810211.68元及相应利息。

某建设公司辩称：于某和郑某之间、郑某和某建设公司之间的债权债务不确定，于某行使代位权条件不成就。郑某施工质量不合格，无权获得工程价款，如要获得工程价款，案涉工程须经某建设公司修复并验收合格后，再

[①] 参见《建工司法解释（一）》第44条。
[②] 参见《重庆市高级人民法院发布建设工程合同纠纷典型案例》，载微信公众号"重庆市高级人民法院"2023年12月28日，https://mp.weixin.qq.com/s/XrEA8eUM5feeuK7-imEpYw。

扣除修复等费用进行结算。

郑某辩称：因郑某无力起诉某建设公司，同意于某对某建设公司行使代位权。

法院经审理查明：2016年1月19日，某供电公司与某建设公司签订《施工合同》，约定由某建设公司承包某电网工程。2016年7月14日，某建设公司与郑某签订《劳务承包协议书》，约定将案涉工程劳务交由郑某承包，劳务承包费用的结算方式为按某建设公司结算总价的85%结算。2016年7月21日，郑某与于某签订《转包合同》，约定将郑某承包的案涉工程劳务交由于某全权施工，以原始合同总金额结算。前述合同签订后，于某进场施工。2016年12月6日，某供电公司发函要求某建设公司停工整改。此后，于某未再施工，案涉工程由某建设公司继续施工并竣工。另查明，于某申请一审法院就其完成部分的工程造价进行司法鉴定，一审法院委托某造价咨询公司作出《司法鉴定意见书》，鉴定意见为：于某已完工部分实际工程造价为1300211.68元。此外，某建设公司已支付工程价款49万元，郑某应向某建设公司承担税费、保险费等80324.94元。

一审法院判决：（1）某建设公司代郑某向于某支付工程价款534854.99元；（2）驳回于某的其他诉讼请求。一审宣判后，某建设公司提起上诉。二审法院判决：驳回上诉，维持原判。

【裁判理由】

法院生效裁判认为：某建设公司将其从某供电公司承包的工程劳务部分分包给郑某，郑某将该工程劳务部分再转包给于某，于某完成了部分工程，对郑某享有到期工程价款债权。案涉工程已竣工，某建设公司应向郑某支付相应的工程价款。由于郑某怠于行使其到期债权，影响于某到期债权的实现，故于某提起代位权诉讼的条件成就。关于于某享有的工程价款数额问题，因郑某承包案涉工程后直接转包给于某，未实际参与工程施工，且郑某与于某在合同中约定以原始合同总金额办理结算，在审理中郑某亦提交书面意见称同意按其与某建设公司结算金额作为自己与于某的结算金额，故某建设公司与郑某之间的结算金额即应视为于某的应得工程价款数额。根据某建设公司与郑某之间的合同约定，郑某的应得工程价款为《司法鉴定意见书》确定的工程造价金额的85%即1105179.93元，再扣除郑某应承担的税费、保险费等费用80324.94元及某建设公司已付工程价款49万元，故某建设公司尚欠郑某的工程价款金额为534854.99元。因郑某同意以其与某建设公司结算金额作为其与于某的结算金额，故于某对郑某的债权金额为534854.99元。

175. 多层转包中实际施工人的起诉对象

《建工司法解释（一）》第43条规定的可以突破合同相对性原则请求发包人在欠付工程价款范围内承担责任的实际施工人仅限于转包和违法分包两种情形，不包括借用资质及多层转包和多层违法分包关系中的实际施工人。即多层转包和多层违法分包关系中的实际施工人不能突破合同相对性原则请求发包人承担责任，更不能向与其没有合同关系的转包人、违法分包人主张工程价款，根据合同相对性原则，实际施工人只能向与其有合同关系的转包人、违法分包人主张权利。① 但发包人已向承包人、分包人支付全部工程价款的除外。②

实际施工人向层层转包人或层层分包人主张给付工程价款，转包人或者违法分包人能够证明已经付清工程价款的，其前手转包人或违法分包人一般不再承担给付责任。③

在多层转包或者违法分包的情况下，实际施工人原则上仅可以要求与其有直接合同关系的转包人或者违法分包人对工程欠款承担付款责任。

实际施工人向发包人主张权利的，为查明发包人欠付工程价款的数额，应追加总承包人作为第三人。其余违法分包人、转包人如未参与实际施工，

---

① 参见《河南省高级人民法院民四庭关于建设工程合同纠纷案件疑难问题的解答》第6条；《广西壮族自治区高级人民法院关于建设工程的十二则问答》（2023年6月19日）问题12；《最高人民法院民一庭关于实际施工的人能否向与其无合同关系的转包人、违法分包人主张工程款问题的电话答复》（〔2021〕最高法民他103号）。

② 参见《广西壮族自治区高级人民法院关于建设工程的十二则问答》（2023年6月19日）问题12。

③ 参见《湖南省高级人民法院关于审理建设工程施工合同纠纷案件若干问题的解答》第24条。

不影响案件事实查明的，可以不追加为案件诉讼主体。①

未进行实际施工的转包人、转分包人等中间环节主体不是实际施工人，不能突破合同相对性向发包人主张权利。②

没有施工资质的施工主体借用有资质的建筑施工企业名义签订的建设工程施工合同无效，借用资质人以自己名义将工程分包、转包他人施工，实际施工人原则上仅可以向借用资质人主张工程价款。③

案例2：张某诉某铝业公司、某铝业服务公司、某建设公司建设工程施工合同纠纷案——工程多层转包下的责任承担④

【裁判要旨】

在建设工程存在多层转包的情况下，实际施工人应基于合同相对性主张权利，其无权请求与自己没有合同关系的总承包人在欠付工程价款范围内承担责任。

【基本案情】

发包人某铝业公司与某铝业服务公司签订《建设工程施工合同》，约定某铝业服务公司总承包某综合修理车间工程。后某铝业服务公司又与某建设公司签订《分包协议》，将该工程转包给某建设公司。某建设公司又与张某签订《协议书》，将工程转包给张某施工。张某未实际完工即退场，剩余工程由总包方某铝业服务公司完工。因某建设公司下欠张某工程价款988058元，张某诉至法院，要求某建设公司支付下欠工程价款及利息，某铝业服务公司和某铝业公司在未付款范围内承担给付责任。

郑州市中级人民法院第一次审理判决某建设公司支付张某工程价款及利

---

① 参见《陕西省高级人民法院关于审理建设工程施工合同纠纷案件若干问题的解答》（陕高法〔2020〕113号）第14条。

② 参见最高人民法院第六巡回法庭编：《最高人民法院第六巡回法庭裁判规则》，人民法院出版社2022年版，第12页；《广西壮族自治区高级人民法院关于建设工程的十二则问答》（2023年6月19日）问题12。

③ 参见《山东省高级人民法院关于审理建设工程施工合同纠纷案件若干问题的解答》（2020年11月4日）第15条。

④ 参见《河南高院：建设工程合同纠纷案件典型案例》，载微信公众号"豫法阳光"2024年3月25日，https://mp.weixin.qq.com/s/GHxmZxs1wtx0irH2laUESg。

息，总承包方某铝业服务公司在其欠付某建设公司工程价款范围内承担责任，发包方某铝业公司在其欠付总包方某铝业服务公司工程价款范围内承担责任。该一审判决后，某铝业服务公司不服，提起上诉。河南省高级人民法院经审理认为一审法院适用法律错误，遂裁定发回重审。郑州市中级人民法院重审后认为，实际施工人应基于合同相对性主张权利，其无权请求与自己没有合同关系的总承包人某铝业服务公司在欠付工程价款范围内承担责任，遂改判某建设公司单独向张某承担责任。某建设公司不服，提出上诉，河南省高级人民法院驳回上诉，维持原判。

176. 挂靠人向发包人主张权利（发包人知情）

没有资质的实际施工人借用有资质的建筑施工企业名义与发包人签订建设工程施工合同，在发包人知道或者应当知道系借用资质的实际施工人进行施工的情况下，发包人与借用资质的实际施工人之间形成事实上的建设工程施工合同关系。该建设工程施工合同因违反法律的强制性规定而无效。《民法典》第793条第1款规定："建设工程施工合同无效，但是建设工程经验收合格的，可以参照合同关于工程价款的约定折价补偿承包人。"因此，在借用资质的实际施工人与发包人之间形成事实上的建设工程施工合同关系且建设工程经验收合格的情况下，借用资质的实际施工人有权请求发包人参照合同关于工程价款的约定折价补偿。①

在发包人明知挂靠的情况下，发包人与挂靠人之间形成事实上的建设工程施工合同关系。建设工程经验收合格，实际施工人有权请求发包人参照合同关于工程价款的约定折价补偿。②

借用资质的实际施工人起诉发包人要求支付工程价款的，发包人明知实际施工人借用资质而未提出异议的，根据《民法典》第146条、第490条的

---

① 参见《借用资质的实际施工人与发包人形成事实上的建设工程施工合同关系且工程经验收合格的，可以请求发包人参照合同约定价补偿》，载最高人民法院民事审判第一庭编：《民事审判指导与参考》总第87辑，人民法院出版社2022年版。

② 参见《福建省高级人民法院关于建设工程施工合同纠纷疑难问题解答》第5条。

规定处理，实际施工人可直接向发包人主张权利。人民法院应追加被挂靠人为第三人。① 通常情况下，借用资质的施工人只有在出借资质人怠于履行权利时，才能提起代位权诉讼。但发包人明知借用资质事实存在的，借用资质的施工人可以直接向发包人主张权利。②

案例3：某建筑公司诉某置业公司等建设工程施工合同纠纷案——借用资质签订建设工程施工合同情形下诉讼主体资格的确定③

【裁判要旨】

发包人在签订合同时知道或者应当知道没有资质的实际施工人借用有资质的建筑施工企业名义与其签订建设工程施工合同的，可以认定发包人与借用资质的实际施工人之间形成事实上的建设工程施工合同关系。在此情形下，建设工程经验收合格，借用资质的实际施工人可以直接请求发包人支付工程价款。但借用资质的实际施工人明确表示不向发包人请求支付工程价款的，出借资质的建筑施工企业可以请求发包人支付工程价款。

【基本案情】

某建筑公司诉称：2016年9月23日，某建筑公司与某置业公司签订《施工合同》，约定某置业公司将某住宅项目发包给某建筑公司进行施工。案涉工程竣工验收后，某建筑公司已向某置业公司报送结算资料，但某置业公司逾期未出具结算报告，应当视为对报送结算价款的认可。因某置业公司未足额支付工程价款，故请求判令某置业公司向某建筑公司支付工程价款10376073.8元及相应利息。

某置业公司辩称：王某系案涉工程实际施工人，《施工合同》系王某挂靠某建筑公司与某置业公司签订，合同主体应为王某与某置业公司，某建筑公司无权主张工程价款。

---

① 参见《湖南省高级人民法院关于审理建设工程施工合同纠纷案件若干问题的解答》第23条。
② 参见《陕西省高级人民法院关于审理建设工程施工合同纠纷案件若干问题的解答》（陕高法〔2020〕113号）第13条。
③ 参见《重庆市高级人民法院发布建设工程合同纠纷典型案例》，载微信公众号"重庆市高级人民法院"2023年12月28日，https://mp.weixin.qq.com/s/XrEA8eUM5feeuK7-imEpYw。

王某述称：其系某建筑公司员工，并非案涉工程实际施工人。

法院经审理查明：2014年11月10日，某建筑公司委托王某代表某建筑公司与某置业公司洽谈合同相关事宜。2014年12月8日，王某代表某建筑公司与某置业公司签订《施工合同》，约定某建筑公司承建案涉工程。另查明，王某与某建筑公司之间的银行转账记录中，款项转账备注内容包括案涉工程的履约保证金、工程价款、劳务费、安全罚款、垫资款、备用金、保险费等。

一审法院认为，某置业公司签订《施工合同》时即已知道案涉工程由王某借用某建筑公司资质承接，王某系案涉工程的实际施工人，因此，应当认定王某与某置业公司形成事实上的建设工程施工合同关系，案涉工程价款的享有主体应为王某，某建筑公司并非本案适格原告，遂裁定：驳回某建筑公司的起诉。某建筑公司不服该裁定，提起上诉。二审法院裁定：（1）撤销一审裁定；（2）指令一审法院对本案进行审理。

【裁判理由】

法院生效裁判认为：本案争议焦点在于某建筑公司是否具有诉讼主体资格。本案中，某建筑公司基于其与某置业公司签订的《施工合同》提起本案诉讼，某建筑公司是《施工合同》的签约主体和承包人，与某置业公司具有法律上的利害关系，符合法律规定的原告起诉的主体条件。虽然案涉《施工合同》系王某借用某建筑公司资质与某置业公司签订，王某与某置业公司形成事实上的建设工程施工合同关系，但王某在本案中已作为第三人参加诉讼，且并未就工程价款提出独立的诉讼请求，而是配合某建筑公司主张权利，此种情形下应当允许某建筑公司向某置业公司主张工程价款。一审法院认定某建筑公司不具备原告主体资格，应当予以纠正。

> **建议指引**

挂靠人向发包人主张权利，在发包人知道或应当知道挂靠的情况下，建议当事人主张发包人与借用资质的实际施工人之间形成事实上的建设工程施工合同关系。依据《民法典》第146条的规定，在建设工程验收合格的情况下，借用资质的实际施工人有权请求发包人参照合同关于工程价款的约定折价补偿。①

177. 挂靠人向发包人主张权利（发包人不知情）

发包人对借用资质不知情的，出借资质方怠于向发包人主张权利，实际施工人可参照《建工司法解释（一）》第44条规定行使代位权。人民法院应追加被挂靠人为第三人。②

发包人对挂靠的事实不知情，发包人与被挂靠人签订的建设工程施工合同有效。根据合同相对性原则和信赖利益保护原则，实际施工人无权向发包人主张权利，但实际施工人可以基于合同相对性原则向被挂靠人主张权利。③

> 建议指引

挂靠人向发包人主张权利，在发包人对挂靠的事实不知情的情况下，根据合同相对性原则和信赖利益保护原则，实际施工人无权向发包人主张权利。在被挂靠人怠于向发包人主张权利的情况下，实际施工人可以依据《建工司法解释（一）》第44条的规定行使代位权。④

178. 发包人明知挂靠事实的认定

对"发包人明知"可以从以下方面进行认定：（1）挂靠人直接向发包人支付投标保证金，或者挂靠人与发包人之间存在出借款项、保证金支付、工程价款支付等其他直接款项往来；（2）发包人在工程项目招标、合同签订、履行等过程中对挂靠人是实际履行主体情况知情；（3）挂靠人与发包人就合同事宜直接进行磋商，或者发包人知悉挂靠人与被挂靠人之间的挂靠事实。⑤

---

① 参见《四川省律师协会、重庆市律师协会关于律师办理建设工程合同纠纷疑难业务指引》第3.4.2.1条。
② 参见《湖南省高级人民法院关于审理建设工程施工合同纠纷案件若干问题的解答》第23条。
③ 参见《福建省高级人民法院关于建设工程施工合同纠纷疑难问题解答》第5条。
④ 参见《四川省律师协会、重庆市律师协会关于律师办理建设工程合同纠纷疑难业务指引》第3.4.2.1条。
⑤ 参见《福建省高级人民法院关于建设工程施工合同纠纷疑难问题解答》第6条。

179. 挂靠人向被挂靠单位主张权利

借用资质的实际施工人明知其与出借资质的施工企业是借用资质（挂靠）关系且常签有挂靠或内部承包协议，双方之间不存在发包、承包关系，实际施工人向出借资质的施工企业主张工程价款应不予支持。但如果因合同约定或实际履行过程中发包人将工程价款支付到出借资质的施工企业账户，出借资质施工企业截留工程价款不予支付的，实际施工人可向出借资质的施工企业主张被截留部分的工程价款。①

180. 内部承包人主张权利

企业内部承包合同情形下的企业内部职工和下属分支机构，不得以自己的名义主张工程价款。②

181. 被挂靠单位向发包人主张权利及挂靠人的介入权

无论是被挂靠企业起诉发包人还是实际施工人以被挂靠企业名义起诉发包人，均符合合同相对性原则，均不违反程序法的规定。但如果实际施工人不同意被挂靠企业单独起诉发包人主张工程价款，要求参加诉讼，人民法院应当追加实际施工人为有独立请求权的第三人，一体解决纠纷。实际施工人和被挂靠企业同时参加诉讼的，经审理查明涉案工程确由实际施工人施工或实际施工人与发包人已形成事实上建设工程施工合同关系的，应当判决发包人直接向实际施工人支付工程价款，不宜再以合同相对性为由判决发包人向被挂靠企业支付工程价款，以免损害实际施工人的合法权益。③

---

① 参见《河南高院民四庭关于建设工程施工合同纠纷中实际施工人相关问题的会议纪要》第4条；《河南省高级人民法院民四庭关于建设工程合同纠纷案件疑难问题的解答》第11条。
② 参见《河北省高级人民法院关于印发〈建设工程施工合同案件审理指南〉的通知》第3条。
③ 参见《河南高院民四庭关于建设工程施工合同纠纷中实际施工人相关问题的会议纪要》第5条；《河南省高级人民法院民四庭关于建设工程合同纠纷案件疑难问题的解答》第10条。

182. 承包人对合同无效的责任

承包人对合同无效后果应当承担相应的责任。实际施工人未完成施工任务的，承包人继续履行合同并完成施工任务后，有权与发包人进行结算，并主张相应的建设工程价款。①

183. 实际施工人内部合伙人的起诉资格

在其他合伙人下落不明的情况下，应当允许部分合伙人以自己的名义单独主张工程价款。事后，其他合伙人可以依据与主张工程价款的合伙人之间的内部关系另行主张权利。需要注意的是，参与施工合同签订和实际施工的合伙人，其前手转包人或违法分包人基于合同信赖利益一般不会对其诉讼主体资格提出异议，但未参与合同签订的合伙人以自己名义起诉，需要提供充分证据证明其合伙人身份。②

二人以上共同作为实际施工人签订建设工程施工合同的，对外共同享有权利、共同承担义务，应当适用《民法典》关于合伙合同的相关规定认定民事权利义务，适用《民事诉讼法》第55条关于必要共同诉讼的规定认定民事诉讼权利义务。部分合伙人单独以实际施工人起诉请求合同权利的，应依据《民事诉讼法解释》第74条的规定追加其他合伙人作为共同诉讼当事人。应当追加的原告，已明确表示放弃实体权利的，可不予追加；既不愿意参加诉讼，又不放弃实体权利的，仍应追加为共同原告，其不参加诉讼，不影响案件的审理和依法作出判决。③

184. 发包人承担欠付责任的性质

《建工司法解释（一）》第43条规定的发包人在欠付建设工程价款范围内对实际施工人承担的责任，可以理解为工程价款支付责任，不能认定为连

---

① 参见《福建省高级人民法院关于建设工程施工合同纠纷疑难问题解答》第5条。
② 参见《河南省高级人民法院民四庭关于建设工程合同纠纷案件疑难问题的解答》第15条。
③ 参见《福建省高级人民法院关于建设工程施工合同纠纷疑难问题解答》第43条。

带责任、共同责任或者补充责任。在执行过程中，只要不超过发包人欠付总承包人工程价款的范围，就可以直接执行发包人，不用考虑发包人和其他被执行人之间的执行顺位和比例问题。①

相反观点认为，因发包人并非实际施工人的合同相对方，发包人在其欠付建设工程价款范围内对实际施工人承担的付款责任，是一种补充责任。②

185. 欠付工程价款的范围

《建工司法解释（一）》第43条规定实际施工人可以向发包人主张支付欠付建设工程价款的范围仅限定为建设工程价款，不包括工程价款利息、违约金、损失赔偿金等。实际施工人依据本条规定，向发包人主张支付欠付建设工程价款的利息、违约金、工程奖励金、损失赔偿金等款项的，不予支持。③

相反观点认为，实际施工人既有权要求发包人支付欠付工程价款，也有权主张欠付工程价款的利息。④

186. 欠付工程价款数额的举证责任

根据2019年修正前的《最高人民法院关于民事诉讼证据的若干规定》第5条第2款的规定，对合同是否履行发生争议的，由负有履行义务的当事人承担举证责任。一般情况下，发包人作为向承包人支付工程价款义务的当事人应当对其是否欠付承包人工程价款或者欠付工程价款的具体数额作出抗辩，并承担相应的举证责任。但在实际施工人突破合同相对性原则向发包人主张欠付责任的情况下，实际施工人对发包人的抗辩不予认可的，仍由实际

---

① 参见《河南省高级人民法院民四庭关于建设工程合同纠纷案件疑难问题的解答》第7条。
② 参见最高人民法院第六巡回法庭编：《最高人民法院第六巡回法庭裁判规则》，人民法院出版社2022年版，第12页；《广西壮族自治区高级人民法院关于建设工程的十二则问答》（2023年6月19日）问题12。
③ 参见《福建省高级人民法院关于建设工程施工合同纠纷疑难问题解答》第40条。
④ 参见最高人民法院第六巡回法庭编：《最高人民法院第六巡回法庭裁判规则》，人民法院出版社2022年版，第12页；《广西壮族自治区高级人民法院关于建设工程的十二则问答》（2023年6月19日）问题12。

施工人对发包人欠付承包人的工程价款数额承担举证责任。如果无法查明发包人欠付承包人的工程价款具体数额，不应判决发包人对实际施工人承担责任。①

发包人与转包人或者违法分包人已结算的，可根据结算情况查明发包人欠付工程价款数额。发包人与转包人或者违法分包人未结算的，实际施工人请求发包人在欠付工程价款范围内承担责任的，应提供初步证据证明发包人欠付工程价款。发包人以其未欠付工程价款为由抗辩的，应提供相应证据予以证明。审判中，应根据当事人提供的证据，查明发包人是否欠付工程价款以及欠付数额，不宜未经审理查明直接判决"发包人在欠付工程价款范围内承担责任"。②

实际施工人向与其没有合同关系的转包人、分包人、总承包人、发包人提起的诉讼，发包人与承包人就工程价款问题尚未结算的，原则上仍应坚持合同相对性，由与实际施工人有合同关系的前手承包人给付工程价款。如果发包人与承包人已就工程价款进行结算或虽尚未结算，但欠款范围明确，可以确定发包人欠付承包人的工程价款数额大于承包人欠付实际施工人的工程价款数额，可以直接判决发包人对实际施工人在承包人欠付实际施工人的工程价款数额范围内承担连带给付责任。③

实际施工人对工程价款支付条件成就、欠付工程价款金额等承担举证责任。④

187. 承包人加入实际施工人的在先诉讼

根据《建工司法解释（一）》第43条的规定，实际施工人以发包人为被

---

① 参见《河南省高级人民法院民四庭关于建设工程合同纠纷案件疑难问题的解答》第8条。
② 参见《天津市高级人民法院关于审理建设工程施工合同纠纷案件相关问题的审判委员会纪要》（2020年12月9日）第3条。
③ 参见《河北省高级人民法院关于印发〈建设工程施工合同案件审理指南〉的通知》第23条。
④ 参见最高人民法院第六巡回法庭编：《最高人民法院第六巡回法庭裁判规则》，人民法院出版社2022年版，第12页；《广西壮族自治区高级人民法院关于建设工程的十二则问答》（2023年6月19日）问题12。

告主张建设工程价款的，人民法院应当追加承包人为本案第三人。承包人在参加诉讼的同时向发包人请求支付建设工程价款的，根据《民事诉讼法》第59条的规定，可以作为有独立请求权的第三人加入诉讼。在查明承包人是否欠付实际施工人建设工程价款，发包人是否欠付承包人建设工程价款事实和实际施工人施工部分款项后，一并作出判决。在承包人、实际施工人的诉讼请求都应当支持的情况下，承包人基于转包、分包合同和发包人基于司法解释的规定而同样对于实际施工人负有给付义务，因发包人或承包人的履行而使欠付实际施工人的债务均归于消灭。因此，发包人在欠付工程价款范围内向实际施工人支付建设工程价款的义务与承包人向实际施工人支付建设工程价款的义务构成不真正连带债务。

案件判决主文可分两项：（1）发包人向承包人支付欠付的建设工程价款；（2）发包人在欠付承包人工程价款范围内对实际施工人承担责任，发包人向实际施工人支付后，发包人对承包人的债务相应消灭。

承包人已经向发包人主张工程价款，实际施工人又向发包人主张工程价款的，因涉及欠付工程价款数额的认定，实际施工人向发包人主张工程价款的案件应中止审理，待前案欠付工程价款数额确定后，根据前案认定的数额判决发包人在欠付工程价款范围内对实际施工人承担责任。①

188. 实际施工人加入承包人的在先诉讼

在承包人已经起诉发包人支付工程价款的情况下，实际施工人可以在一审辩论终结前申请作为第三人参加诉讼，其另诉请求发包人在欠付工程价款范围内承担责任的，不应受理。实际施工人作为第三人参加诉讼后，如果请求发包人在欠付工程价款范围内承担责任，那么应当将承包人的诉讼请求和实际施工人的诉讼请求合并审理。②

---

① 参见《福建省高级人民法院关于建设工程施工合同纠纷疑难问题解答》第14条。
② 参见《承包人已起诉发包人支付工程款的，实际施工人可以在一审辩论终结前申请作为第三人参加诉讼，其另诉请求发包人在欠付工程款范围内承担责任的，不应受理》，载最高人民法院民事审判第一庭编：《民事审判指导与参考》总第87辑，人民法院出版社2022年版。

189. 无合同或合同约定不明时实际施工人的计价标准

《民法典》第 510 条规定："合同生效后，当事人就质量、价款或者报酬、履行地点等内容没有约定或者约定不明确的，可以协议补充；不能达成补充协议的，按照合同相关条款或者交易习惯确定。"第 511 条规定，当事人就有关合同内容约定不明确，依据《民法典》第 510 条规定仍不能确定的，"价款或者报酬不明确的，按照订立合同时履行地的市场价格履行；依法应当执行政府定价或者政府指导价的，依照规定履行"。在实际施工人与转包人或违法分包人没有签订施工合同，工程价款计价标准不明的情况下，可按照上述工程价款漏洞填补规则处理。同时，在工程转包或违法分包的情况下，转包人或违法分包人向实际施工人支付的工程价款，一般不会超出其从发包人处应得的工程价款。因此，从交易习惯角度考虑，在约定不明的情况下，实际施工人与转包人或违法分包人的计价标准可以参照发包人与承包人合同约定的标准，同时应防止价格倒挂。①

190. 规费等费用不区分实际施工人是自然人还是企业

工程造价定额标准仅是提供给当事人确定工程价款的推荐性、参考性标准。工程造价定额标准中的规费、措施费、社保费、税金仅是确定工程价款的组价项目。当事人在确定工程价款时，可以约定其中的个别组价费用项目不计取，如约定社保费、安全文明措施费等不计取，规费按照某一年度标准计取等。如果当事人约定对工程造价定额标准中的个别组价费用项目不计取，应视为双方对工程价款的约定或者视为承包人对发包人的让利，对双方当事人具有约束力。如果当事人约定按照工程造价定额标准结算工程价款，工程规费、措施费、社保费、税金等均属于工程价款的组成部分，则上述造价费用均属于当事人应得的工程价款，而无须考虑实际施工人是自然人或是有资质的企业。②

---

① 参见《河南省高级人民法院民四庭关于建设工程合同纠纷案件疑难问题的解答》第 16 条。
② 参见《河南省高级人民法院民四庭关于建设工程合同纠纷案件疑难问题的解答》第 20 条。

第八章

管　辖

191. 管辖原则

建设工程施工合同纠纷按照不动产纠纷确定管辖。①

下列案件，由建设工程所在地人民法院管辖：（1）建设工程施工合同纠纷、装饰装修合同纠纷、建设工程价款优先受偿权纠纷、建设工程监理合同纠纷、农村建房施工合同纠纷，建设工程分包合同纠纷及建设工程劳务分包合同纠纷；（2）建设工程勘察合同纠纷、建设工程设计合同纠纷；（3）工程价款债权转让，债务人与受让人因债务履行发生的纠纷；（4）建设工程总承包合同纠纷。②

> ➢ **建议指引**

1. 合同未履行的管辖或一方怠于履行合同时第三人提出代位请求时的**管辖**

（1）合同未履行的管辖

《民事诉讼法》第34条第1项及《民事诉讼法解释》第28条第2款，并未明确排除建设工程施工合同订立后没有实际履行而产生的解除合同、返还保证金纠纷的情形。在起诉与受理阶段，应当依据当事人的诉讼请求确定案由。当事人依据建设工程施工合同诉讼请求返还建设工程质量保证金，属于因履行建设工程施工合同引发的纠纷。案涉合同是否实际履行，在起诉与受理阶段不能查明，只有通过实体审理才能查明。故在法律、司法解释没有明确规定的情况下，不宜仅以建设工程施工合同未实际履行为由，排除《民

---

① 参见《民事诉讼法解释》第28条。
② 参见《湖南省高级人民法院关于审理建设工程施工合同纠纷案件若干问题的解答》第1条。

事诉讼法》及其司法解释关于不动产纠纷专属管辖规定的适用。①

（2）一方怠于履行合同时第三人提出代位请求时的管辖

对于承包人、专业承包人、分包人、实际施工人等债权人依据《建工司法解释（一）》第44条和《重庆市高级人民法院关于民事诉讼管辖若干问题的解答》第16条的规定提起代位权诉讼时，建议当事人向建设工程所在地人民法院提起诉讼，但是对于已办理工程结算且对结算金额无异议的情形，也可考虑主张适用一般管辖的规则。②

2. 工程价款债权转让的管辖

对于工程价款债权受让人所涉及的工程价款债权转让争议案件，债务人与受让人因债务履行发生纠纷的，因该债权的基本法律关系源自建设工程施工合同，受让人可考虑适用专属管辖规定选择管辖法院。③

3. 特殊关联合同的管辖

（1）内部承包合同

承包人与其下属分支机构或职工就所承包的全部或部分工程施工所签订的承包合同为企业内部承包合同，属建筑施工企业的一种内部经营方式，法律和行政法规对此并不禁止，承包人仍应对建设工程施工过程及质量等进行管理，对外承担施工合同的义务。若诉讼请求内容和建设工程不相关，且仅举示了劳动合同、工资等资料作为诉讼证据，则可考虑适用一般合同纠纷管辖规则；但若案由为建设工程施工合同纠纷，则可选择由工程所在地人民法院专属管辖。

但实务中挂靠、转包情形也常采用所谓的内部承包合同的形式，在挂靠、转包情形下，诉讼请求往往涉及工程价款、工程质量等与建设工程施工合同相关的法律关系，通常可向建设工程所在地人民法院提起诉讼。④

---

① 参见《法答网精选答问（第十五批）——立案受理专题》，载微信公众号"最高人民法院"2025年1月9日，https：//mp.weixin.qq.com/s/QkUnxpwEGEyLEAkprsvsBg。
② 参见《四川省律师协会、重庆市律师协会关于律师办理建设工程合同纠纷疑难业务指引》第2.2.2条。
③ 参见《四川省律师协会、重庆市律师协会关于律师办理建设工程合同纠纷疑难业务指引》第2.3条。
④ 参见《四川省律师协会、重庆市律师协会关于律师办理建设工程合同纠纷疑难业务指引》第2.4.1条。

(2) 委托代建合同

基于委托代建合同提起诉讼的，建议当事人根据委托代建合同所对应的基础法律关系选择管辖法院。若名为委托代建合同实为合资、合作开发房地产合同或项目转让合同，则不属于建设工程专属管辖的类型，可根据合同纠纷诉讼管辖的一般原则选择管辖法院；但若名为委托代建合同实为建设工程施工合同，可考虑选择适用建设工程专属管辖规定。[①]

(3) 劳务合同

若案件为劳务分包单位向承包人主张劳务工程费用，属于建设工程分包合同纠纷，则通常选择适用专属管辖规定，向建设工程所在地人民法院提起诉讼；若因案涉纠纷属于民工提供劳务工作，起诉要求包工头或劳务企业追索报酬或劳动报酬，则属于劳务合同纠纷，参照《重庆市高级人民法院关于民事诉讼管辖若干问题的解答》第19条的规定，可按照一般合同纠纷选择管辖法院。[②]

(4) 门窗类合同

建议当事人根据门窗类合同性质选择门窗类合同纠纷的管辖法院。首先，要区分项目是工业建筑工程还是家庭装饰工程，若为家庭装饰工程则不属于建设工程分包合同关系，因此对于家庭装饰所涉及的门窗类合同纠纷可按照一般合同纠纷来选择管辖法院；其次，要有效区分工业建筑工程有关门窗类合同属于建设工程分包合同，还是买卖合同、承揽合同，主要考量合同单价是否包括安装费、是否需要二次深化设计等因素，若需要计算安装费或需要二次深化设计等，则其性质为建设工程分包合同，可适用专属管辖规定向建设工程所在地人民法院提起诉讼。[③]

---

① 参见《四川省律师协会、重庆市律师协会关于律师办理建设工程合同纠纷疑难业务指引》第2.4.2条。

② 参见《四川省律师协会、重庆市律师协会关于律师办理建设工程合同纠纷疑难业务指引》第2.4.3条。

③ 参见《四川省律师协会、重庆市律师协会关于律师办理建设工程合同纠纷疑难业务指引》第2.4.4条。

（5）监理合同

当事人可参照《重庆市高级人民法院关于民事诉讼管辖若干问题的解答》第17条的规定，就建设工程监理合同纠纷适用专属管辖，向建设工程所在地人民法院提起诉讼，但也有部分人民法院认为应按照一般合同纠纷来确定管辖法院。①

（6）以物抵债合同

①债务履行期届满前的以物抵债合同

对在债务履行期届满前达成的以物抵债合同，抵债物尚未交付债权人，债权人请求债务人交付的，当事人可根据原债权债务关系提起诉讼，如原债权债务关系是建设工程施工合同法律关系，建议向建设工程所在地人民法院提起诉讼。②

②债务履行期届满后的以物抵债合同

当事人可根据债务清偿期届满后以物抵债合同的性质来选择管辖法院。以物抵债合同的性质应按照尊重当事人的意思自治的基本原则来确定，约定不明的，建议当事人主张以物抵债合同为诺成性的新债清偿协议。

对于在新债务履行期届满不履行，致使以物抵款协议的目的不能实现的，债权人有权请求债务人履行旧债务，即可以建设工程施工合同纠纷向建设工程所在地人民法院提起诉讼。若债务清偿期届满后，在达成的以物抵债合同中明确约定消灭相应金额的原工程价款债务，新债务履行情况与旧债务无直接关联，债权人仅起诉要求债务人履行新债务，则可按照新债务的性质来选择管辖法院。③

4. 跨区域的建设工程施工合同的管辖

在选择跨区域建设工程施工合同纠纷的管辖法院，首先应厘清发生争议

---

① 参见《四川省律师协会、重庆市律师协会关于律师办理建设工程合同纠纷疑难业务指引》第2.4.5条。
② 参见《四川省律师协会、重庆市律师协会关于律师办理建设工程合同纠纷疑难业务指引》第2.4.6.1条。
③ 参见《四川省律师协会、重庆市律师协会关于律师办理建设工程合同纠纷疑难业务指引》第2.4.6.2条。

的建设工程所在地行政区划归属，一般可向建设工程所在地所属的行政区人民法院提起诉讼。但建设工程跨区域施工涉及两个及以上地点均发生争议的，导致两个或两个以上人民法院都有管辖权的，可依据《民事诉讼法》第36条选择管辖法院。①

5. 投标过程中产生的民事纠纷的管辖

在建设工程施工合同投标过程中产生的主要纠纷为退还投标保证金、要求承担缔约过失责任等，其性质为招标投标买卖合同纠纷，可主张该纠纷不属于《民事诉讼法解释》第28条第2款规定的专属管辖范围，建议按照一般合同纠纷来选择管辖法院。②

6. 破产案件的特殊管辖

依据《企业破产法》第21条的规定，诉讼期间涉及破产企业的建设工程施工合同纠纷不再适用《民事诉讼法解释》第28条的建设工程施工合同专属管辖的规定，建议当事人向受理破产申请的人民法院或其指定的有管辖权的人民法院提起诉讼。但若受理破产债务人破产重整申请或破产清算转重整申请的人民法院在裁定批准债务人的重整计划、债务人破产程序终止后，破产重整企业所涉民事案件实行集中管辖的必要性和合理性已经不存在，原则上不适用上述规定。③

7. 专门管辖

（1）铁路运输法院专门管辖

依据《最高人民法院关于铁路运输法院案件管辖范围的若干规定》第3条的规定，与铁路及其附属设施的建设施工有关的合同纠纷，可由铁路运输法院管辖。若以上纠纷发生在重庆地区，参照《重庆市高级人民法院关于重庆铁路运输法院撤销后并入重庆两江新区人民法院（重庆自由贸易试验区人

---

① 参见《四川省律师协会、重庆市律师协会关于律师办理建设工程合同纠纷疑难业务指引》第2.5条。
② 参见《四川省律师协会、重庆市律师协会关于律师办理建设工程合同纠纷疑难业务指引》第2.6条。
③ 参见《四川省律师协会、重庆市律师协会关于律师办理建设工程合同纠纷疑难业务指引》第2.7条。

民法院）调整相关案件管辖的公告》第 1 条的规定，自 2023 年 5 月 5 日起，原重庆铁路运输法院受理的铁路专门管辖案件由重庆两江新区人民法院（重庆自由贸易试验区人民法院）受理。①

（2）海事法院专门管辖

依据《海事诉讼特别程序法》第 7 条，以及《最高人民法院关于海事法院受理案件范围的规定》的相关规定，涉及海洋、通海可航水域工程建设（含水下疏浚、围海造地、电缆或者管道敷设以及码头、船坞、钻井平台、人工岛、隧道、大桥等建设）纠纷案件，可向海事法院提起诉讼。②

192. 实际施工人与仲裁条款

借用资质的实际施工人是以出借资质的企业的名义参与投标或者以出借资质的企业的名义与发包人签订施工合同的，借用资质的实际施工人主张工程价款的法律关系基础是发包人和出借资质的企业之间签订的施工合同，故实际施工人在争议发生前就知道或者应当知道仲裁条款的存在，其起诉应受出借资质的企业与发包人施工合同中仲裁条款的约束。③

发包人与承包人在建设工程施工合同中约定仲裁条款的，除非实际施工人表示认可或表示受发包人与承包人之间的仲裁条款约束，否则仲裁条款仅对合同双方具有约束力。实际施工人、合法分包人起诉承包人或直接起诉发包人的，人民法院应当审理。如果本案诉讼需要以发包人与承包人之间的仲裁结果作为依据的，可中止审理，待仲裁程序结束后再恢复审理。人民法院对已为仲裁机构的生效裁决所确认的事实应根据《最高人民法院关于民事诉讼证据的若干规定》第 10 条的规定予以认定。

实际施工人、合法分包人与承包人约定了仲裁条款，又以发包人为被告提起诉讼的，不予受理，已经受理的，裁定驳回起诉。实际施工人、合法分

---

① 参见《四川省律师协会、重庆市律师协会关于律师办理建设工程合同纠纷疑难业务指引》第 2.8.1 条。
② 参见《四川省律师协会、重庆市律师协会关于律师办理建设工程合同纠纷疑难业务指引》第 2.8.2 条。
③ 参见《河南省高级人民法院民四庭关于建设工程合同纠纷案件疑难问题的解答》第 12 条。

包人与承包人之间的仲裁已终结后，又起诉发包人的（包含发包人与承包人在建设工程施工合同中亦约定了仲裁条款情形），人民法院应当审理。①

实际施工人并非发包人与承包人签订的施工合同的当事人，亦未与发包人、承包人订立有效仲裁协议，不应受发包人与承包人的仲裁协议约束。实际施工人依据发包人与承包人的仲裁协议申请仲裁，仲裁机构作出仲裁裁决后，发包人请求撤销仲裁裁决的，人民法院应予支持。②

> 建议指引

建设工程纠纷适用专属管辖，如须突破该规定，可考虑通过约定仲裁条款的方式来设定。但是对于实际施工人而言，如果仅是发包方、承包方之间订立有仲裁协议，实际施工人并非发包人与承包人签订的施工合同的当事人，且实际施工人亦未单独与发包人、承包人订立仲裁协议，实际施工人则不受发包人与承包人之间的仲裁协议约束。③

---

① 参见《湖南省高级人民法院关于审理建设工程施工合同纠纷案件若干问题的解答》第2条。
② 参见中国工商银行股份有限公司岳阳分行与刘友良申请撤销仲裁裁决案，最高人民法院指导案例198号（2022年）。
③ 参见《四川省律师协会、重庆市律师协会关于律师办理建设工程合同纠纷疑难业务指引》第2.1条。

附：

最高人民法院
关于审理建设工程施工合同纠纷案件适用法律问题的解释（一）

法释〔2020〕25号

（2020年12月25日最高人民法院审判委员会第1825次会议通过
2020年12月29日最高人民法院公布
自2021年1月1日起施行）

为正确审理建设工程施工合同纠纷案件，依法保护当事人合法权益，维护建筑市场秩序，促进建筑市场健康发展，根据《中华人民共和国民法典》《中华人民共和国建筑法》《中华人民共和国招标投标法》《中华人民共和国民事诉讼法》等相关法律规定，结合审判实践，制定本解释。

第一条 建设工程施工合同具有下列情形之一的，应当依据民法典第一百五十三条第一款的规定，认定无效：

（一）承包人未取得建筑业企业资质或者超越资质等级的；

（二）没有资质的实际施工人借用有资质的建筑施工企业名义的；

（三）建设工程必须进行招标而未招标或者中标无效的。

承包人因转包、违法分包建设工程与他人签订的建设工程施工合同，应当依据民法典第一百五十三条第一款及第七百九十一条第二款、第三款的规定，认定无效。

第二条 招标人和中标人另行签订的建设工程施工合同约定的工程范围、建设工期、工程质量、工程价款等实质性内容，与中标合同不一致，一方当事人请求按照中标合同确定权利义务的，人民法院应予支持。

招标人和中标人在中标合同之外就明显高于市场价格购买承建房产、无偿建设住房配套设施、让利、向建设单位捐赠财物等另行签订合同，变相降低工程价款，一方当事人以该合同背离中标合同实质性内容为由请求确认无效的，人民法院应予支持。

第三条 当事人以发包人未取得建设工程规划许可证等规划审批手续为由，请求确认建设工程施工合同无效的，人民法院应予支持，但发包人在起诉前取得建设工程规划许可证等规划审批手续的除外。

发包人能够办理审批手续而未办理，并以未办理审批手续为由请求确认建设工程施工合同无效的，人民法院不予支持。

第四条 承包人超越资质等级许可的业务范围签订建设工程施工合同，在建设工程竣工前取得相应资质等级，当事人请求按照无效合同处理的，人民法院不予支持。

第五条 具有劳务作业法定资质的承包人与总承包人、分包人签订的劳务分包合同，当事人请求确认无效的，人民法院依法不予支持。

第六条 建设工程施工合同无效，一方当事人请求对方赔偿损失的，应当就对方过错、损失大小、过错与损失之间的因果关系承担举证责任。

损失大小无法确定，一方当事人请求参照合同约定的质量标准、建设工期、工程价款支付时间等内容确定损失大小的，人民法院可以结合双方过错程度、过错与损失之间的因果关系等因素作出裁判。

第七条 缺乏资质的单位或者个人借用有资质的建筑施工企业名义签订建设工程施工合同，发包人请求出借方与借用方对建设工程质量不合格等因出借资质造成的损失承担连带赔偿责任的，人民法院应予支持。

第八条 当事人对建设工程开工日期有争议的，人民法院应当分别按照以下情形予以认定：

（一）开工日期为发包人或者监理人发出的开工通知载明的开工日期；开工通知发出后，尚不具备开工条件的，以开工条件具备的时间为开工日期；因承包人原因导致开工时间推迟的，以开工通知载明的时间为开工日期。

（二）承包人经发包人同意已经实际进场施工的，以实际进场施工时间为开工日期。

（三）发包人或者监理人未发出开工通知，亦无相关证据证明实际开工日期的，应当综合考虑开工报告、合同、施工许可证、竣工验收报告或者竣工验收备案表等载明的时间，并结合是否具备开工条件的事实，认定开工日期。

第九条 当事人对建设工程实际竣工日期有争议的，人民法院应当分别按照以下情形予以认定：

（一）建设工程经竣工验收合格的，以竣工验收合格之日为竣工日期；

（二）承包人已经提交竣工验收报告，发包人拖延验收的，以承包人提交验收报告之日为竣工日期；

（三）建设工程未经竣工验收，发包人擅自使用的，以转移占有建设工程之日为竣工日期。

第十条 当事人约定顺延工期应当经发包人或者监理人签证等方式确认，承包人虽未取得工期顺延的确认，但能够证明在合同约定的期限内向发包人或者监理人申请过工期顺延且顺延事由符合合同约定，承包人以此为由主张工期顺延的，人民法院应予支持。

当事人约定承包人未在约定期限内提出工期顺延申请视为工期不顺延的，按照约定处理，但发包人在约定期限后同意工期顺延或者承包人提出合理抗辩的除外。

第十一条 建设工程竣工前，当事人对工程质量发生争议，工程质量经鉴定合格的，鉴定期间为顺延工期期间。

第十二条 因承包人的原因造成建设工程质量不符合约定，承包人拒绝修理、返工或者改建，发包人请求减少支付工程价款的，人民法院应予支持。

第十三条 发包人具有下列情形之一，造成建设工程质量缺陷，应当承担过错责任：

（一）提供的设计有缺陷；

（二）提供或者指定购买的建筑材料、建筑构配件、设备不符合强制性标准；

（三）直接指定分包人分包专业工程。

承包人有过错的，也应当承担相应的过错责任。

第十四条 建设工程未经竣工验收，发包人擅自使用后，又以使用部分质量不符合约定为由主张权利的，人民法院不予支持；但是承包人应当在建设工程的合理使用寿命内对地基基础工程和主体结构质量承担民事责任。

第十五条 因建设工程质量发生争议的，发包人可以以总承包人、分包人和实际施工人为共同被告提起诉讼。

第十六条 发包人在承包人提起的建设工程施工合同纠纷案件中，以建设工程质量不符合合同约定或者法律规定为由，就承包人支付违约金或者赔偿修理、返工、改建的合理费用等损失提出反诉的，人民法院可以合并审理。

第十七条 有下列情形之一，承包人请求发包人返还工程质量保证金的，人民法院应予支持：

（一）当事人约定的工程质量保证金返还期限届满；

（二）当事人未约定工程质量保证金返还期限的，自建设工程通过竣工验收之日起满二年；

（三）因发包人原因建设工程未按约定期限进行竣工验收的，自承包人提交工程竣工验收报告九十日后当事人约定的工程质量保证金返还期限届满；当事人未约定工程质量保证金返还期限的，自承包人提交工程竣工验收报告九十日后起满二年。

发包人返还工程质量保证金后，不影响承包人根据合同约定或者法律规定履行工程保修义务。

第十八条 因保修人未及时履行保修义务，导致建筑物毁损或者造成人身损害、财产损失的，保修人应当承担赔偿责任。

保修人与建筑物所有人或者发包人对建筑物毁损均有过错的，各自承担相应的责任。

第十九条 当事人对建设工程的计价标准或者计价方法有约定的，按照约定结算工程价款。

因设计变更导致建设工程的工程量或者质量标准发生变化，当事人对该部分工程价款不能协商一致的，可以参照签订建设工程施工合同时当地建设行政主管部门发布的计价方法或者计价标准结算工程价款。

建设工程施工合同有效，但建设工程经竣工验收不合格的，依照民法典第五百七十七条规定处理。

第二十条 当事人对工程量有争议的，按照施工过程中形成的签证等书面文件确认。承包人能够证明发包人同意其施工，但未能提供签证文件证明工程量发生的，可以按照当事人提供的其他证据确认实际发生的工程量。

第二十一条 当事人约定，发包人收到竣工结算文件后，在约定期限内不予答复，视为认可竣工结算文件的，按照约定处理。承包人请求按照竣工结算文件结算工程价款的，人民法院应予支持。

第二十二条 当事人签订的建设工程施工合同与招标文件、投标文件、中标通知书载明的工程范围、建设工期、工程质量、工程价款不一致，一方当事人请求将招标文件、投标文件、中标通知书作为结算工程价款的依据的，人民法院应予支持。

第二十三条 发包人将依法不属于必须招标的建设工程进行招标后，与承包人另行订立的建设工程施工合同背离中标合同的实质性内容，当事人请求以中标合同作为结算建设工程价款依据的，人民法院应予支持，但发包人与承包人因客观情况发生了在招标投标时难以预见的变化而另行订立建设工程施工合同的除外。

第二十四条 当事人就同一建设工程订立的数份建设工程施工合同均无效，但建设工程质量合格，一方当事人请求参照实际履行的合同关于工程价款的约定折价补偿承包人的，人民法院应予支持。

实际履行的合同难以确定，当事人请求参照最后签订的合同关于工程价款的约定折价补偿承包人的，人民法院应予支持。

第二十五条 当事人对垫资和垫资利息有约定，承包人请求按照约定返还垫资及其利息的，人民法院应予支持，但是约定的利息计算标准高于垫资时的同类贷款利率或者同期贷款市场报价利率的部分除外。

当事人对垫资没有约定的，按照工程欠款处理。

当事人对垫资利息没有约定，承包人请求支付利息的，人民法院不予支持。

第二十六条 当事人对欠付工程价款利息计付标准有约定的，按照约定处理。没有约定的，按照同期同类贷款利率或者同期贷款市场报价利率计息。

第二十七条 利息从应付工程价款之日开始计付。当事人对付款时间没有约定或者约定不明的，下列时间视为应付款时间：

（一）建设工程已实际交付的，为交付之日；

（二）建设工程没有交付的，为提交竣工结算文件之日；

（三）建设工程未交付，工程价款也未结算的，为当事人起诉之日。

第二十八条 当事人约定按照固定价结算工程价款，一方当事人请求对建设工程造价进行鉴定的，人民法院不予支持。

第二十九条 当事人在诉讼前已经对建设工程价款结算达成协议，诉讼中一方当事人申请对工程造价进行鉴定的，人民法院不予准许。

第三十条 当事人在诉讼前共同委托有关机构、人员对建设工程造价出具咨询意见，诉讼中一方当事人不认可该咨询意见申请鉴定的，人民法院应予准许，但双方当事人明确表示受该咨询意见约束的除外。

第三十一条 当事人对部分案件事实有争议的，仅对有争议的事实进行鉴定，但争议事实范围不能确定，或者双方当事人请求对全部事实鉴定的除外。

第三十二条 当事人对工程造价、质量、修复费用等专门性问题有争议，人民法院认为需要鉴定的，应当向负有举证责任的当事人释明。当事人经释明未申请鉴定，虽申请鉴定但未支付鉴定费用或者拒不提供相关材料的，应当承担举证不能的法律后果。

一审诉讼中负有举证责任的当事人未申请鉴定，虽申请鉴定但未支付鉴定费用或者拒不提供相关材料，二审诉讼中申请鉴定，人民法院认为确有必要的，应当依照民事诉讼法第一百七十条第一款第三项的规定处理。

第三十三条 人民法院准许当事人的鉴定申请后，应当根据当事人申请及查明案件事实的需要，确定委托鉴定的事项、范围、鉴定期限等，并组织当事人对争议的鉴定材料进行质证。

第三十四条 人民法院应当组织当事人对鉴定意见进行质证。鉴定人将当事人有争议且未经质证的材料作为鉴定依据的，人民法院应当组织当事人就该部分材料进行质证。经质证认为不能作为鉴定依据的，根据该材料作出的鉴定意见不得作为认定案件事实的依据。

第三十五条 与发包人订立建设工程施工合同的承包人，依据民法典第八百零七条的规定请求其承建工程的价款就工程折价或者拍卖的价款优先受偿的，人民法院应予支持。

第三十六条 承包人根据民法典第八百零七条规定享有的建设工程价款优先受偿权优于抵押权和其他债权。

第三十七条 装饰装修工程具备折价或者拍卖条件，装饰装修工程的承包人请求工程价款就该装饰装修工程折价或者拍卖的价款优先受偿的，人民法院应予支持。

第三十八条 建设工程质量合格，承包人请求其承建工程的价款就工程折价或者拍卖的价款优先受偿的，人民法院应予支持。

第三十九条 未竣工的建设工程质量合格，承包人请求其承建工程的价款就其承建工程部分折价或者拍卖的价款优先受偿的，人民法院应予支持。

第四十条 承包人建设工程价款优先受偿的范围依照国务院有关行政主管部门关于建设工程价款范围的规定确定。

承包人就逾期支付建设工程价款的利息、违约金、损害赔偿金等主张优先受偿的，人民法院不予支持。

第四十一条 承包人应当在合理期限内行使建设工程价款优先受偿权，但最长不得超过十八个月，自发包人应当给付建设工程价款之日起算。

第四十二条 发包人与承包人约定放弃或者限制建设工程价款优先受偿权，损害建筑工人利益，发包人根据该约定主张承包人不享有建设工程价款优先受偿权的，人民法院不予支持。

第四十三条 实际施工人以转包人、违法分包人为被告起诉的，人民法院应当依法受理。

实际施工人以发包人为被告主张权利的，人民法院应当追加转包人或者违法分包人为本案第三人，在查明发包人欠付转包人或者违法分包人建设工程价款的数额后，判决发包人在欠付建设工程价款范围内对实际施工人承担责任。

第四十四条 实际施工人依据民法典第五百三十五条规定,以转包人或者违法分包人怠于向发包人行使到期债权或者与该债权有关的从权利,影响其到期债权实现,提起代位权诉讼的,人民法院应予支持。

第四十五条 本解释自 2021 年 1 月 1 日起施行。